suhrkamp taschenbuch 3879

W0178624

Katalonien mit seiner pulsierenden Hauptstadt Barcelona hat sich in den letzten Jahrzehnten von einer unterdrückten Region zur selbstbewußten Nation gewandelt, die ihre Interessen offensiv vertritt, ihre Sprache und Kultur exportiert und in einer nicht immer spannungsfreien Beziehung zum spanischen Staat steht. Das vorliegende Buch skizziert die Geschichte Kataloniens vor und nach der Franco-Ära: vom mittelalterlichen Gründer, Wifred dem Behaarten, dem ersten Grafen von Barcelona, über seine Nachfolger im Königreich Katalonien-Aragonien bis zum heutigen Autonomiestatut. Und es zeigt neben Politik und Wirtschaft die Entwicklungen in Literatur, Musik, Film, Theater, Malerei und Architektur auf. Wie ein roter Faden durchzieht dabei der beständige Kampf um das Recht auf die eigene Sprache und die politische Autonomie die katalanische Geschichte.

Die Autoren Walther L. Bernecker, Professor für Auslandswissenschaft an der Universität Erlangen-Nürnberg, Torsten Eßer, freier Journalist und Autor, und Peter A. Kraus, Professor für Sozialwissenschaften an der Universität Helsinki, bieten einen umfassenden Überblick über die kulturellen und historischen Eigentümlichkeiten Kataloniens.

Walther L. Bernecker
Torsten Eßer
Peter A. Kraus

Eine kleine Geschichte Kataloniens

Suhrkamp

suhrkamp taschenbuch 3879
Erste Auflage 2007
Originalausgabe
© Suhrkamp Verlag Frankfurt am Main 2007
Suhrkamp Taschenbuch Verlag
Alle Rechte vorbehalten, insbesondere das
der Übersetzung, des öffentlichen Vortrags sowie der Übertragung
durch Rundfunk und Fernsehen, auch einzelner Teile.
Kein Teil des Werkes darf in irgendeiner Form
(durch Fotografie, Mikrofilm oder andere Verfahren)
ohne schriftliche Genehmigung des Verlages reproduziert
oder unter Verwendung elektronischer Systeme
verarbeitet, vervielfältigt oder verbreitet werden.
Druck: Nomos Verlagsgesellschaft, Baden-Baden
Printed in Germany
Umschlag: Göllner, Michels, Zegarzewski
ISBN 3-518-45879-2

1 2 3 4 5 6 – 11 10 09 08 07

Eine kleine Geschichte Kataloniens

Vorbemerkung

»Eine kleine Geschichte Kataloniens« muß sich auf die Herausarbeitung der allgemeinen Entwicklungslinien und die Hervorhebung spezifischer Strukturmerkmale konzentrieren. Die folgende Überblicksdarstellung betont daher die Grundzüge der katalanischen Geschichte, die Besonderheiten in Vergangenheit und Gegenwart; sie verzichtet zwangsläufig auf viele Detailaspekte. Die Darstellung ist dreigeteilt:

Der erste, etwas ausführlichere Teil, behandelt die Geschichte Kataloniens von den Anfängen bis zum Ende des Franquismus. Wo möglich und nötig wurde – über die Grenzen der heutigen Autonomen Gemeinschaft Katalonien hinausgehend – der größere Kontext der Krone Aragonien, der Katalonien seit 1137 angehörte, und der spanisch-französischen Geschichte einbezogen; damit wird deutlich gemacht, daß die katalanische Geschichte nur in einem umfassenderen Kontext verständlich wird, gehörten doch bis zum Pyrenäenfrieden von 1659 das heute französische Gebiet des Roussillon und der Cerdagne (kat. *Rosselló* bzw. *Cerdanya*) staatsrechtlich zu Katalonien.

Der zweite Teil ist der Geschichte Kataloniens im Rahmen des demokratischen Spanien, von der Transition nach 1975 bis heute, gewidmet. Die gesonderte, ausführliche Betrachtung dieser relativ kurzen Zeitspanne von etwas über 30 Jahren erklärt sich aus dem besonderen Interesse, das in Wissenschaft und Öffentlichkeit den Problemen des heutigen Katalonien entgegengebracht wird. Aus diesem Grund wird die Bibliographie dieses Kapitels auch in einzelne Themenkomplexe unterteilt.

Der dritte Teil beschäftigt sich mit der katalanischen Kultur in Vergangenheit und Gegenwart. Die herausgehobene Stellung der Kultur in diesem Band entspricht der großen

Bedeutung, die den sprachlich-kulturellen Aspekten in der Herausbildung und Tradierung der katalanischen Identität und Zivilgesellschaft zukommt.

Zu den katalanischen Namen sei angemerkt, daß die Herrschernamen, wie international üblich, übersetzt wurden; in Klammern folgt die katalanische Bezeichnung, z. B. Jakob (*Jaume*) I. Bei Ortsnamen wurde zumeist die katalanische Schreibweise verwendet (Lleida, nicht Lérida).

Die Autoren   Nürnberg, Helsinki, Sant Pere Pescador
               Januar 2007

I.
Katalonien: von der Entstehung bis zum Ende des Franquismus

Von Walther L. Bernecker

Kataloniens Aufstieg im Mittelalter

Am Anfang stand Wifred (*Guifré*) der Behaarte (*el Pelós*). Er beherrschte bereits die Grafschaften Urgell und Cerdanya, als ihm der westfränkische König Ludwig II. der Stammler 878 auf dem Konzil von Troyes zusätzlich die Grafschaften Barcelona, Girona und Besalú übertrug. So wurde er zum »Begründer« Kataloniens und gelobte den westfränkischen Königen Treue. Um die Wende zum 9. Jahrhundert entstanden im nördlichen Teil des heutigen Kataloniens aufgrund von kriegerischen Auseinandersetzungen zwischen dem Frankenreich und den Muslimen weitere Grafschaften, die überwiegend dem jeweiligen westfränkischen König unterstanden. Wifred vereinte seine Grafschaften sowie das Bistum Ausona und Montserrat zu einem vom Frankenreich weitgehend autonomen Herrschaftsgebiet, das er von Barcelona aus regierte. Er war der letzte von einem westfränkischen König eingesetzte Graf von Barcelona; von seinem vormaligen fränkischen Lehnsherren Karl II. dem Kahlen (dem Vater Ludwigs II.) hatte er – indem er eine Krise der fränkischen Monarchie ausnutzte – das Recht erhalten, Titel und Ländereien zu vererben. Damit war die Dynastie der Grafen von Barcelona geboren, die Unabhängigkeit des gräflichen Herrschaftsgebietes zeichnete sich ab. Die Grafschaften Barcelona, Osona und Girona sollten auch später nicht mehr geteilt werden; sie stellten den Kern Kataloniens dar, das damals nur bis zu den Flüssen Llobregat, Cardener, dem Mittellauf des Segre und Conca de Tremp reichte. Dies war das spätere »Alt-Katalonien«, *Catalunya Vella*, das von dem im 11. und 12. Jahrhundert eroberten »Neu-Katalonien«, *Catalunya Nova*, im Südwesten unterschieden wurde.

Die Ursprünge der Grafschaft Barcelona liegen allerdings in der Zeit vor der fränkischen Eroberung. Die Grenzen stimmen weitgehend mit jenen alter iberischer Stämme überein; das Gebiet bildete wohl schon zu Zeiten der Römer und Westgoten eine politisch-administrative Einheit. Seit dem 8. Jahrhundert war die Grafschaft Barcelona die Grenzregion zu Al-Andalus, dem von den Mauren besetzten Teil der Iberischen Halbinsel.

In Nord-Spanien hatten sich – von Asturien bis an die Mittelmeerküste – hispanische Volksgruppen von der Herrschaft des Islam (seit etwa 700 n. Chr.) freigehalten. Während des 8. Jahrhunderts fiel den Franken unter Karl dem Großen (771-814) die Aufgabe zu, der arabischen Expansion in West-Europa Einhalt zu gebieten. Die fränkischen Krieger eilten den hispanischen Volksgruppen jenseits der Pyrenäen zu Hilfe, die von den muslimischen Truppen bedrängt wurden. Karl der Große gliederte die voneinander unabhängigen Grafschaften im Nordosten der Iberischen Halbinsel, die während zweier Feldzüge (zwischen 785 und 801) entstanden waren, in sein Kaiserreich ein. Die bedeutendste dieser (inzwischen 14) Grafschaften war in der Folgezeit Barcelona. Die Grafschaften wurden – staatsrechtlich nicht genau definierbar – 864 als »Spanische Mark« (*Marca Hispánica*) zusammengefaßt und bildeten ein außerordentlich wichtiges militärisches Bollwerk gegen die Muslime, von dem aus die *Reconquista*, die Rückeroberung, allmählich nach Süden fortschritt. Der Versuch, schon damals die fränkische Grenze bis an den Ebro voranzutreiben, schlug allerdings fehl. Zugleich wurden kirchenpolitisch die Bistümer dieses Raums der Metropole Narbonne unterstellt.

Das Gebiet, das später Katalonien wurde, bestand zu Beginn des 9. Jahrhunderts aus neun Grafschaften, die im äu-

ßeren Westen der »Spanischen Mark« lagen und in keinerlei hierarchischer Abhängigkeit zueinander standen. In einem Teil der Historiographie wird der wohl aus Carca-
sonne im Languedoc stammende Wifred der Behaarte als
Stammvater Kataloniens mythisch überhöht: Er habe die
Macht von den westfränkischen Königen übertragen bekommen und seine Grafschaft Barcelona zum Kern des späteren Katalonien gemacht (878-897). Die Realität war jedoch weit komplexer, und der Prozeß zog sich lange hin
(Salrach 1978).

Die Herrschaft in den Grafschaften übten zunächst örtli-
che oder westgotische Adlige aus, die allerdings schon bald
durch Grafen fränkischer Herkunft ersetzt wurden. In der
ersten Hälfte des 9. Jahrhunderts wurden die Grafen vom
Frankenkaiser nach Belieben ein- und abgesetzt. Gegen
Ende des 9. Jahrhunderts schwand jedoch die karolingische
Macht, und in Barcelona wie im gesamten fränkischen
Reich wurden die Grafen zu Souveränen mit erblichem
Adel. Im Laufe des 10. Jahrhunderts konnten die Nachfah-
ren Wifreds etliche Grafschaften der Region ihrer Herrschaft unterwerfen. 988 weigerte sich Graf Borrell II. (950-
992), dem König von Frankreich, Hugo Capet, den Treueid
zu leisten, und die Grafschaften lösten sich aus der Lehns-
herrschaft. Einen entscheidenden Anstoß erhielt die Ver-
selbständigungsbewegung, als 985 der französische Lehns-
herr nicht in der Lage war, Barcelona vor der Plünderung
durch die muslimischen Truppen Al-Mansurs zu schützen.
Es dauerte jedoch noch bis zum Beginn des 12. Jahrhunderts, bis die Grafen von Barcelona das gesamte nordöstli-
che Territorium dominierten. Als dann der alte Metropoli-
tansitz Tarragona wiederhergestellt war, bedeutete dies
auch das Ende der kirchenrechtlichen Abhängigkeit von
Narbonne. Der Name »Katalonien« für ein einheitliches
Gebiet ist erst seit dem 12. Jahrhundert nachweisbar.

Während seiner Herrschaft als Graf von Barcelona (878-

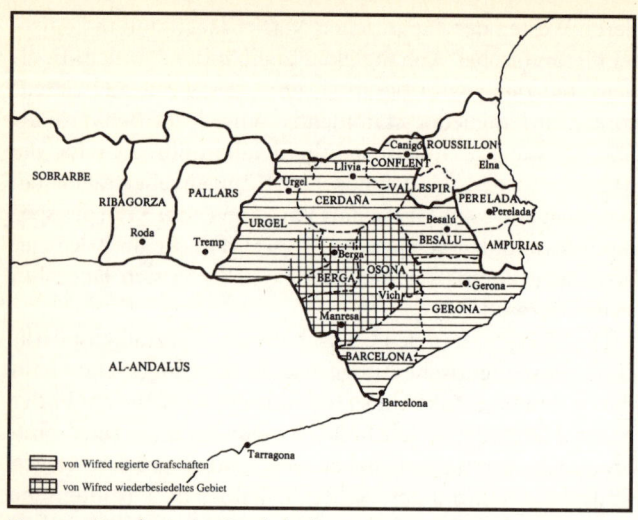

Karte 1: Katalanische Grafschaften zu Zeiten Wifreds (878-897)
Klaus Herbers: Geschichte Spaniens im Mittelalter. Stuttgart 2006, S. 122.

897) hatte Wifred der Behaarte die Wiederbesiedelung des
Hinterlandes veranlaßt. Außerdem gründete er im Pyrenä-
enraum mehrere Klöster, unter anderem das später so be-
deutsame Ripoll. Anfang des 10. Jahrhunderts begann, mit
der Besiedelung von Teilen des Vallès, die Ausdehnung über
den Fluß Llobregat hinaus, dem Gebiet des späteren »Neu-
Katalonien«. Den neuen Bewohnern wurden weitgehende
Rechte zugestanden: Sie erhielten Eigentum, leisteten nur
eingeschränkt Heeresdienst und lebten nach dem alten
westgotischen Recht von 654. Zwar nahm die Abhängigkeit der Landbevölkerung von großen Landbesitzern zu,
aber es bildete sich auch eine Eigenbesitzstruktur heraus,
was für die weitere Sozialgeschichte der Region von großer
Bedeutung werden sollte.

In der ersten Hälfte des 11. Jahrhunderts äußerten sich
die Feudalisierungstendenzen in den katalanischen Graf-

schaften darin, daß sich zwischen die Grafen und die bäuerliche Bevölkerung eine neue Schicht von Feudalherren schob, die kirchliche Güter usurpierten, die Bauern enteigneten und sie mit Gewalt zu Abgabenleistungen und Frondiensten zwangen. 1027 initiierte der Klerus unter Leitung des Abts von Ripoll, Oliba, eine Friedens- und »Treuga-Dei«-Bewegung (*Pau-i-Treva*), um die Feudalgewalt zu beenden. In gewisser Weise waren diese *Pau-i-Treva*-Versammlungen die Keimzelle späterer »parlamentarischer« Repräsentationsformen. Im 13. Jahrhundert schlossen sich dieser Bewegung auch die Städte an, die über Selbstverwaltungsrechte verfügten; diese ersten ständischen Vertretungen nannten sich *Corts* (Balcells 2004, S. 13). Innenpolitisch ging es um die Formierung einer hierarchischen Feudalgesellschaft, in der dem Grafen von Barcelona als »Fürsten« eine unangefochtene Vormachtstellung über alle anderen zukam. Damals begann mit den *Usatges* – einer Gesetzessammlung, die das Feudalrecht regelte – die politische Tradition des katalanischen »Paktismus«, demzufolge die Gesetze Ergebnis eines Paktes zwischen dem Fürsten und freien Männern sind, der beide Seiten gleichermaßen verpflichtet. Die *Usatges* schrieben im *Principat* der Grafen von Barcelona die nach alter Gewohnheit herrschenden Rechtszustände fest und garantierten ihre Einhaltung. Graf Raimund Berengar (*Ramon Berenguer*) I. der Alte (*el Vell*) von Barcelona (1035-1076) gelang es, die *taifas* – kleinere muslimische Nachfolgestaaten des Kalifats von Córdoba – zu umfangreichen Schutzzahlungen zu verpflichten, so daß er zum reichsten europäischen Herrscher seiner Zeit wurde und sogar ein Berufsheer unterhalten konnte (Sabaté 1996).

Um das Jahr 1070 konnte Graf Raimund Berengar I. einen Adelsaufstand niederschlagen und die Aristokratie zu seinen Vasallen machen. Zwar mußte er im Gegenzug die Landaneignungen und die Gerichtsbarkeit des Adels anerkennen, zugleich aber wurden die übrigen katalanischen Grafen zu

Vasallen des Grafen von Barcelona; damit trug Raimund Berengar I. entscheidend zur Feudalisierung Kataloniens bei. Zusammenfassend läßt sich sagen, daß der lange karolingische Einfluß in der »Spanischen Mark« bewirkte, daß dort umfassendere Feudalisierungstendenzen auftraten als in den übrigen christlichen Reichen der Iberischen Halbinsel. In diesem Zusammenhang wurde »die Bildung neuer Herrschaftsgeflechte möglich. Den entscheidenden Vorsprung gewann der Graf von Barcelona etwa ab 1030, als er die Gottesfriedens- und Treuga-Dei-Bewegung an sich ziehen konnte. Diese legten bestimmte Zeiten fest, an denen Kriegs- und Fehdewesen ruhen sollten, was im 12. Jahrhundert zur Errichtung eines weitgehend flächendeckenden Landfriedens führte« (Herbers 2006, S. 124). Die Feudalisierungstendenzen im späteren »Neu-Katalonien« (ca. 12. Jahrhundert) indes erwiesen sich als weniger ausgeprägt als in »Alt-Katalonien«, d. h., *Catalunya Nova* hatte eine sozial ausgewogenere und juristisch freiere Struktur als *Catalunya Vella*. Außerdem gab es Bauern, die weiterhin eigene Ländereien bearbeiteten (*villanos*). Die Landarbeiter, die auf fremden Gütern arbeiten mußten, wurden *mezquinos* genannt.

Im 11. und vor allem im 12. Jahrhundert erfuhren die katalanischen Grafschaften dann eine erhebliche territoriale Ausdehnung in Richtung der Mittelmeerinseln und Okzitanien. Graf Raimund Berengar III. von Barcelona (1097-1131) konnte seinen Einflußbereich deutlich erweitern. Er eroberte die Grafschaften Besalú (1111) und Cerdanya (1117), beteiligte sich (neben Pisa und Genua) an der vorübergehenden Vertreibung der Moslems von den Balearen und erwarb (1112) die Oberhoheit über Okzitanien und die Provence, womit er diese potentiellen Rivalen im Mittelmeerraum ausschalten konnte. Gleichzeitig entfaltete sich in Katalonien die Geldwirtschaft, die vor allem durch die hohen maurischen Tributzahlungen nach dem Zusammenbruch des Kalifats von Córdoba angekurbelt wurde; zusammen mit dem Aufschwung des Handels flossen ausreichende Mengen Geld in die gräflichen Kassen, so daß die Grafen durch Rückkauf und Ablösung verlorener Rechte sich zu Ober-Lehnsherren aufschwingen konnten (Vones 1993, S. 60). Zwischen dem 11. und dem 13. Jahrhundert läßt sich insgesamt von einem deutlichen Aufschwung Kataloniens sprechen: Die Bevölkerung verdoppelte sich, die Landwirtschaft entwickelte sich, die Gewerbeproduktion – insbesondere im Textilwesen – stieg, der internationale Handel prosperierte.

Die außenpolitischen Stoßrichtungen der katalanischen Grafen konzentrierten sich schon damals nicht nur auf den islamischen Süden, sondern ebenso auf Frankreich: »Das Languedoc und die Provence strahlten im unvergleichlichen Glanz ihrer ritterlichen Höfe und blühenden Städte. Unter diesen Umständen und bei der sprachlichen Verwandtschaft ist es natürlich, daß sich die Katalanen vom Languedoc-Paradies angezogen fühlten, dort Dichter fanden, von denen sie lernen konnten, und Schätze, an denen sie teilhaben wollten. Die Orientierung nach Frankreich gehörte zum Wesen des aragonesischen Königtums und des barcelonesischen Herrscherhauses, aber erst Raimund Berengar III. gab ihr ein klares Ziel, als er die provençalische Prinzessin Dulce heiratete und sich den Ausdehnungswünschen der Grafen von Toulouse auf die Provence und das Languedoc widersetzte. Gleichzeitig machte er Ansprüche auf die Balearen geltend [...] Zahlreiche Fürsten des Languedoc erkannten die Vorherrschaft Barcelonas an. Die katalanische Expansion erreichte ihren Höhepunkt unter Alfons II. von Aragón (1162-1196), der das Erbe der Provence-Politik übernahm und beinahe ein Pyrenäen-Reich geschaffen hätte, das die Flußgebiete des Ebro und der Garonne umfaßt hätte.« (Vicens Vives 1969, S. 58)

Durch die Heirat mit Dolça de Provença, der Alleinerbin der provenzalischen Besitztümer, wurden 1112 die Provence und Montpelhièr Katalonien angegliedert. Von größter Bedeutung für die Geschichte Kataloniens sollte zudem der Ehevertrag zwischen Graf Raimund Berengar IV. von Barcelona (1137-1162) und der erst einjährigen Petronila, Erbin des Königreiches Aragonien (ehemals Spanische Mark), werden. Damit entstand 1137 aus Aragonien und den im 12. Jahrhundert mit Katalonien weitgehend identischen Ländern der Grafen von Barcelona eine neue politische Gemeinschaft: die Krone Aragonien. Katalonien und Aragonien bildeten fortan eine Konföderation; außenpolitisch traten sie als Einheit auf, innenpolitisch behielten sie ihre eigenen Institutionen und Strukturen. Katalonien und Aragonien waren somit zwar vereinigt, beide Reichsteile bewahrten aber ihre jeweilige Unabhängigkeit. Die Krone Aragonien war daher ein im Pluralismus begründetes Einheitskonzept, das später und bis ins 18. Jahrhundert auch eine juristische und verfassungsmäßige Grundlage des spanischen Habsburgerreiches bildete. Durch die dynastische Verbindung der Reiche wurden die Grafen von Barcelona zugleich Könige von Aragonien, sie bildeten eine Personalunion. Das vereinigte Königreich stand nunmehr unter katalanischer Hegemonie; Barcelona war die Hauptstadt, Katalanisch wurde zur Amts- und Schriftsprache. Aragonien übernahm das Wappen der Grafen von Barcelona und die *senyera* (Flagge) mit vier roten Balken auf goldenem Grund. In den folgenden Jahren konnte zum altkatalanischen Territorium das Gebiet der heutigen Provinzen Lleida und Tarragona hinzugewonnen werden; damit hatte Katalonien in etwa seine heutige Ausdehnung erreicht. Dieses »Neu-Katalonien« (*Catalunya Nova*) südlich und westlich des Flusses Llobregat bis zum Ebro wurde sodann in einer Phase des wirtschaftlichen und demographischen Wachstums besiedelt. Der Landesausbau, dessen Ziel die innere Festigung und die Stärkung der Abwehrkräfte war, wurde wesentlich von dem 1126 herbeigerufenen Ritterorden der

Templer getragen und im weiteren Verlauf des Jahrhunderts auf breiter Front auf die im Süden gelegenen Gebiete ausgeweitet (Vones 1993, S. 63).

Anfang des 13. Jahrhunderts gehörten folglich bereits weite Gebiete Okzitaniens zum Herrschaftsbereich der Grafen von Barcelona: Provença, Montpelhièr, Milhau, Carcassona. Als Peter II. (*Pere*) der Katholische (*el Catòlic*, 1196-1213) von Aragonien und Ramón VI. von Tolosa (dem heutigen Toulouse) den Vertrag von Milhau 1204 unterschrieben, nahmen die Pläne eines mit der Krone Aragonien eng verbundenen okzitanischen Raumes von den Alpen bis zur Garona und dem Ebro konkrete Gestalt an. Ab 1208 kam es jedoch zu einem »Kreuzzug« gegen die Albigenser (oder Katherer) in diesem Gebiet, und in der Schlacht bei Muret wurde Peter II. getötet; die Krone Aragonien zog sich daraufhin aus Okzitanien zurück. Im Vertrag von Corbeil verzichtete Frankreich 1259 endgültig auf seine Hoheitsrechte über die katalanischen Grafschaften, und die Grafen von Barcelona gaben ihre ehrgeizigen Expansionspläne im Languedoc auf. 1291 mußte das Königreich Aragonien im Frieden von Tarascon noch einmal auf jeglichen Einfluß in Okzitanien verzichten. Nachdem die Errichtung eines Territorialreiches zu beiden Seiten der Pyrenäen gescheitert war, richtete sich das katalanische Interesse auf das Mittelmeer. Die Kaufleute Barcelonas richteten nunmehr ihr Augenmerk auf den Gewürzhandel mit dem Orient (Alexandria, Rhodos, Konstantinopel).

Finanziell war die Krone Aragonien zu Beginn des 13. Jahrhunderts zerrüttet, im wesentlichen aufgrund der seit langem praktizierten Geldbeschaffung in Form von Krediten. Um Abhilfe zu schaffen, wurden Steuern erhöht bzw. neue Steuern eingeführt: der *bovatge*, eine Viehkopfsteuer für Katalonien, und der *monedaje*, eine Schutzsteuer gegen Münzverschlechterung in Aragonien. Eine grundlegende Besserung der Finanzsituation trat dennoch nicht ein. Selbst die Bestellung der Templer zu Rechnungsführern der Finanzverwaltung in Aragonien und Katalonien zog keine substantielle Entschuldung nach sich. 1205 veranlaßten die katalanischen Adligen Peter II. von Aragonien zu Girona, ihnen jene Urkunde auszustellen, die als *Magna Charta* der Krone Aragonien bezeichnet worden ist. Rein sachlich ging es dabei um die Eingrenzung und Vermeidung von Steuererhebungen und um die Beachtung gewisser Gewohnheitsrechte. Im Grunde ging es aber um viel mehr: nämlich um die rechtliche Einbindung des Königs durch den Adel (Vones 1993, S. 116-127).

In der Krone Aragonien war während des 13. Jahrhunderts die dominierende Herrscherpersönlichkeit zweifellos König Jakob (*Jaume*) I. der Eroberer (*el Conqueridor*, 1213-1276). Dieser hatte sich zuerst gegen den Adel durchzusetzen. Sodann wandte er sich der schon lange geplanten Territorialexpansion zu. Die anvisierten Ziele waren die Balearen, Valencia und zeitweise Murcia. Die Einnahme von Mallorca (1229/30) war vor allem Sache der Katalanen (d.h. der Grafen von Barcelona); Menorca wurde 1231, Ibiza 1235 erobert. Diese Siege stärkten dementsprechend auch vor allem die Position des *Principat de Catalunya*, der Grafschaften des katalanischen Gebiets; die Dominanz der Katalanen bei der Eroberung der Baleareninseln zeigte sich darin, daß die Krieger der katalanischen Heerführer zur Belohnung viele Ländereien zugesprochen bekamen. Außerdem wurden die *Usatges* Barcelonas für die Balearen zur rechtsverbindlichen Norm erklärt, die Inseln waren fortan ein wichtiger Handelsstützpunkt. Das *Principat* war inzwischen eine bedeutende Seemacht geworden, es konnte seine eigene Küste weitgehend selbst kontrollieren und gegen die Moslems verteidigen.

Die Eroberung der Balearen war von merkantilen Interessen getragen worden. Sofort nach der Unterwerfung erfolgte eine intensive Neubesiedlung, vor allem durch Kolonisten aus »Alt-Katalonien«. Da der auf der Insel verbliebene muslimische Bevölkerungsanteil gering war, konnte sich der innere Zusammenhalt der neuen Gesellschaft bald im Zeichen der katalanischen Sprache konsolidieren.

Im Unterschied zur Eroberung der Balearen konnte für die Eroberung Valencias (1238) auch der aragonesische Adel mobilisiert werden, der sodann auch an der herrschaftlichen Durchdringung des neuen Territoriums beteiligt war. Jakob I. mußte allerdings dem Vormachtstreben des Adels einen Riegel vorschieben. In Zusammenhang mit der Besiedelung Valencias gelang ihm dies, indem er das valencianische Gewohnheitsrecht aufzeichnen ließ und damit ein eigenes valencianisches Königreich legitimierte. So wurde Valencia – neben Katalonien und Aragonien – zum dritten gleichberechtigten Gebiet der Krone Aragonien. Die neuerworbenen Gebiete wurden von Aragonesen und Katalanen besiedelt. Das *repartiment* von Valencia, durch das die Wiederbesiedelung der Region geregelt wurde, teilte das Königreich in verschiedene Rechtszonen auf. Der aragonesische Adel, der nach Machtgewinn strebte, erhielt als Siedlungszone die ländlichen Gebiete zugewiesen; der König behielt sich die städtischen Zentren vor und ermöglichte dort katalanischen Zuwanderern die Niederlassung (Guinot 1999).

Die Eroberung Valencias hatte sich rund 15 Jahre hingezogen, und die Neubesiedlung erwies sich als sehr komplex, wobei in etlichen Gebieten ein hoher Anteil von Morisken, d. h. zwangsgetauften Muslimen, blieb. Auch der institutionelle Charakter der neuen Reiche war sehr unterschiedlich: Das Königreich Valencia verfügte seit 1261 über eine eigene Ständeversammlung (*Corts*), während das Königreich Mallorca von Anfang an in einem Lehnsverhältnis zum katalanisch-aragonesischen Monarchen stand. Jakob I. richtete nicht nur die eroberten Gebiete Mallorca und Valencia als eigenständige Königreiche ein; er gestaltete außerdem die städtischen Machtgefüge im Zeichen der Erneuerung des römischen Rechts und verlieh der Stadt Palma de Mallorca 1230 einen »Freibrief« (*Carta de Franquesa*) und Valencia zuerst die »Gewohnheitsrechte« (*costums*), die später (1240) zu den »Sonderrechten« (*furs*) fortentwickelt wurden. Kurze Zeit später wurden 1245 in Valencia und 1249 in Mallorca »Ratsherrengremien« (*Consells de Jurats*) geschaffen.

Jakob I. war nicht nur in seiner expansiven Außenpolitik erfolgreich. Es gelang ihm auch in seiner Innenpolitik – etwa über die von ihm angeregten Rechtskodifikationen –, einen tragfähigen Ausgleich verschiedener Interessen herbeizuführen (Herbers 2006, S. 193-197). Der König entfaltete eine intensive gesetzgeberische Tätigkeit: 1247 erließ er auf einer *Cort General* zu Huesca die *Fori Aragonum*, eine Rechtssammlung für das Königreich Aragonien; um 1250 entstand mit den *Costums de la Mar* (»Gewohnheitsrechte für das Meer«) die Vorform einer ersten Seerechtssammlung, die später im *Llibre del Consolat de Mar* (»Buch des Seekonsulats«) umfassend kodifiziert und durch den *Consolat de Mar*, eine Art Seehandelsgerichtshof und Händlerkorporation, Verbreitung im gesamten Mittelmeerraum fand. Das *Llibre del Consolat de Mar* war eines der ersten europäischen Handelsgesetzbücher, das in mehrere Sprachen übersetzt und Grundlage des internationalen Handelsrechts wurde. Diese juristischen Systematisierungen spiegelten auch das königliche Bestreben nach Zentralisierung der Rechtsprechung wider. Schon 1239 hatte Jakob I. eine Sammlung alter Gewohnheitsrechte veröffentlicht, durch die in seinem Reich eine einheitliche Rechtsgrundlage hergestellt werden sollte; die zuerst auf Latein publizierten Texte trugen den Titel *Fori Valentiae*; 1261 folgte eine altkatalanische Fassung unter der Bezeichnung *Furs de Valencia*.

Die rechtlichen Kodifizierungen lassen ein weiteres Charakteristikum der Herrschaft Jakobs I. erkennen: Er schickte sich an, die Krone Aragonien in einen modernen Verwaltungsstaat zu transformieren. Zur Verschriftlichung und Systematisierung der Rechtsgrundlagen kam eine enorme Zunahme des Verwaltungsschriftguts, die nur möglich wurde, weil nach der Einnahme von Játiva, dem Zentrum der maurischen Papierherstellung, fortan Papier günstig selbst hergestellt werden konnte. Diese Vervielfachung königlicher Schriftstücke bedeutete einen wichtigen Beitrag zur inneren Festigung der aragonesisch-katalanischen Kronländer (Vones 1993, S. 130-135).

Nach der Eroberung Valencias kam es zu Bodenverteilungen unter einigen aragonesischen Adligen und katalanischen Rittern, die sich in den Ortschaften nahe der Weidegebiete ansiedelten, die ihnen Jakob I. zugesprochen hatte. Auch katalanische Bauern aus Lleida erhielten Land; sie übernahmen sehr schnell das zuvor von Mauren betriebene Gartenanbausystem. Die katalanisch-aragonesische Monarchie gab dem neuerworbenen Land das gleiche autonome Regierungssystem, das in Katalonien und Aragonien bestand. Außerdem konnten die Morisken im Valenciander Land weiter ihrer Arbeit nachgehen, und die katalanische Flotte brachte die Produkte der Gewerbetreibenden und Bauern auf die Märkte. Zur gleichen Zeit wurde auf den Balearen, die überwiegend von Bewohnern des Ampurdán und der Costa Brava besiedelt wurden, die gleiche Wirtschafts- und Sozialpolitik eingeführt (Cateura 1997).

Bald schon trat Aragonien in Konkurrenz zu Kastilien. Jakob I. konnte für Aragonien im Süden nur noch Alicante sichern, während Ferdinand (*Fernando*) III. von Kastilien sich im Vertrag von Almirza 1244 den weiteren Süden für Kastilien vorbehielt. Am Ende seiner Regierungszeit (1276) hinterließ Jakob I. ein vielfach erweitertes Reich, dessen Einflußbereich von Südfrankreich bis Valencia und zu den Balearen reichte. Neben Portugal und Kastilien war Aragonien-Katalonien eines der drei Königreiche, die das christliche Iberien bestimmten; es war zugleich das Reich, das in den nächsten Jahrhunderten das westliche, zeitweise sogar das östliche Mittelmeer beherrschen sollte.

Die Eroberung Siziliens
und die Frühformen des »Konstitutionalismus«

Die Krone Aragonien setzte ihre expansive Mittelmeerpolitik auch nach dem Tod Jakobs I. fort. Das eigentlich unabhängige Mallorca mußte abermals seine Unterordnung unter Peter (*Pere*) III. den Großen (*el Gran*, 1276-1285) akzeptieren. Das nächste Ziel war Sizilien, wo der unbeliebte Karl I. von Anjou regierte. Seit Peters III. Eheschließung mit Konstanze von Sizilien – sie war die Tochter Manfreds, des letzten (unehelichen) Sohnes von Friedrich II., der vom Hause Anjou vertrieben worden war –, erhob der aragonesische König, auch auf Drängen katalanischer Kaufleute, Ansprüche auf Sizilien. Um seinem Ziel näherzukommen, scheint Peter III. schon im Vorfeld einer möglichen militärischen Expedition nach Sizilien gegen den ohnehin verhaßten Karl I. von Anjou agitiert zu haben. Am Ostermontag des Jahres 1282 kam es dann in Palermo nach der Vesper zu einer Art spontanem »Volksaufstand« gegen den als Fremdherrscher empfundenen Franzosen; der Aufstand ist als »Sizilianische Vesper« in die Geschichte eingegangen. Kurz danach bot eine Volksversammlung Peter III. die Herrschaft über Sizilien an, nach einigen Seeschlachten leisteten die Sizilianer Peter den Treueid; dieser überließ die Insel seiner Frau Konstanze und seinen Kindern Jakob, Friedrich und Violante (Hillgarth 1984).

Die Sizilien-Politik Peters III. erfuhr von zwei Seiten heftigen Widerstand: Zum einen opponierte der Papst, da Sizilien ein Lehen der römischen Kurie war und Peter den vom Heiligen Stuhl favorisierten Karl I. von Anjou vertrieben hatte. Peter wurde exkommuniziert, über die Inseln das Interdikt verhängt; Frankreich begann einen Krieg gegen Aragonien, allerdings konnte 1285 die Invasion französischer Kreuzritter erfolgreich zurückgeschlagen werden. Der Krieg gegen Frankreich förderte in Katalonien im übrigen die Wolltextilindustrie, die sowohl für die spanischen Märkte als auch für Sardinien, Sizilien und selbst Nordafrika produzierte. Hinzu kamen der Handel mit Gewürzen und die Ausfuhr von Eisenarbeiten, Korallen und Leder.

Die zweite Widerstandsfront kam vom aragonesischen Adel, der – im Gegensatz zu den mittelmeerorientierten Katalanen, die den Expansionskurs des Königs mittrugen – einer weiteren Expansion im Mittelmeer äußerst skeptisch gegenüberstand. Peter III. mußte dem Adel daher deutliche Zugeständnisse machen: Zum einen bestätigte er 1283 die *Unión*, den Zusammenschluß des aragonesischen Adels; zum anderen verlieh er den überkommenen Gewohnheitsrechten (*Usatges*) Gültigkeit. Schon im 11. Jahrhundert hatte Graf Raimund Berengar I. der Alte (1035-1076) im berühmt gewordenen *Código de los Usatges* die politischen Grundlagen der katalanischen Herrschaft kodifiziert. Ursprünglich galt dieses älteste Feudalrecht Europas nur für die Grafschaft Barcelona, aber im Laufe der Zeit wurde sein Geltungsbereich – wegen des großen politischen Gewichts der Grafen von Barcelona – auf ganz Katalonien ausgeweitet. Des weiteren gewährte Peter III. dem aragonesischen Adel 1283 mit dem *Privilegio General* eine Reihe von Vorrechten und politischen Mitentscheidungsmöglichkeiten, dem Adel und Bürgertum Kataloniens mußte er auf den *Corts* Privilegien einräumen. So sah er sich etwa gezwungen, das Monopol über die Macht in den Kommunen dem Patriziat der Städte abzutreten; zugleich konnte der Feudaladel die Schollenpflichtigkeit der Bauern für das Gebiet »Alt-Kataloniens« festschreiben. Die Kirche, die sich mit den Feudalherren solidarisch zeigte, schloß die *Payeses de Remença*, die Grundhörigen, vom Priesteramt aus. Die auf den *Corts* gewährten Privilegien (*furs*) sollten in der weiteren katalanischen Geschichte noch eine entscheidende Rolle spielen. In der Zukunft würden die Ständeversammlungen regelmäßig einberufen werden. Sie teilten sich in Aragonien und Katalonien die gesetzgebende Gewalt mit der Krone und stellten ein deutliches Gegengewicht gegen die uneingeschränkte Macht des Königs dar.

Historiker haben wiederholt die Tradition der selbstbewußten Repräsentativorgane im Bereich der Krone Aragonien hervorgehoben (Elliott 1963). Ende des 13. Jahrhunderts mußte Alfons III. der Liberale (*el Liberal*, 1285-1291) auf den *Corts* von Zaragoza die *Privilegios de la Unión* bestätigen und dem Aristokratenbund das Recht zugestehen, ihn legal absetzen zu können. Bei diesen Vorgängen spielte bereits ein adliger Richter, der *Justicia de Aragón*, eine wichtige Rolle; er übte in Streitfällen zwischen dem König und dem Adel eine Art Rechtsaufsicht aus und war für Letztentscheidungen zuständig. Im weiteren Verlauf der aragonesischen Geschichte sollte der *Justicia* noch in vielfacher Hinsicht bedeutsam werden.

Ebenfalls im 13. Jahrhundert, zwischen 1249 und 1258, bewirkte das Freiheitsstreben der Katalanen die Einrichtung eines ständischen Repräsentativorgans, des *Consell de Cent*; dieser städtische Selbstverwaltungsrat – der übrigens bis zu den *Nueva-Planta*-Dekreten von 1716 bestehen blieb – bildete einen ständigen Ausschuß, der sich *Diputació del General* oder *Generalitat* nannte und ein ständisches Regierungsorgan darstellte. Sein erster Präsident wurde 1359 von den *Corts Catalans* gewählt, eine Art Ständeparlament mit geistlicher, adliger und stadtpatrizischer Vertretung, die seit 1213 nachweisbar sind. Die *Generalitat* entwickelte sich zu einer der ersten parlamentarisch verantwortlichen Regierungen der Welt, deren zwölf Delegierten und zwölf Rechnungsprüfern zuerst die Einziehung und

Verwaltung der von den *Corts* bewilligten Steuern oblag, später brachte sie dann die gesamte Politik Kataloniens unter ihre Kontrolle. Die Grundlage der Regierungsgewalt war eine Übereinkunft (*pactum unionis*) zwischen dem König und den gleichgestellten Ständen des Reichs. Zwischen 1258 und 1272 wurde noch der Seehandelsgerichtshof (*Consolat de Mar*) geschaffen, der Gesetzesnormen für die Seeschiffahrt ausarbeitete. Das katalanisch-aragonesische Rechts- und Verwaltungssystem unterschied sich in vielerlei Hinsicht vom kastilischen. Die Krone Aragonien bildete keine absolute Monarchie, die verschiedenen Stände hatten weitreichende Mitbestimmungsrechte. »Begrenzung der monarchischen Macht, Weltoffenheit und pluralistisches Ordnungsdenken bei König und Bürgerschaft waren Grundpfeiler der katalanischen Staatsorganisation im Mittelalter« (Matthée 1988, S. 23). Betont wird in der Literatur vor allem das Paktwesen (*pactismo*) in der aragonesisch-katalanischen Herrschaftsform; gemeint ist damit das ausgehandelte Einvernehmen zwischen dem Monarchen und den gesellschaftlichen Schichten des Adels und des Stadtpatriziats (*ciutadans*), das sich bis Ende des 13. Jahrhunderts weitgehend durchgesetzt hatte. Eine Vertretung der Gesellschaft gab es in allen Territorien der Krone Aragonien. In Valencia wurde die *Generalitat* – die auch *Diputació del Regne* (Abordnung des Königreichs) genannt wurde – etwas später, 1363, eingerichtet; Aragonien und Sizilien verfügten ebenfalls über ständige *Corts* (Sobrequés i Callicó 1982).

Das 13. Jahrhundert sollte auch kirchenpolitisch bedeutsam werden. Da über die Pyrenäen südfranzösische häretische Strömungen auf das Territorium der Krone Aragonien vordrangen, forderte Papst Gregor IX. den Erzbischof von Tarragona 1232 durch ein Privileg auf, gegen Häretiker vorzugehen; hierfür sollte er auf den Dominikanerorden zurückgreifen. Auf Initiative des Dominikaners Raimund von Peñafort (1175/80-1275) wurde das kirchliche Inquisitionstribunal in Aragonien eingeführt, um das Ideal der Glaubenseinheit und -reinheit hochzuhalten. Der Scheiterhaufen war keine aragonesische Erfindung, sondern französischer Import; südlich der Pyrenäen sollte dieses drastische Mittel dennoch ausgiebig angewendet werden. Man kann im übrigen davon ausgehen, daß nicht nur religiöse Gründe hinter den Ketzerverfolgungen standen. Der König konnte die Inquisition auch gegen mißliebige Adlige anwenden, die sich als Katharer – eine aus Südfrankreich eindringende häretische Richtung – der Ketzerei schuldig gemacht hatten. In seiner mehr als fünfzigjährigen Regierungszeit (1213-1276) verstand es Jakob I., die Inquisition zu einem Instrument der Krone auszubauen, mit dessen Hilfe er politische Prozesse zur Förderung seiner Machtausdehnung und -erhaltung beeinflußte. Die Ketzerbekämpfung war somit auch ein Mittel, um gesellschaftliche Führungsschichten zu disziplinieren.

Die aragonesische Expansion wurde zugleich von neuen geistigen und kirchlichen Entwicklungen begleitet. Intellektuelle Neugier und Handelskontakte führten nicht nur zur Beschäftigung mit den Kulturen, mit denen die Katalanen und Aragonesen in Kontakt kamen; allmählich setzte sich auch die Überzeugung durch, daß die Mission mehr mit Worten als mit dem Schwert durchgeführt werden solle. Diese Form der »Überzeugungsmissionierung« hatte in dem einflußreichen mallorquinischen Intellektuellen Raimundus Lullus (*Ramon Llull*) (1232/35?-1316) einen herausragenden Vertreter (vgl. S. 264-266 im Beitrag von T. Eßer in diesem Band). Auf ihn ging eine Missionsanstalt auf Mallorca zurück, in der Arabisch gelehrt und das Ziel verfolgt wurde, einen Dialog zwischen den Religionen zu praktizieren.

In jenem für die Krone Aragonien so entscheidenden 13. Jahrhundert bildete sich am Mittelmeer der wichtigste Handelsraum der Iberischen Halbinsel heraus. Das Handwerk war sehr früh aufgeblüht, die Handwerker bildeten bald zunftartige Zusammenschlüsse. Für die weitere Entwicklung besonders bedeutsam wurde sodann der Seehandel. Exportiert wurden Wolle, Stoffe oder Safran, importiert Seide, Sklaven oder Wachs. Der umfangreiche Handel machte neue Institutionen und eine detaillierte Gesetzgebung erforderlich. Neben dem bereits erwähnten *Llibre de Consolat de Mar*, einer Art Grundlage des Seerechts, sind an dieser Stelle vor allem die 1283 von Peter III. erlassenen *Costums de Mar*, eine Sammlung seerechtlicher Vorschriften, zu erwähnen. Katalanische Kaufleute hatten in nahezu allen wichtigen Mittelmeerhäfen, etwa in Konstantinopel oder Alexandria, Kontore. Von besonderer Bedeutung wurden die aragonesisch-katalanischen Handelsverbindungen mit dem Maghreb, Barcelona erhielt 1227 ein Privileg für den Handel mit Nordafrika (Herbers 2006, S. 227). Die Außenwirtschaftspolitik wurde von einem Aufschwung des Schiff- und Flottenbaus begleitet. Zugleich blühte die Wolltextilindustrie auf, deren Erzeugnisse in den gesamten Mittelmeerraum gelangten. Im Gegensatz zu Katalonien und Valencia war Aragonien am Seehandel kaum beteiligt.

Von besonderer Bedeutung war die Bevölkerungsstruktur. Die Krone Aragonien hatte – neben geschätzten 20 000 Juden – eine relativ zahlreiche *mudéjar*-Bevölkerung (rund 35 % der Gesamtbevölkerung), d. h. Muslime, die nach der *Reconquista* (zuerst gegen Tribut) in den christlichen Territorien wohnen geblieben waren. An einigen Orten, etwa in Zaragoza oder Valencia, spielten sie eine herausragende Rolle, im neueroberten Königreich Valencia sollen zwei Drittel der Bevölkerung *mudéjares* gewesen sein. Außerdem übernahmen die Christen häufig muslimische Traditionen, z. B. im Bereich des Ackerbaus oder der Bewässerungstechnik.

Die Gründung universitärer Institutionen erfolgte in Aragonien später als in Kastilien. 1300 wurde die erste katalanische Universität in Lleida gegründet, gefolgt von Neugründungen in Perpignan (1349) und Huesca (1354). In Barcelona kam es erst Mitte des 15. Jahrhunderts zu einem *Studium generale*, auf Mallorca bildete sich im 14. und 15. Jahrhundert eine bedeutende kartographische Schule heraus.

Krisen und Niedergang im Spätmittelalter

Die im 13. Jahrhundert deutlich gewordene Außenorientierung der Krone Aragonien wurde im 14. Jahrhundert verstärkt fortgesetzt; Aragonien-Katalonien wurde in dieser Zeit zu einer mittelmeerischen Großmacht, die in Konkurrenz zu den italienischen Seerepubliken trat. Während das Reich außenpolitisch seinem Höhepunkt zustrebte, machten sich im Lande selber Krisenerscheinungen bemerkbar: politisch, da die Auseinandersetzungen zwischen dem Monarchen und den Ständen zunahmen; finanziell, weil das Land immer mehr von Krediten leben mußte; wirtschaftlich und sozial, nachdem der Handel seinen Umsatzschwerpunkt von Barcelona nach Valencia verlagert hatte und demographischer Rückgang die aragonesisch-katalanische Konföderation schwächte; dynastisch, als die Krone schließlich 1412 von dem katalanischen Grafengeschlecht auf das kastilische Haus der Trastámara überging.

1282 hatte Peter III. zwar Sizilien erobert, aber die aragonesischen Thronansprüche führten zu zahlreichen internationalen Verwicklungen mit dem Papsttum und dem Haus Anjou, das weiterhin den Thron Siziliens für sich reklamierte. 1295 gaben die Aragonesen im Vertrag von Anagni Sizilien formell dem Papst zurück und erkannten die Rechte Karls von Anjou an; als Entschädigung erhielt die Krone Aragonien die beiden Inseln Sardinien und Korsika (allerdings konnten die Ansprüche faktisch erst einige Jahr-

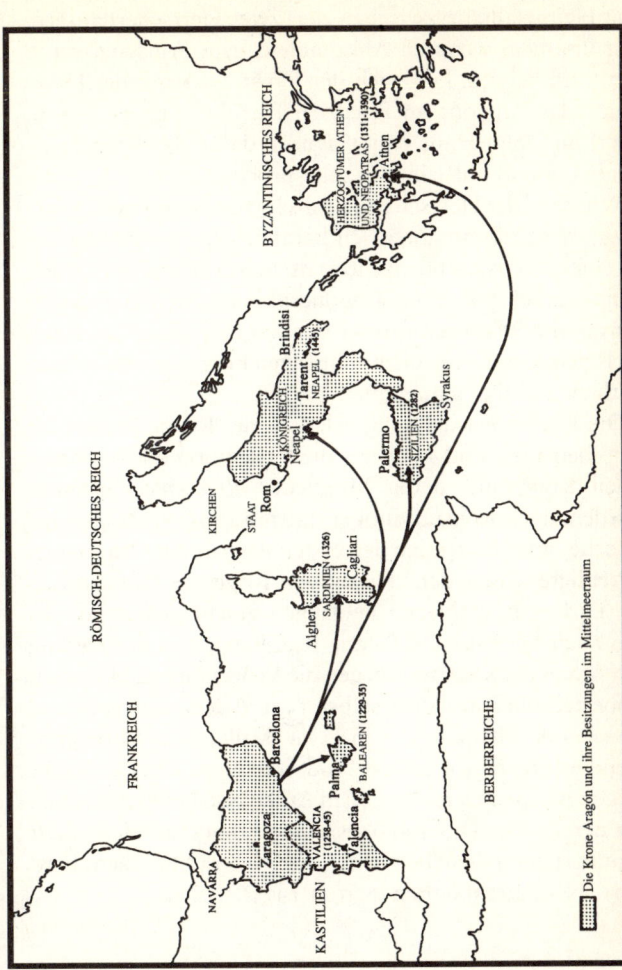

Karte 2: Das Mittelmeerreich der Krone Aragonien seit dem 13. Jahrhundert
Klaus Herbers: Geschichte Spaniens im Mittelalter. Stuttgart 2006, S. 199.

zehnte später durchgesetzt werden). Eine Lösung des Problems brachte diese Abmachung aber genausowenig wie eine Heiratsallianz zwischen den zwei Herrscherhäusern. Erst in einem weiteren Abkommen, dem Friedensvertrag von Caltabellota, fand sich der Papst 1302 mit der Herrschaft des Aragonesen Friedrich III. über Sizilien (1296-1337) ab. Dem Haus Anjou wurde dafür das Königreich Neapel (»Festlandsizilien«) zugesprochen.

Während der Herrschaft Jakobs II. von Aragonien (1291-1327) stieg die aragonesisch-katalanische Konföderation zu einer der führenden europäischen Mächte auf. Auch wenn Sizilien von einer aragonesischen Seitenlinie regiert wurde und Mallorca formal unabhängig blieb, betrieben die Reiche gerade in außenpolitischen Fragen doch eine einheitliche Politik (Schneidman 1970).

Die größte Ausdehnung erlangte die Krone Aragonien zwischen 1303 und 1324, als die Expedition der Katalanischen Kompanie, deren Mitglieder *almogàvers* genannt wurden, nach Konstantinopel stattfand, wo sie das byzantinische Imperium gegen den ersten Angriff der Ottomanen verteidigte. Unter der Leitung von Roger de Flor wurden die Türken in mehreren Feldzügen geschlagen, an denen sich auch Venedig und Genua beteiligten. Als der Herzog von Athen die Katalanen gegen die Venezianer zu Hilfe rief, eroberten die Katalanen selbst 1311 Athen und 1319 das umgebende Neopatras – in etwa Attika und Mittelgriechenland. Kurz vor seinem Tod vereinigte Peter 1379 die aragonesischen Herrschaften in Athen und Neopatras noch mit der Krone. Die aragonesisch-katalanische Herrschaft konnte sich im östlichen Mittelmeer bis 1388 (Athen) bzw. 1391 (Neopatras) halten (Setton 1975).

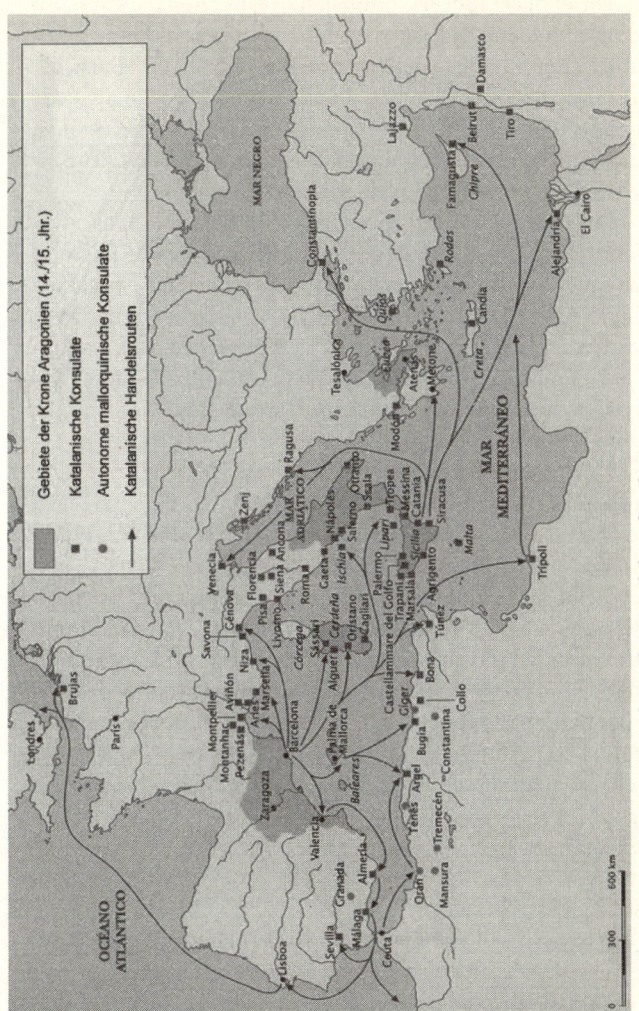

Karte 3: Katalanische Handelsverbindungen
Fernando García de Cortázar: Atlas de Historia de España. Barcelona 2006, S. 235.

Daß die Krone Aragonien inzwischen die Spitzenposition im Mittelmeerraum erklommen hatte, nutzten die katalanischen Händler weidlich für ihre Exportgeschäfte aus. Die zahlreichen Handelsniederlassungen führten zu einem bedeutenden wirtschaftlichen Aufschwung, Barcelona wurde zu einer der führenden europäischen Handelsmetropolen, 1404 wurde dort die erste Bank (*Taula de Canvi*) gegründet, und eine moderne Geldwirtschaft entstand.

Hinter der Mittelmeerexpansion der Krone Aragonien stand geschäftige Handelstätigkeit. Die Konsuln Barcelonas saßen in den wichtigsten Seehäfen jener Zeit – es gab an die 80 Konsulate im Mittelmeerraum – sowie an den großen Umschlagplätzen des Atlantik. Stets lagen die katalanischen Kaufleute mit den Venezianern und Genuesen im Wettstreit. Die damit Aragonien erfassende Wohlstandswelle führte zur Festigung der Oligarchie in den Regierungen der immer mächtigeren Städte. »In ihrer Mitte wuchs langsam das Bündnisideal heran, das einen der ureigenen Beiträge des städtischen Patriziertums Kataloniens zur Politik des 15. Jahrhunderts darstellt« (Vicens Vives 1969, S. 72). In den katalanischen Städten des 14. und 15. Jahrhunderts stellten alteingesessene Patrizier, Kaufleute und Bankiers die Führungsschichten. Die Krone griff wiederholt auf diese urbanen Schichten zurück, um den (Land-)Adel in seine Schranken zu weisen, dessen Einfluß insgesamt abnahm. Die Monarchie konnte damals noch die Macht des Adels zügeln; dieser verfügte bei weitem nicht über die territoriale oder wirtschaftliche Bedeutung wie seine Standesgenossen in Kastilien. Damit stieg jedoch die Verantwortung des städtischen Bürgertums in der Politik des Reiches (Sobrequés i Callicó 1982).

Innenpolitisch festigte Jakob II. den Zusammenhalt der verschiedenen Herrschaften der Krone Aragonien, als er 1309 das *Privilegio de Unión* durchsetzte, das vorsah, daß der König von Aragonien zugleich König von Valencia und

Graf von Barcelona ist. Damit war eine neue Stufe der inneren Machtkonsolidierung in der Krone Aragonien erreicht; verfassungsrechtlich konnte die Föderation nicht mehr auseinandergerissen werden. Demgegenüber fiel es nicht weiter ins Gewicht, daß die *Corts* der einzelnen Reiche nach wie vor getrennt tagten.

Die zentrale Herrscherpersönlichkeit des 14. Jahrhunderts war Peter IV. der Feierliche (*el Ceremoniós*, 1336-1387), der die Außenpolitik seiner Vorgänger energisch fortsetzte: In den 1340er Jahren gelang es ihm, Mallorca mit den Reichen des Festlandes zu verbinden, indem es wieder der aragonesischen Krone angegliedert wurde und das Rosselló sowie Cerdanya – das sogenannte Festlandmallorca – an die Krone ausgeliefert werden mußten.

Trotz dieser Erfolge zeichnete sich Ende des 14. Jahrhunderts ab, daß die mediterrane Macht Aragoniens allmählich im Sinken begriffen war, während die aufsteigenden Stadtrepubliken Venedig, Genua und Pisa ihre Handelsinteressen stets wirkungsvoller vertreten konnten. Hintergrund dieses Niedergangs waren die wirtschaftliche Erschöpfung des Landes und die Ruinierung der königlichen Finanzen, was ein weiterreichendes politisches Engagement außerhalb der Landesgrenzen wesentlich erschwerte. Die Krone Aragonien war an die Grenze ihrer wirtschaftlichen und finanziellen Leistungsfähigkeit gekommen; das ökonomische Leben erfuhr eine tiefgreifende Beeinträchtigung, die nach 1346 auch zur Geldentwertung führte. Seit den ersten Mißernten von 1333, vor allem aber seit der großen Pestepidemie von 1348 war im Bereich der Krone Aragonien ein deutlicher demographischer Rückgang zu verzeichnen, der in der zweiten Hälfte des 14. und der ersten des 15. Jahrhunderts vor allem Katalonien traf. 1340 hatte Barcelona ungefähr 50 000 Einwohner, 1477 gerade noch 20 000. Ende des 15. Jahrhunderts zählte Katalonien nur noch die Hälfte der Einwohnerzahl, die es 150 Jahre zuvor gehabt hatte.

Innenpolitisch hatte Peter IV. mit einem Problem zu kämpfen, das teilweise schon seine Vorgänger betroffen hatte: Während die seeorientierten Händlerschichten und das Patriziat der Küstenstädte Kataloniens und Valencias seine maritime Politik guthießen und mittrugen, verhielt sich der aragonesische Adel den außenpolitischen Zielen gegenüber eher skeptisch bis ablehnend. Auch Peters starke Betonung seiner Rolle als König provozierte die Opposition des Adels. Schließlich erfolgte eine militärische Auseinandersetzung, die der König gewann und daraufhin öffentlich die aragonesischen Unionsprivilegien mit dem Dolch zerschnitt – daher sein Beiname *el del punyalet* (»der mit dem Dolch«). Später wiederholte er die Prozedur mit den valencianischen Privilegien.

Trotz dieser spektakulären Maßnahme geriet der König in immer größere Abhängigkeit von den Ständevertretungen. Diese pochten immer wieder auf ihre Mitsprache- und Mitentscheidungsrechte in Finanzfragen, und gerade auf diesem entscheidenden Gebiet konnte sie der König nicht übergehen. Die Krone war dringend auf Kredite angewiesen, um die verschiedenen Expeditionen finanzieren zu können, nachdem sich die königlichen Finanzen in einem ruinösen Zustand befanden. Der Zwang zum Ausgleich verbesserte die Verhandlungsposition der *Corts* weiter, was auch bei Peters Nachfolgern immer wieder zu Konfrontationen zwischen dem Hof als der Zentralbehörde und den *Corts* bzw. der *Diputació del General* führte, die sich ihre Zustimmungsrechte nicht mehr nehmen ließen. Die Krone Aragonien befand sich im 14. Jahrhundert zweifellos auf dem Weg, ein moderner »konstitutioneller« Staat zu werden.

Zu den vielen sozialen Auseinandersetzungen Ende des 14. Jahrhunderts ist auch der Judenpogrom von 1391 zu rechnen, der seinen Anfang in Kastilien genommen hatte, im Bereich der Krone Aragonien jedoch – besonders in

Alt-Katalonien – zum Ausdruck von Unzufriedenheit breiter, vor allem städtischer und in Abhängigkeit lebender bäuerlicher Volksschichten, der *payeses de remença*, mit der Königsherrschaft, ihrer sozialen Lage und ihren eingeschränkten politischen Wirkungsmöglichkeiten wurde. Diese Unzufriedenheit manifestierte sich auf religiösem Gebiet; mit den Juden als Schutzbefohlenen der Krone sollte eine Randzone königlicher Machtentfaltung getroffen werden. Sicherlich gab es vielfältige Gründe für die sozialen Unruhen; vor allem in Barcelona und in Girona wuchs die Bewegung aber zu einem regelrechten Aufstand gegen die etablierte Ordnung (Vones 1993, S. 191). Immerhin waren Anfang des 15. Jahrhunderts ungefähr 25 % der katalanischen Bevölkerung, zwischen 60 000 und 100 000 Personen, *payeses de remença*.

Als Martin (*Martí*) I. der Menschliche (*l'Humà*, 1385-1410) ohne Nachkommen starb, war das Geschlecht der Grafen von Barcelona, das Katalonien und Aragonien über fünf Jahrhunderte regiert hatte, an sein Ende gelangt. Es folgte ein zweijähriges Interregnum. Schließlich einigten sich in der Nachfolgefrage alle konkurrierenden Parteien auf einen Kompromiß: In Caspe sollten 1412 aus jedem Reich (Katalonien, Aragonien, Valencia) je drei Unterhändler (*compromisarios*) den zukünftigen Herrscher nach dem Mehrheitsprinzip wählen (*Compromiso de Caspe*). Aus dieser Wahl ging Ferdinand von Antequera aus dem Geschlecht der Trastámara siegreich hervor. Er regierte als Ferdinand I. (1412-1416). Ferdinand hatte zwar als Enkel Peters IV. durchaus dynastische Ansprüche auf den Thron; entscheidend für seine Wahl dürfte aber eher die Hoffnung gewesen sein, daß es aufgrund seiner finanziellen Ressourcen zu einem erneuten Aufschwung der darniederliegenden katalanischen Textilindustrie kommen würde. Mit seiner Wahl setzten sich der aragonesische Landadel und die am Wollhandel mit Kastilien interessierte valencianische Aristokratie durch.

Jaume Vicens Vives bezeichnet die Epoche, die in Katalonien dem Schiedsspruch von Caspe folgte, als katalanische »Revolution«. Er meinte damit die ökonomischen Schwierigkeiten, die tiefgreifenden sozialen Unruhen und die ständischen Machtkämpfe, die sich schließlich im Bürgerkrieg von 1462-1472 entluden. »Die katalanische ›Revolution‹ des 15. Jahrhunderts war für ihn das Ergebnis des Angriffs des von Handwerkern und Bauern getragenen Syndikalismus gegen den durch Adel und Patriziat aufrechterhaltenen Paktismus« (Vones 1993, S. 195).

Ferdinand I. war dringend auf die Bewilligung finanzieller Subsidien durch die katalanischen *Corts* und die *Diputació del General* angewiesen. Diese Organe ließen sich aber ihre Zustimmung teuer bezahlen: Der König mußte sich zur Einstellung jeglicher Unterstützung für die abhängige Landbevölkerung, die *remenças*, verpflichten; damit aber wurde es ihm unmöglich gemacht, die mittlere Adels- und Bürgerschicht als Gegengewicht gegen die machthabende Oligarchie einzusetzen. Außerdem mußte er der *Diputació del General* politische Rechte zugestehen, einschließlich des Rechts, jene Akte des Königs aufzuheben, die nicht mit den gewohnheitsrechtlichen Normen übereinstimmten. Die *Diputació* konnte sich als weitgehend unabhängige politische Institution neben dem Königtum etablieren, die für sich die Letztinterpretation der Rechtsordnung reklamierte. In dieser Zeit wirtschaftlicher und sozialer Krisen forderten die schollenpflichtigen Bauern vom König ihre kollektive Befreiung von feudalen Abhängigkeiten. Gleichzeitig bildete sich in Barcelona eine Partei der niederen gesellschaftlichen Schichten – die *Busca* –, die sich gegen die patrizische Oligarchie – die Partei der *Biga* – wandte und verstärkte Mitspracherechte einforderte. Ferdinands Sohn und Nachfolger Alfons V. der Großmütige (*el Magnánim*, 1416-1458) ließ bei der Wahl zu den städtischen Magistraten ein verändertes Verfahren anwenden, durch das die städtische Regierungsübernahme der *Busca* ermöglicht werden sollte. 1452 wurde eine Korporation von Kaufleuten, Handwerkern und Handlangern (*Sindicat dels Tres Estaments*) durchgesetzt; auf radikale Reformen der *Busca* folgte ein Gegenschlag durch die *Biga*, bis schließlich 1460 moderate Kräfte wieder das Stadtregiment übernahmen. Die Bauern erhielten allerdings erst 1486 durch Ferdinand II. den Katholischen die persönliche Freiheit und eine Beschränkung ihrer feudalen Lasten. Im Gegenzug mußten sie die Herren kollektiv entschädigen; diese behielten außerdem die Gerichtsbarkeit über den größten Teil des Bauerntums.

Ferdinand I. war ein energischer Herrscher, der den Einfluß der Krone in Sizilien und Sardinien festigte. Ihm ging es in erster Linie darum, eine imperiale Mittelmeerpolitik zu betreiben. Diesem Ziel sollte ein Netz weitgespannter Bündnisse dienen. Sizilien wurde 1414 sogar formal mit der Krone Aragonien vereinigt. Ferdinands Sohn Alfons V. war primär nach Süditalien orientiert. 1432 verließ er Barcelona, 1443 verlegte er seine Residenz nach Neapel, nachdem er dieses Königreich erobert hatte. Dort umgab er sich am Hof mit Humanisten. Katalonien verlor nun zusehends an Bedeutung; die Abwesenheit (*absentisme*) des Monarchen schadete gewaltig, soziale Auseinandersetzungen zwischen verschiedenen Schichten in Barcelona waren die Folge. Gleichzeitig stieg Valencia auf, das für über ein Jahrhundert der ökonomische und kulturelle Mittelpunkt der Krone Aragonien wurde; die Kontore ausländischer Handelsgesellschaften siedelten sich nun dort an. Insgesamt wurde das 15. Jahrhundert zur großen Zeit Valencias. Die Stadt wuchs von 40 000 (1418) auf über 75 000 Einwohner (1483) an und wurde damit die größte christliche Stadt der Iberischen Halbinsel. Demgegenüber erlebte Katalonien einen deutlichen Niedergang, es war gegen Ende des 15. Jahrhunderts ein weitgehend entvölkertes und verwüstetes Land. Damals lebten auf dem Territorium der Krone Aragonien nicht einmal eine Million Menschen: ungefähr je 300000 in Katalonien und Valencia, weniger als 250000 in Aragonien, rund 80000 auf den Balearen und 50000 in Nord-Katalonien, also dem Rosselló und der Cerdanya.

»Während der kulturbeflissene und humanistisch gebildete Alfons V. im Stil eines Renaissancefürsten in Neapel nicht nur eine *corte literaria* von größter Ausstrahlungskraft einrichtete [...], während er in seinen italienischen Reichen bestrebt war, eine zentralistische Administration aufzurichten und sie durch *Gobernadores* mit dem Titel eines Vizekönigs verwalten zu lassen, vernachlässigte er seine Machtbasis in Katalonien-Aragón und kümmerte sich insbesondere zu wenig um die immer katastrophaler werdende wirtschaftliche Situation, durch die ganze Bevölkerungsschichten in steigendem Maße radikalisiert wurden.« (Vones 1993, S. 199) Der Absentismus Alfons' V. und die zunehmenden gesellschaftlichen Spannungen bedingten seit den 1430er Jahren häufige Wechsel in der Generalstatthalterschaft der Kronländer. Dabei versuchte der König, die gesellschaftlichen Gruppen – insbesondere in Barcelona, wo es zu erheblichen Auseinandersetzungen zwischen den reichen Patriziern und der Opposition der Bürger, Kaufleute, Handwerker und Handlanger kam – gegeneinander auszuspielen, was wiederum zur Verschärfung der politischen Instabilität und zu einer Vertiefung der Gräben beitrug. Auf Mallorca rebellierte 1450 die kleinbäuerliche Landbevölkerung; protektionistische Maßnahmen und Geldentwertung sollten zur Lösung des Finanzproblems beitragen, wurden aber nicht konsequent angewandt. Letztlich förderte die imperial-mediterrane Außenpolitik den Geldabfluß und damit den Niedergang der katalanischen Wirtschaftsmacht, die Geldforderungen des Königs an die *Corts* nahmen immer größere Ausmaße an, die Spannungen nahmen zu und konnten bis zum Tod Alfons' V. (1458) in Neapel nicht abgebaut werden.

Die gesamtspanische Krise des 15. Jahrhunderts entwikkelte sich in Katalonien zwar langsamer als in anderen Landesteilen, erfaßte dafür aber alle Gesellschaftsschichten. Seit Ende des 14. Jahrhunderts ertönte unter den schollenpflichtigen Bauern der Ruf nach Emanzipation, die niedere Stadtbevölkerung – Zünfte und Handwerker – stellte einige Jahrzehnte später soziale Forderungen, der Adel und das Patriziat zeigten ihren Unmut mit der autoritären Monarchie. So kam es gleichzeitig zu drei krisenhaften Bewegungen. Alfons der Großmütige unterstützte die Sache der Bauern und Landarbeiter, was wiederum die Reaktion der feudalistischen Schichten und damit die Erhebungen von 1461 und 1462 gegen seinen Bruder und Nachfolger Johann (*Joan*) II. (1458-1479) hervorrief.

Die Spannungen zwischen Monarch und katalanischem Ständeparlament nahmen noch zu, als Johann II. Ansprüche auf die Krone Navarras erhob, die er wegen seiner Ehe mit Blanca von Navarra für sich reklamierte. Der schließlich mit den *Corts* 1461 gefundene Kompromiß legte nicht nur die Thronfolge fest – Johann blieb faktisch bis 1473 König von Navarra –, sondern bestimmte auch, daß der König Katalonien nur mit Zustimmung der *Corts* betreten durfte. Da sich Johann II. aber an diese Abmachungen nicht hielt, kam es 1462-1472 zu zehnjährigen Auseinandersetzungen, in deren Verlauf der König zeitweilig sogar abgesetzt wurde. Diese Kämpfe ließen das Selbstbewußtsein der katalanischen Repräsentativorgane erkennen und ihren Willen, sich vom Monarchen nicht einschüchtern zu lassen.

Kernstück der Bündnispolitik Johanns II. war die Eheschließung seines Sohnes Ferdinand (*Ferran*) mit der kastilischen Thronerbin Isabella (*Isabel*) im Jahr 1469. Drei Jahre später konnte der katalanische Bürgerkrieg beendet werden. In der *Capitulació* von Pedralbes bestätigte Johann

1472 schließlich die katalanischen Freiheitsprivilegien. Damit war zwar der Bestand der Monarchie gesichert, allerdings sollten Barcelona und Katalonien in der Folgezeit einen unaufhaltsamen Niedergang erleben.

Gegenüber den bedrohlichen Fremdeinflüssen, die über den nach Kastilien orientierten Johann II. in den Herrschaftsbereich der Krone Aragonien eindrangen, entwickelten im ausgehenden 15. Jahrhundert vor allem die Katalanen – über den Begriff der »Nation« hinaus – ein Vaterlandsgefühl, das auf das *Principat* projiziert wurde und in Barcelona das Symbol für die *patria* sah. »Die Forderung nach der Einschränkung monarchischer Macht und der Sicherstellung der Freiheitsprivilegien wurde getragen von der Furcht vor kastilischer Überfremdung. Das Hausdenken der herrschenden Dynastie, früher die Klammer, die den inneren und äußeren Zusammenhalt der Krone Aragón garantierte, drohte nun in der Ausprägung, die es durch Johann II. erhielt, die Eigenständigkeit zu gefährden. Der Bruch zwischen *Diputació* und Monarchie wurde damit unausweichlich.« (Vones 1993, S. 217 f.)

Katalonien zwischen Sezession
und Identitätsverlust

Die Eheschließung zwischen Ferdinand und Isabella 1469 – den späteren Herrschern über Aragonien bzw. Kastilien – sollte gravierende Auswirkungen auf die Geschicke beider Reiche haben. Isabella wurde bereits 1474 Königin Kastiliens, Ferdinand übernahm 1479 die Krone Aragoniens. Von diesem Zeitpunkt an waren die Kronen Kastiliens und Aragoniens in einer Doppelmonarchie unter einem Herrscherpaar vereint, wenngleich beide Reiche weiterhin ihre Autonomie wahrten. Von einer echten Nationalunion konnte somit vorerst keine Rede sein. In der Literatur hat sich die Bezeichnung »Matrimonialunion« durchgesetzt.

Die Integration Kataloniens in das Spanische Reich

Nachdem Isabella Ende 1474 die Thronfolge Kastiliens zu ihren Gunsten entschieden hatte, regelte sie kurz danach im »Abkommen von Segovia« mit ihrem Ehemann Ferdinand die Aufteilung von Rechten und Kompetenzen. Ferdinand erhielt zwar ebenfalls den Königstitel für Kastilien, die eigentliche Königin und »Besitzerin« des Reiches aber war Isabella; sie ernannte die obersten Militärs, die Statthalter und die Leiter der Zivilverwaltung. Die stark von aragonesischen Interessen beeinflußte Außenpolitik, die sich anfangs auf den Mittelmeerraum und Süditalien konzentrierte, wurde Ferdinand überlassen. Seit dem 14. Jahrhundert gehörten ja Sizilien und Sardinien, seit Mitte des 15. Jahrhunderts auch Neapel zu Aragonien; der italienische Besitz mußte immer wieder gegen französische Begehrlichkeiten geschützt werden und band aragonesische Truppen in Italien.

Das Herrscherpaar einigte sich darauf, die meisten Regierungsgeschäfte zusammen durchzuführen. Sowohl der gemeinsame Wappenspruch (*Tanto monta*) wie die Wappensymbole (Pfeilbündel, Kette, Joch) betonten den Einheits- und Unteilbarkeitsgedanken. Die Strukturen der beiden Reiche waren und blieben unterschiedlich. Von den auf der Iberischen Halbinsel Ende des 15. Jahrhunderts verbliebenen fünf Reichen war Kastilien zweifellos das bedeutendste; ihm gehörten große Teile des Nordens, das Zentrum und der ganze Südwesten der Halbinsel. Kastilien umfaßte zwei Drittel des spanischen Gesamtterritoriums und hatte mit sechs Millionen mehr als sechsmal soviele Einwohner wie Aragonien. Lange Zeit wurde das entstehende moderne »Spanien« mit Kastilien gleichgesetzt. Während dieses schon weitgehend einheitsstaatlich organisiert war, stellte die Krone Aragonien eine Art Föderation mit Katalonien, Valencia und Mallorca dar; auch Sizilien, Neapel und Sardinien gehörten zur Krone Aragonien.

Im Unterschied zum entstehenden kastilischen Absolutismus hatte die Krone Aragonien eine ausgeprägte Form des Konstitutionalismus entwickelt. Die Macht des Königs leitete sich von einem »Vertrag« her, den dieser mit dem Volk schloß. Jegliche politische Macht konnte nur auf der Grundlage vertraglicher Vereinbarungen ausgeübt werden. Diese Theorie der »Vertragsherrschaft« führte in den Ländern der Krone Aragonien schon früh zu einer Begrenzung der königlichen Macht und zu einer Teilung der Souveränität zwischen Monarch und *Corts*. Das »geeinte« Spanien bestand Ende des 15. Jahrhunderts somit aus einer Verbindung des katalanisch-aragonesischen Konstitutionalismus mit dem kastilischen Absolutismus.

Im Gegensatz zu Kastilien dominierten in Aragonien die föderalen Strukturen. König Ferdinand II. (1479-1516) griff selten in den Verwaltungsapparat der »Gliedstaaten« seiner Krone (Aragonien, Katalonien, Valencia, Mallorca) ein,

verbriefte vielmehr den Fortbestand der regionalen Sonderrechte (vor allem Kataloniens). Die Reiche der Krone Aragonien waren vorerst nur in Personalunion miteinander
vereinigt. Der König verbrachte nur wenige Jahre in seinen
Kronländern, setzte vielmehr einen Vizekönig und (1494)
den »Aragonienrat« ein, der zur höchsten Verwaltungsbehörde für alle Kronländer – somit vorerst auch für Sizilien,
Neapel und Sardinien – wurde.

Unmittelbar nach seiner Thronbesteigung (1479) hatte
Ferdinand II. für den Bereich der Krone Aragonien protektionistische Verordnungen und Reformbestimmungen zur
Gesundung der städtischen Finanzen erlassen; hier kann
man Ansätze jenes frühen Merkantilismus erkennen, der
später so charakteristisch für Spanien werden sollte. Der
wirtschaftliche Wiederaufstieg Kataloniens läßt sich – nach
der ökonomischen Zerrüttung der vorhergehenden Jahrzehnte – auf das Jahr 1484 datieren; im folgenden Jahrzehnt
gelangten katalanische Erzeugnisse (vor allem Tuchwaren)
wieder in den Mittelmeerraum und in andere Regionen Europas. Der mediterrane Wirtschaftsverbund der Krone
Aragonien war jedoch von der Ökonomie Kastiliens, die ab
Beginn des 16. Jahrhunderts zunehmend auf die »Neue
Welt« ausgerichtet war, durch Zollschranken getrennt. Die
Untertanen der Krone Aragonien blieben vom lukrativen
Handel mit den Kolonien ausgeschlossen; dieser war ein
Privileg der Kastilier. Die Länder der Krone Aragonien
mußten sich auf den stagnierenden Wirtschaftsraum des
westlichen Mittelmeers beschränken (Heine 1984, S. 7-31).

Die wirtschaftlichen Unterschiede machten sich demnach vor allem zwischen Kastilien und Aragonien bemerkbar; der mediterrane Wirtschaftsverbund der Krone Aragonien konzentrierte sich auf das Mittelmeer, die Ökonomie
Kastiliens war zunehmend auf den Atlantik ausgerichtet.
Insgesamt – und trotz der relativen Absonderung der einzelnen Wirtschaftsräume – waren allerdings durchaus Bedin-

gungen für einen raschen ökonomischen Aufstieg Spaniens vorhanden: ein expansiver Kapitalmarkt, erhebliches demographisches Wachstum, gute Handelsbeziehungen, entwicklungsfähige Märkte in Übersee. Doch trog der Schein: Die wirtschaftliche Grundlage war zwar entwicklungsfähig, aber auch bedrohlich schmal. Die folgenden Jahrhunderte sollten zeigen, daß Spanien machtpolitisch und territorial enorm expandierte, wirtschaftlich aber – im internationalen Vergleich – zusehends ins Abseits geriet und seine Stellung als Großmacht auf tönernen Füßen stand.

Die Zeit der »Katholischen Könige« läßt verfassungsgeschichtlich Anzeichen einer sich entwickelnden absoluten Monarchie erkennen. Dabei scheint die Bedeutung Kastiliens für beide Reiche zugenommen zu haben. Die *Corts* traten in ihrer Bedeutung zurück, die Macht des Adels wurde weiter beschnitten. Anfangs spielten die *Corts* (von Katalonien, Aragonien, Valencia) jedoch mit ihren weitreichenden Kompetenzen noch eine große Rolle; sie boten dem König die Gelegenheit, die Vertreter von Adel, Geistlichkeit und Städten jedes Königreichs zu treffen. Sehr bald jedoch vermieden es die Herrscher, die streitbaren *Corts*, die bei den Finanzbewilligungen sehr selbstbewußt auftraten, einzuberufen; dafür stieg die Bedeutung der Vizekönige – denen es oblag, die Verhandlungen mit den Institutionen der einzelnen Königreiche zu führen –, der Statthalter (in den Niederlanden und in Mailand) und der Gerichtshöfe (*audiencias*) mit ihren umfassenden juristischen und administrativen Kompetenzen. Diese ließen deutlich den Rationalisierungsprozeß des spanischen Staatsapparats mit Hilfe moderner Verwaltungsmethoden erkennen. Ferdinand II. setzte drei Vizekönige ein: je einen für Aragonien, Katalonien und Valencia, was durchaus der Idee einer gewissen Selbständigkeit der Reiche entsprach. Vizekönige und Statthalter waren jedoch trotz ihrer Machtfülle nur ausführende Organe mit einer zeitlich beschränkten Amtsdauer. Im Laufe der

Zeit setzte sich der spanische, vor allem der kastilische Hochadel bei der Besetzung der wichtigsten Positionen in der Monarchie durch.

Die Herrschaft Karls (*Carlos*) I. in Spanien (1516-1556) begann schlecht. Der König hatte, wegen des Abflusses von Steuergeldern ins Ausland und der Ämteranhäufung in ausländischen Händen, mit erheblichem Widerstand in den einzelnen Landesteilen zu rechnen. In Kastilien erhoben sich 1520 die *comuneros*, in Valencia die in einer *Germanía* (»Bruderschaft«) zusammengeschlossenen Zünfte, die ursprünglich sozialpolitische Forderungen erhoben, sich jedoch schnell radikalisierten und die Schaffung einer freien Republik nach venezianischem Vorbild anstrebten. Schließlich bestand ihr revolutionäres Ziel in einer Gesellschaftsveränderung. Im Zuge der Kämpfe spaltete sich die *Germanía* aber in Gemäßigte und Radikale; außerdem wurde das königliche Lager wieder gestärkt. Nach einer ersten vernichtenden Niederlage 1521 wurden die Truppen der Aufständischen 1523 endgültig geschlagen; auch der Aufstand der Kleinbauern und Handwerker Mallorcas wurde gleichzeitig blutig unterdrückt (Heine 1984, S. 58-71).

Obwohl es sicher richtig ist, daß die umfassenden Kompetenzen der königlichen Verwaltung und die persönliche Macht des Monarchen das damalige Spanien als eine entstehende »absolute« Monarchie erscheinen lassen, muß einschränkend darauf hingewiesen werden, daß aufgrund der Schwerfälligkeit des Verwaltungsapparates und der schlechten Verkehrsverbindungen untergeordnete Instanzen einen relativ großen Handlungsspielraum behielten und die adligen Grundherrschaften an vielen Orten das Recht hatten, Verwaltungsstellen zu besetzen. Da die Krone im 16. Jahrhundert außerdem aus finanziellen Gründen zahlreiche Adelspatente verkaufte, konnte der Einfluß der Aristokratie im Staat kaum reduziert werden. Schließlich verhinderten auch die unterschiedlichen konstitutionellen

Formen der Teilreiche, daß sich der monarchische Absolutismus im Land ganz durchsetzen konnte. Seine Grenzen sollte Philipp (*Felipe*) II. (1556-1598) etwa 1590 kennenlernen, als er einen Kastilier zum Vizekönig in Aragonien machte und der dortige Adel sofort auf seine althergebrachten Rechte und Freiheiten pochte. Als der Konflikt zwischen der Krone Aragonien und dem Monarchen friedlich nicht zu lösen war, marschierten kastilische Truppen in Zaragoza ein. Der Vorfall ist ein gutes Beispiel dafür, daß in den Territorien der Krone Aragonien die königlichen Machtbefugnisse Restriktionen unterlagen. In der Institution des *Justicia Mayor de Aragón* stieß die königliche Justiz deutlich an ihre Grenzen. Der *Justicia* sollte die Rechte der Aragonesen gegen die Willkür »ausländischer«, d. h. kastilischer Monarchen schützen; er trat daher als Verteidiger der regionalen *furs* auf. Lange Zeit wurde dieses entscheidende Amt von der Familie Lanuza besetzt; nach den Unruhen des Jahres 1591, die zur Hinrichtung des jungen Juan de Lanuza führten, besetzte der König das Amt mit Personen seines Vertrauens. Schließlich (1592) behandelte Philipp den unterlegenen aragonesischen Adel mild, da er auf enge Zusammenarbeit mit ihm angewiesen war. Die Spannung zwischen dem bürokratischen, kastilisch geprägten Zentralstaat und den traditionellen Rechten der Teilreiche blieb allerdings bestehen und wurde zu einem Grundproblem der neueren spanischen Geschichte. Eine anhaltende Einschränkung königlicher Rechtsprechung war auch darin zu erkennen, daß in Aragonien ein mächtiges Feudalsystem mit eigenen grundherrlichen Gerichten überlebte, die sogar Todesurteile fällten (Belenguer 2001).

Gerade das aragonesische Feudalsystem sorgte während der Herrschaft Philipps II. immer wieder für Unruhe. Die Bauern Aragoniens verfolgten wiederholt ihr altes Ziel, das drückende Abhängigkeitsverhältnis zur adligen Grundherrschaft abzuschütteln; sie sorgten damit in großen Teilen der Region für bürgerkriegsähnliche Zustände. Auch die vielen *moriscos*, die als kleinbäuerliche Lehnsmänner des Hochadels die fruchtbaren Ländereien der Ebro-Ebene bewirtschafteten, waren für die landarmen »Alten Christen« (*cristianos viejos*) eine ständige Herausforderung (Heine 1984, S. 109-111).

Auch die Reformen im kirchlichen Bereich ließen das königliche Zentralisierungsbestreben erkennen. So wurden etwa religiöse Orden in dem Sinne reformiert, daß sie fortan von den kirchlichen Machtzentren Kastiliens abhingen. Bischöfe, Äbte und Äbtissinnen wurden direkt vom König eingesetzt, was der Ordnung der Krone Aragonien zuwiderlief. Bei der Einführung der neuen, königlichen Inquisition in die Länder der katalanisch-aragonesischen Krone kam es zu jahrelangem, letztlich jedoch erfolglosem Widerstand (1483-1488). Im Bereich der Krone Aragonien hatte die alte, dominikanische Inquisition infolge der andauernden Albigenserunruhen des 13. Jahrhunderts eine lange Tradition gehabt. Verfassungsrechtlich war sie allerdings durch die lokalen *furs* stark eingeschränkt gewesen, so daß sie als Herrschaftsinstrument des Königtums nur bedingt anwendbar war. Die Einführung einer neuen, nun staatlich gelenkten Inquisition rief deshalb in Aragonien verständlicherweise Widerstände hervor (Bada 1992).

An der Wende zur Neuzeit mag Spanien im Begriff gewesen sein, die politische und weitgehend auch die religiöse Einheit im Land herzustellen; ökonomisch und sozial aber entwickelten sich die einzelnen Landesteile keineswegs im Gleichschritt. Um eine allmähliche Vereinheitlichung im ökonomischen Bereich zu erreichen und den Störungen, die in den vorangegangenen Jahrzehnten durch politische Wirren im Finanz- und Währungssystem entstanden waren, zu begegnen, führten die Monarchen 1497 eine Währungsreform durch, durch die eine Währungseinheit – der Dukaten – geschaffen wurde; das bedeutete zwar noch nicht die Vereinheitlichung der Währungssysteme der Kronen Kastilien und Aragonien, aber einen ersten Schritt in diese Richtung. Weitere frühmerkantilistische und wirtschaftsdirigistische Maßnahmen trugen ebenso zur Gesundung der spanischen Wirtschaft bei wie die weitreichende Wiederherstellung der inneren Sicherheit, die Eroberung Granadas und die Einverleibung Neapels.

Die traditionelle katalanische Geschichtsschreibung hat in der Epoche Ferdinands I. und Karls I. – somit dem letzten Viertel des 15. und der ersten Hälfte des 16. Jahrhunderts – den Beginn der *decadència* gesehen. Der Gebrauch des Katalanischen ließ in bestimmten Kulturbereichen nach, politisch und wirtschaftlich wurde Katalonien marginalisiert, die Achse der ökonomischen Aktivitäten verschob sich mit der Entdeckung der »Neuen Welt« vom Mittelmeer zum Atlantik. Hinzu kam, daß neue Organe geschaffen wurden, die unmittelbar auf den Monarchen bezogen waren, 1494 etwa der bereits erwähnte »Aragonienrat« oder 1555 der »Italienrat« (*Consejo de Italia*); gerade letzterer trennte die katalanisch-aragonische Krone von ihren Besitztümern im Mittelmeer. Es war offensichtlich, daß sich das Königshaus vom paktistischen Regierungsmodell Kataloniens und Aragoniens lösen wollte, da die Könige durch den Konstitutionalismus der Krone Aragonien in ihrer Machtausübung eingeschränkt waren.

Die Herrscherpersönlichkeit Ferdinand II. ist in der Historiographie sehr umstritten. Lange Zeit wurde der König von Aragonien als der Politiker schlechthin, als ruhmreicher neuer Fürst dargestellt, etwa von Niccolo Machiavelli, von Baltasar Gracián oder im 17. Jahrhundert vom Ersten Minister Conde-Duque de Olivares, der ihn seinem König Philipp IV. (1621-1665) als Vorbild pries. Im Zuge der kastilischen Aufwertung Isabellas und der Schmähungen des aragonesischen Herrschers durch nationalistische Historiker wurde das Bild Ferdinands allerdings getrübt; schließlich erblickte man in ihm den Schuldigen für den Niedergang Kataloniens und dessen Unterordnung unter die Interessen Kastiliens. Neuerdings wird, unter Rückgriff auf ältere Einschätzungen, Ferdinands Beitrag zum Ausbau eines modernen Staatswesens wieder hervorgehoben. Wenn auch der Beitrag Ferdinands bzw. Isabellas für den iberischen Umbruch vom Mittelalter zur Neuzeit im einzelnen unterschiedlich gewertet wird, so sind sich die Historiker doch darin einig, in den »Katholischen Königen« die Verkörperung der Renaissancefürsten schlechthin zu erblicken (Belenguer 1999).

Vom Sezessions- zum Erbfolgekrieg:
der Verlust der Sonderrechte

Im 16. und 17. Jahrhundert behielt Katalonien seine unabhängige institutionelle Struktur ebenso bei wie die eigene Münze, eigene Zölle und ein eigenes Steuersystem. Katalanisch war auch weiterhin die Amtssprache. Die Situation Kataloniens im Gesamtreich wies zwei Aspekte auf: Zum einen waren die Herrscher in ihrem Bestreben, stets neue Steuern aus ihren Untertanen herauszupressen, in Katalonien durch die Sonderrechte deutlich eingeengt, was dazu führte, daß sich das *Principat* nicht der in Kastilien stets zunehmenden Steuerlast schutzlos ausgesetzt sah. Zum anderen nahm die Krone Aragonien im Gesamtgefüge der spanischen Monarchie eine relativ marginale Position ein, das Reich wurde immer deutlicher mit Kastilien identifiziert, der König hielt sich ohnehin in Madrid auf. Die katalanischen *Corts* traten immer seltener zusammen: Karl I. berief sie immerhin noch acht Mal ein, Philipp II. nur noch zweimal, Philipp III. gerade noch einmal. Zwar rief Philipp IV. sie 1626 und 1632 zusammen, doch die Sitzungen endeten in einem vollständigen Fiasko, keine Seite konnte ihre Anträge durchsetzen. Erst 1701 gab es wieder eine Versammlung der *Corts*. In Katalonien hatte der König feste Einkünfte, die sich allerdings nur auf die Hälfte derer von Barcelona und auf ein Viertel der Einnahmen der *Generalitat* beliefen.

Die »marginale Position« der Krone Aragonien gilt vor allem für die Einwohnerzahl. Ende des 16. Jahrhunderts könnten Katalonien 362 000, Valencia 486 000 und Aragonien 332 000 Einwohner gezählt haben. (Kastilien wies mit knapp sieben Millionen Einwohnern mit Abstand eine weit größere Bevölkerungsdichte auf.) Die Länder der Krone Aragonien hatten somit – bei 17,2 % der Fläche – nur 12,4 % der Einwohner Spaniens.

Im 17. Jahrhundert wurde es offensichtlich, daß sich die spanische Hegemonie in Europa nicht länger ausschließlich auf Kastilien stützen konnte, da dieser Landesteil inzwischen geschwächt und wirtschaftlich erschöpft war. Daher nahm der königliche Druck Madrids auf die Reiche der Krone Aragonien außerordentlich zu: Gefordert wurden höhere Steuerleistungen und ein größerer Militärbeitrag. Im gleichen Maß, wie der Druck aus Madrid anstieg, nahm auch der katalanische Widerstand zu.

Im Jahr 1624 analysierte der Erste Minister Philipps IV., der Conde-Duque de Olivares, in seiner kritischen Denkschrift (*Gran Memorial*) den Zustand Spaniens: Er wies auf die finanziellen Probleme, die Korruption in der Verwaltung, die Mängel in der Armee und das ruinierte außenpolitische Ansehen der Monarchie hin. Die Schlußfolgerung seiner Zustandsanalyse lief auf die Zusammenfassung aller Kräfte hinaus, um durch Einsparungen im Innern die außenpolitische Position halten zu können.

Der mit Abstand wichtigste Reformplan von Olivares bezog sich auf die Struktur des Staates. Spanien war ja seit der Matrimonialunion durch die »Katholischen Könige« und der Personalunion durch Karl I. eine – wie es Staatsrechtler ausdrückten – »zusammengesetzte Monarchie«; immer noch war die Rede von *las Españas* (im Plural), und die einzelnen Reichsteile verfügten über weitreichende Sonderrechte und Privilegien. Olivares wies seinen König darauf hin, daß er nicht Herrscher über verschiedene Reiche und Territorien sein dürfe, sondern Monarch eines geeinten Spanien sein müsse. Spanien habe einer einheitlichen Verwaltung zu unterstehen, die Macht des Hochadels und des hohen Klerus müsse (wie auch der Einfluß der lokalen Oligarchien) zurückgebunden werden. Aus diesen politischen Zentralisierungsvorstellungen sprach ein gesamtspanisches Einheitsbewußtsein, das die Regionalismen und Autonomiebestrebungen der einzelnen Landesteile zu überwinden trachtete. Politisch absolutistisch, war das Reformprogramm wirtschaftlich zugleich merkantilistisch ausgerichtet. Als Hauptziel läßt sich die »Vereinheitlichung« des spanischen Reiches bezeichnen; ein gesamtspanisches Einheitsbewußtsein sollte geschaffen, der Hochadel und der höhere Klerus in ihren Rechten beschnitten, die lokalen Oligarchien in ihrer Machtausübung beschränkt werden (Belenguer 2001).

Die Regierungszeit Philipps IV. (1621-1665) und des Conde-Duque begann mit einer Fülle von Reformprojekten: Die Zentralbehörden wurden regelmäßigen Inspektionen unterworfen, eine *Junta de Reformación* zur Überwachung der Moral im öffentlichen Leben eingesetzt. Die »Reformkapitel« von 1623 sahen zahlreiche bevölkerungspolitische und sozioökonomische Maßnahmen vor, die alle auf eine Erhöhung der Steuereinnahmen, eine Verbesserung der wirtschaftlichen Situation, eine Steigerung der militärischen Schlagkraft und eine Verschlankung der Bürokratie hinausliefen. Erfolge waren unübersehbar: Die Finanzlage verbesserte sich (durch Umschuldungen und Einsparungen) erheblich, der Beamtenapparat konnte verkleinert werden. Andere Maßnahmen scheiterten, weil die

Cortes und die Städte sich in ihren Rechten verletzt fühlten.

Von besonderer Bedeutung sollte das ambitionierte Projekt Olivares' werden, alle Teile der Monarchie (Aragonien, Navarra, das Baskenland) an den Lasten der Militärpolitik zu beteiligen. 1622 beschlossen die kastilischen *Cortes* einen entsprechenden Plan. Das 1625 verkündete Konzept einer »Waffenunion« (*Unión de Armas*), das die Kosten für den Unterhalt einer bestimmten Zahl von Soldaten auf die einzelnen Teilreiche übertragen sollte, scheiterte am entschiedenen Widerstand Aragoniens (und des Baskenlandes); schließlich erklärten sich die *Corts* von Aragonien zur Zahlung einer besonderen Verteidigungssteuer bereit. Dieses und viele andere großangelegte Reformprojekte Olivares' litten unter der Diskrepanz zwischen Planungen und unzureichender Umsetzung. Die Zwänge der Außenpolitik führten letztlich zur Vernachlässigung der innenpolitischen Reformen.

Als Olivares daraufhin, zur Entlastung der holländischen Front, vom Baskenland und von Katalonien aus Vorstöße auf französisches Gebiet vornehmen wollte und diese beiden Territorien zu größeren Finanzleistungen aufforderte, stieß er auf den entschiedenen Widerstand Kataloniens, das sich schließlich nur widerwillig zur Bekämpfung des französischen Eindringlings bereit fand. Nachdem es (wegen Plünderungen und Unregelmäßigkeiten) zu erheblichen Spannungen zwischen der katalanischen Bauernbevölkerung und den stationierten Truppen kam, entlud sich der jahrelang angestaute Unwille 1640 in einem regelrechten Aufstand gegen Kastilien, der sich zu einem Sezessionsversuch unter der Führung von Pau Claris, dem Präsidenten der *Generalitat*, ausweitete (Elliott 1992). Auch Kardinal Richelieu wiegelte die Katalanen gegen Philipp IV. auf und gewährte den aufständischen Anführern und Truppen den Schutz Frankreichs. An Fronleichnam 1640 erhoben sich die katalanischen Bauern dann gegen die Verpflichtung, die in Katalonien stationierten Soldaten beherbergen und verpflegen zu müssen. Indirekt war das auch ein Aufstand gegen die nach wie vor drückenden Feudallasten. Calderón de la Barca hat die Übergriffe der Soldaten in seinem Werk *El alcalde de Zalamea* beeindruckend dramatisiert.

Den eigentlichen Beginn des antikastilischen Aufstandes, der wegen seiner sozialen Ursprünge auch »Schnitterkrieg« (*Guerra dels Segadors*) genannt wird, bildete die Ermordung des Vizekönigs in Barcelona; das »Schnitterlied« aus dieser Zeit (*Els Segadors*) ist bis heute die katalanische Nationalhymne. Die *Corts* brachen alle Beziehungen zu Kastilien ab und unterstellten sich Ludwig XIII. von Frankreich; vorerst gelang es Madrid nicht, den katalanischen Abspaltungsversuch zu beenden. Die *Generalitat* gab dem ursprünglich sozialen Aufstand eine andere Richtung, indem sie die Unabhängigkeit Kataloniens vom spanischen König erklärte. Allerdings mußte sie sich dem französischen König unterstellen, den sie um Hilfe gegen die spanischen Truppen angegangen war. Bald sollte sich herausstellen, daß die französische Hilfe den überkommenen katalanischen Freiheiten weit mehr schadete als die spanische Herrschaft. 1651 kapitulierte Katalonien; damit fand der »Schnitterkrieg« (1640-1651) ein Ende. Katalonien wurde sodann (1652/53) wieder in das spanische Reichsgebilde integriert, und die neue Madrider Politik gegenüber den verschiedenen Reichsteilen bestand fortan darin, das Angebot an Garantien hinsichtlich der Erhaltung des früheren Verfassungszustands der beiden Staatsgebilde Kastilien und Aragonien mit militärischem Druck zu verbinden (Elliott 1984; 1992). Katalonien konnte sein konstitutionelles System bewahren, mußte aber 1659 das Rosselló und Teile der Cerdanya an Frankreich abtreten. Auch verloren die Repräsentativinstitutionen einen großen Teil ihre Bedeutung: Die *Generalitat* konnte nicht mehr effizient arbeiten, nachdem die *Corts* ihrer Kontrollfunktion nicht nachkamen, da sie vom König nicht mehr einberufen wurden.

Die teils freiwillige, teils erzwungene Wiedereingliederung Kataloniens in den spanischen Reichsverband fand während der kritischen Jahre des französischen Bürgerkriegs der *Fronde* statt. Nach vielen Kriegsjahren war es Katalonien im Ringen zwischen Frankreich und Spanien gelungen, seine geschichtliche und verfassungsrechtliche Identität zu einem Gutteil zu bewahren. Der Krieg zwischen Frankreich und Spanien wurde erst 1659 mit dem auf der »Fasaneninsel« des Grenzflusses Bidasoa geschlossenen »Pyrenäenfrieden« beendet, der das bereits seit 1648 erkennbare französische Übergewicht in Europa bestätigte. Wichtige nordkatalanische Gebiete mußten an Frankreich abgetreten werden, insgesamt ein Fünftel der Fläche und Bevölkerung Kataloniens. Fortan bildeten die Pyrenäen (endgültig) die Grenze zwischen beiden Staaten. Im Norden gewann Frankreich außerdem noch Teile der spanischen Niederlande, Flanderns und Luxemburgs hinzu. Darüber hinaus enthielt der Pyrenäenfrieden eine Heiratsvereinbarung zwischen María Teresa, der ältesten Tochter Philipps IV., und Ludwig XIV. von Frankreich, was in Paris die Hoffnung nährte, einst das Erbe des spanischen Weltreiches antreten zu können.

Die Krise bewirkte auch positive Veränderungen, vor allem an der katalanisch-aragonesischen Peripherie. Dort hatten die wirtschaftsliberalen Bestimmungen des Pyrenäenfriedens zu einer Verbesserung der Produktion geführt, und in den letzten Jahrzehnten des 17. Jahrhunderts wurden bereits die Grundlagen für die später so erfolgreiche katalanische Textilindustrie gelegt. Der von nun an stets zunehmende ökonomische Kontrast zwischen dem industriell prosperierenden Katalonien und dem agrarisch stagnierenden Kastilien sollte die weitere Geschichte Spaniens entscheidend prägen.

Im Gefolge des »Schnitterkrieges« entstand in Katalonien eine (neo-)foralrechtliche Strömung, der es nicht nur um eine Wiederbelebung der katalanischen Institutionen ging, sondern die Katalonien gewissermaßen als Modell für das restliche Spanien empfahl. Damit tat das *Principat* erstmalig seinen Führungsanspruch bei der politischen Modernisierung Gesamtspaniens auf der Grundlage einer erneuerten Gemeinschaft gleichberechtigter Staaten kund (Marí i Mayans 2003, S. 87). Gleichzeitig begann im letzten Drittel des 17. Jahrhunderts eine allmähliche Erholung der katalanischen Wirtschaft. Katalanen beteiligten sich vereinzelt auch am Atlantikhandel, der bis dahin ein kastilisches Monopol der Häfen von Sevilla und Cádiz gewesen war.

Die Mißachtung der politischen Institutionen der Krone Aragonien läßt sich gut an einem konkreten Beispiel aufzeigen: der Vertreibung der Morisken 1609/1610. Diese staatspolitisch wichtige Entscheidung wurde den *Corts* nicht zur Ratifizierung vorgelegt (genausowenig wie später der Friedensvertrag von 1659). Immerhin beliefen sich die Morisken zu Beginn des 17. Jahrhunderts auf ein Drittel der Gesamtbevölkerung des Königreichs Valencia. Die gesamte Landwirtschaft ruhte auf ihren Schultern; von ihrer Arbeit hingen der Adel, die Kirche und das Bürgertum ab. Die Vertreibung von 1609/10 hinterließ eine Lücke, die viele Jahrzehnte nicht geschlossen werden konnte. Von den 500 verlassenen Dörfern waren bis 1638 nur knapp über die Hälfte wieder besiedelt worden. Auch die Einbeziehung der Katalanen und Valencianer in die Außenpolitik – traditionell ihre Domäne – nahm immer weiter ab; schließlich wirkten die Feldzüge des Reiches aus der Perspektive der Krone Aragonien wie fremde Unternehmungen.

Wenn auch der katalanische »Nationalismus« ein Phänomen des 19. und 20. Jahrhunderts ist, so läßt sich die »nationale Identität« Kataloniens doch viel weiter zurückverfolgen. Historiker, die sich intensiv mit dem 16. und

57

17. Jahrhundert beschäftigen, sprechen in diesem Zusammenhang von Nationalitäten vor dem Nationalismus, von präpolitischen kollektiven Identitäten, von protonationalen Einstellungen oder von einem ethnischen Bewußtsein vor der liberalen Revolution. Andere Autoren wiederum haben den katalanischen Aufstand von 1640 als einen Akt von defensivem Sozialpatriotismus definiert. Und die Kämpfer gegen die Bourbonen im Spanischen Erbfolgekrieg wurden Kämpfer »des Bodens« (*de la terra*) oder »des Vaterlandes« (*de la pàtria*) genannt. Solche Bezeichnungen deuten nicht nur auf lokale Identitäten hin, sondern auf einen umfassenden Partikularismus mit politischen Auswirkungen.

Das späte 17. Jahrhundert erlebte in Katalonien einen weiteren Bauernaufstand. Die anhaltende drückende Abgabelast führte 1687-1689 in Nord- und Mittelkatalonien zum bäuerlichen Aufstand der *barretines*, der deutlich sozialrevolutionäre Züge trug. Frankreich nutzte die Gunst der Stunde; seine Flotte zerstörte im Juli 1691 weitgehend Barcelona und Alicante. Diese Aggression festigte wiederum die lehnsrechtlichen Bande zur spanischen Krone, und die katalanischen Milizen (*miguelets*) wurden zu einem wichtigen Element im antifranzösischen Abwehrkampf (Heine 1984, S. 152 f.).

Außenpolitisch war aufgrund der inneren Schwäche und dynastischen Krise Spaniens – bei gleichzeitiger Machtsteigerung Frankreichs – nicht zu erwarten, daß es bei der Besitzstandsregelung des Pyrenäenfriedens bleiben würde. 1700 kam es beim Tod Karls II. – er starb kinderlos – tatsächlich zum Krieg um das spanische Erbe. Karl II. versuchte noch kurz vor seinem Tod, die Erbfrage zu klären, indem er die spanische Krone Philipp von Anjou, dem Enkel Ludwigs XIV., zusprach. Philipp V. wurde daraufhin im Schloß von Versailles zum König von Spanien proklamiert. Das aber bedeutete Krieg mit dem Reich, von dessen Seite der zweite Sohn des Kaisers, Erzherzog Karl, als Karl III. einige Zeit später (1703) in Wien zum (Gegen-)König von Spanien ausgerufen wurde (Mercader i Riba 1968).

Als Philipp V. zum spanischen König proklamiert wurde, ließ sich dieser Dynastiewechsel für Katalonien vorerst gut an. Der neue König berief sofort die katalanischen *Corts* ein, schwor auf die Gesetze und zeigte sich zu weitergehenden Konzessionen bereit. Allerdings hatten die Katalanen erhebliche Bedenken gegenüber einem bourbonischen Absolutismus; außerdem waren sie bestrebt, an der Regierung des Gesamtreiches teilzuhaben.

Obwohl Philipp V. zwischenzeitlich in Spanien schon als König anerkannt worden war, führte die Kriegserklärung zu einer Polarisierung der latent stets vorhandenen Gegensätze auf der Iberischen Halbinsel: Im nun entstehenden international geführten Spanischen Erbfolgekrieg wechselten die Katalanen daher die Seiten und unterstützten ab 1705 den habsburgischen Bewerber, den Erzherzog Karl von Österreich. Während der Aufstand von 1640 ein Sezessionsversuch gewesen war, bei dem die Katalanen (auch innerhalb der Krone Aragonien) allein gelassen worden waren, ging es bei dem jetzt begonnenen Krieg nicht nur um die Bewahrung der politischen Autonomie, sondern darüber hinaus um die Beteiligung an der Regierung der hispanischen Monarchie. Diesmal waren an dem Aufstand alle Reiche der Krone Aragonien beteiligt; Kastilien unterstützte demgegenüber Philipp. Damit wurden die beiden Prätendenten zugleich (und unfreiwillig) im Verlauf des Erbfolgekrieges (1701-1713/14) zu Repräsentanten zweier »Staatsmodelle«: Während Philipp für die Idee einer zentralisierten, absoluten Monarchie stand, wurde Karl mit der Autonomie der peripheren Reichsteile identifiziert. Bis 1706 konnte Karl, der von den Seemächten England und Holland sowie von Portugal unterstützt wurde, große Teile (Ost-)Spaniens erobern und schließlich Madrid einnehmen, wo er (erneut) zum König proklamiert wurde. Danach wandte sich das Kriegsglück wieder dem Bourbonen zu, Karl mußte sich in Barcelona verschanzen (Kamen 1969).

Der Kampf in Katalonien hatte – im Unterschied etwa zu Valencia – keinen antifeudalen, gegen die Landherren gerichteten Charakter, trotzdem unterstützte ein Großteil des katalanischen Adels Philipp V. Diese probourbonischen Kräfte wurden im Volksmund *botiflers* genannt, was soviel wie »dick und reich« bedeutet.

Als die bourbonischen Truppen Valencia und Aragonien besetzt hatten, wurden diese Reiche sofort ihrer Institutionen beraubt und wie eroberte Provinzen regiert. 1710 unterstützten nur noch Katalonien und die Balearen die Sache des Habsburgers. Nachdem Erzherzog Karl 1711 zum deutschen Kaiser gewählt worden war, verloren die internationalen Mächte England und Holland sehr schnell ihr Interesse an Spanien. Für einige Gegenleistungen erkannten sie Philipp V. an, Katalonien wurde seinem Schicksal überlassen. Der Krieg hatte längst nichts mehr mit dynastischen Fragen zu tun, es ging vielmehr um die Verteidigung der katalanischen Freiheiten. 1713, kurz vor Ende des Krieges, widersetzte sich Barcelona mit einer 5000 Mann starken Truppe unter der Führung des Ratsvorsitzenden (*Conseller en Cap*) Rafael de Casanova der Belagerung durch die 40000 Soldaten des französisch-spanischen Heeres. Am 11. September 1714 mußte die katalanische Hauptstadt schließlich kapitulieren. Der 11. September ist seit dem 20. Jahrhundert der »Nationaltag« Kataloniens (*Diada Nacional*).

Der Erbfolgekrieg zeitigte für Spanien vielfältige innenpolitische Wirkungen (Pérez 1999, S. 311-379): Es kam nicht nur zum dynastischen Wechsel von den Habsburgern zu den Bourbonen. Entscheidend für die weitere Entwicklung war die verfassungsrechtliche Änderung der überkommenen politischen Struktur der spanischen Monarchie. Da die östlichen Reichsteile (Aragonien, Mallorca, Valencia, Katalonien) sich nach ursprünglicher Anerkennung Philipps im Verlauf des Krieges auf die Seite seines Gegners geschlagen hatten, war dies ein Akt der offenen Rebellion gegen den rechtmäßigen Herrscher. Die Strafe ließ nicht auf sich warten. König Philipp V. (1700-1746) entzog den Landesteilen, die im Krieg auf seiten Karls gestanden hatten, ihre hergebrachten Selbstverwaltungsrechte. Die zwischen 1707 und 1716 neu erlassenen Grundgesetze (*Decretos de Nueva Planta*) eliminierten die politischen Sonderverfassungen Kataloniens und Aragoniens (*furs*), führten kastilisches Verwaltungsrecht ein, bewirkten eine politische Gleichstellung aller Landesteile – nur die loyal gebliebenen Regionen Navarra und Baskenland durften ihre Sonderrechte beibehalten! – und stärkten somit die Madrider Zentralgewalt. Erst jetzt kann man von einer Durchsetzung des absoluten Einheitsstaates in Spanien sprechen (Lluch 1999).

Der *Consell de Cent* wurde durch die *Real Junta Superior de Justicia y Gobierno*, die »Oberste Königliche Justiz- und Regierungsjunta« ersetzt; an die Stelle des *Virrei* trat der *Capitán General*, der »Generalkapitän«, dem eine *Real Audiencia* als oberste regionale Verwaltungsbehörde zur Seite stand. Die *Generalitat* wurde abgeschafft. Kommunen wurden fortan *regidores* (Verwaltern) unterstellt, die von der Krone ernannt waren; das Feudalsystem auf dem Land wurde beibehalten. Das Katalanische wurde als Staats-, Amts-, Rechts- und Unterrichtssprache durch das kastilische Spanisch ersetzt. In dem Maße, in dem der kastilische Einfluß sich im neuen Gesamtstaat durchsetzte und die Verwaltung kastilisiert wurde, sank das Katalanische zu einem ländlichen Patois herab. (Im inzwischen französischen Roussillon war durch ein Dekret Ludwigs XIV. das Französische bereits 1700 zur alleinigen Rechtssprache gemacht worden.) Das Besatzungsregime wurde durch die neu auferlegte Katastersteuer finanziert. In Katalonien und auf den Balearen – nicht jedoch in Valencia – konnte das eigenständige Zivilrecht beibehalten werden. Der Friede von Utrecht 1713 hatte außerdem noch die Abtretung der 1708 von den Engländern besetzten Insel Menorca zur Folge, die erst knapp hundert Jahre später (1802) Spanien zurückgegeben wurde (Albareda 2001).

Im Vergleich mit der Krone Kastilien sah sich Katalonien erheblichen steuerlichen Belastungen ausgesetzt. 1718 etwa zahlte Katalonien viermal soviele Steuern wie 1702. Daß im Laufe des 18. Jahrhunderts das *Principat* einen bemerkenswerten wirtschaftlichen Aufschwung erlebte, war deshalb nicht auf die bourbonische Verwaltung zurückzuführen, sondern auf bürokratische Mißstände, aufgrund derer das Kataster nicht aktualisiert wurde.

Seit 1703 wurde das spanische Militär- und Finanzwesen nach französischem Vorbild reformiert. Militärisches Hauptziel war der Aufbau einer schlagkräftigen Armee; im Hinblick auf die Finanzen sollten vor allem die Mittel zur Kriegsführung aufgebracht werden. Zu den wichtigsten Maßnahmen zählte die Übertragung des kastilischen Abgabensystems auf die Reiche der Krone Aragonien. Damit sollte die seit langem geforderte Steuergerechtigkeit hergestellt werden, Aragonien hatte sich an den gemeinschaftlichen Ausgaben ebenso wie Kastilien zu beteiligen. (Diese Maßnahme hatte nicht unerheblich dazu beigetragen, daß sich Aragonien im Krieg auf die Seite des habsburgischen Gegenprätendenten Karl schlug.)

Mittel- und langfristig kamen die bourbonischen Reformen allerdings – zumindest im wirtschaftlichen Bereich – auch Katalonien zugute, da der Madrider Merkantilismus die Küstenregionen, den Schiffsbau, den Branntweinhandel und die Baumwollmanufakturen begünstigte. Trotz des Madrider Zentralismus führte die merkantilistische Wirtschaftsförderungspolitik zur Entleerung der Mitte. Die staatliche Lenkung des Gewerbebetriebes begünstigte die Küstenstädte am Mittelmeer. Barcelona profitierte ganz besonders von dieser Politik (Matthée 1988, S. 30). Das *Principat* durchlief eine Phase wirtschaftlichen Strukturwandels, die Textilmanufakturen nahmen einen deutlichen Aufschwung und gingen zur maschinellen Fertigung über. Das kastilische Textilgewerbe konnte demgegenüber keine dynamische Entwicklung aufweisen. Insgesamt verschob sich das sozioökonomische Schwergewicht – gemessen an Bevölkerungsdichte, Kapitaleinsatz, Erträgen, allgemein: am Lebensstandard – vom Zentrum an die Peripherie. Kataloniens Bevölkerung nahm zwischen 1553 und 1717 von 388 000 auf 550 000 Einwohner zu, Barcelona, das 1718 gerade einmal 32 000 Einwohner hatte (Ende des 14. Jahrhunderts hatte die Stadt bereits 35 000!), verzeichnete 1798 bereits 130 000 Einwohner (zum Vergleich: Madrid 180 000 Einwohner).

Pierre Vilar hat in seiner umfassenden Studie zu Katalonien ein sehr positives Bild des *Principat* im 18. Jahrhundert entworfen und es ökonomisch als Vorbild für eine gesamtspanische Industrialisierung dargestellt (Vilar 1963). Es ist sicherlich richtig, daß damals jenes unternehmungsfreudige Bürgertum in Katalonien entstand, dessen Selbstvertrauen auf dem wirtschaftlichen Aufschwung beruhte; die 1735 gegründete *Real Junta Particular de Comercio* (»Königlich-privater Handelsausschuß«) wurde zum wichtigsten wirtschaftlichen Organ des Bürgertums. Daneben gab es allerdings noch den zahlenmäßig starken bäuerlichen und kleinbürgerlichen Sektor, der vom Verlust der foralen Sonderrechte schwer betroffen war und wirtschaftlich vorerst abseits stand. Aus diesem stark traditionalistischen Sektor sollte später der Karlismus entstehen.

Gegen Ende des 18. Jahrhunderts bekam die katalanische Wirtschaft abermals Aufschwung, nachdem 1778 das kastilische Monopol für den Amerikahandel endgültig fiel.

Sehr schnell wurden Barcelona und Las Alfaques (an der Ebromündung) zu Haupthäfen des Überseehandels (Textilien und Weine waren schon seit 1680 in zunehmendem Umfang über Cádiz exportiert worden). Der katalanische Handel eroberte schnell den amerikanischen Markt. Zwischen 1778 und 1792 erreichte die katalanische Wirtschaftsentwicklung einen ersten Höhepunkt. Damals waren in Katalonien bereits 2000 Baumwollspinnereien in Betrieb, deren Produkte auf rund 2000 Schiffen exportiert wurden; weit über 100000 Familien lebten von dieser Arbeit.

Revolutionskriege und Protektionismus

An der Wende vom 18. zum 19. Jahrhundert sollten drei Ereignisse weitreichende Auswirkungen auf die Entwicklung Kataloniens haben: zum einen die zwei Kriege gegen Frankreich (der erste von 1793 bis 1795, der zweite nach dem napoleonischen Einfall in Spanien 1808), zum anderen der Verlust der meisten iberoamerikanischen Kolonien zwischen 1810 und 1824.

Im Zuge der französischen Revolutionskriege wurde auch Katalonien wiederholt Schauplatz militärischer Auseinandersetzungen. Zuerst wurden große Erwartungen an die *Guerra Gran* (»Großer Krieg«, 1793-1795) geknüpft, durch die man hoffte, die 1659 an Frankreich verlorenen Teile von Nord-Katalonien zurückgewinnen zu können. Diese Hoffnung wurde allerdings enttäuscht, Spanien verlor den Krieg.

1808, nach der französischen Invasion, kam es zur zweiten kriegerischen Auseinandersetzung zwischen Katalonien und Frankreich. Da die Katalanen wagemutig gegen den napoleonischen Einfall kämpften, ist dieses Verhalten mitunter als Zeichen kollektiven »Spaniertums« der Katalanen gedeutet worden (vor allem, wenn man bedenkt, daß Katalonien an Frankreich angeschlossen werden sollte). Allerdings stellte der »Oberste Ausschuß des Prinzipats Katalonien« (*Junta Superior del Principado de Cataluña*) eher einen Selbstregierungsversuch dar. Er setzte sich für die Beibehaltung der verschiedenen *Juntas* ein, auch nachdem sich eine spanische Zentraljunta im Kampf gegen Napoleon gebildet hatte. Katalonien propagierte damit eine Art föderatives Modell, während die *Cortes* von Cádiz den liberalen Zentralismus ansteuerten. Die Katalanen hatten sich somit zwischen zwei assimilatorischen Zentralismen zu entscheiden, dem französischen und dem spanischen. Letzterer erschien den Katalanen, da er der schwächere war, ungefährlicher, daher entschieden sie sich letztlich für ihn.

Napoleon versuchte, die katalanischen Autonomiewünsche für seine Zwecke auszunutzen. Der *Diario de Barcelona* – im 19. Jahrhundert die bedeutendste katalanische Tageszeitung – erschien von 1810 bis 1814 dreisprachig (katalanisch-spanisch-französisch); die Maßnahme sollte bei den katalanischen Traditionalisten Sympathien erwekken. Während der letzten Jahre der französischen Herrschaft wurde Katalonien administrativ von Spanien losgelöst und direkt von Paris aus regiert. Napoleon verfolgte den Plan, Katalonien in Form von vier *Départements* – Montserrat, Ter, Segre und Bouches de l'Ebre – dem französischen Kaiserreich anzugliedern. Das Katalanische wurde wieder zur offiziellen Sprache erhoben, was vorübergehend große Hoffnungen weckte, die sich jedoch schnell an der Wirklichkeit eines bedrückenden Besatzungsregimes zerschlugen. Der Großteil der Bevölkerung blieb daher der französischen Herrschaft abgeneigt (Hina 1978, S. 26).

Die Revolten der Katalanen richteten sich nicht nur gegen den französischen Eindringling, sondern auch gegen das Ancien régime. In Katalonien kam es vielerorts zu Volksaufständen. Die antinapoleonische Erhebung hatte hier nicht nur den Charakter eines Volkskrieges, sondern auch den eines Sozialaufstandes gegen die überkommene Ordnung. Die Unruhen richteten sich gegen die Grundbesitzer, die Steuereintreiber und Wucherer; die Landbevölkerung weigerte sich, den Zehnten und grundherrliche Abgaben zu zahlen; das Rekrutierungssystem wurde bekämpft. Die Bewegung entbehrte allerdings weitgehend einer überregionalen Organisation; wie in präindustriellen Gesellschaften üblich, äußerte sich der weitverbreitete Unmut als direkter Sozialprotest. Die neugeschaffenen *Juntas* konnten daher, in Anbetracht des bestehenden Machtvakuums, diese Volksaufstände kontrollieren und kanalisieren; die alte Sozialordnung erfuhr vorerst keine grundlegenden Änderungen.

Was den Verlust der Kolonien zu Beginn des 19. Jahrhunderts betrifft, so machte er sich in Katalonien vor allem als Beeinträchtigung der industriellen Entwicklung bemerkbar. Kuba blieb zwar ein bedeutender Markt, aber im wesentlichen war die katalanische Industrie ab 1820 auf den spanischen Binnenmarkt angewiesen. Diese Umorientierung läßt sich als »spanische Wendung« bezeichnen, die eine beständige Konfrontation mit dem agrarischen Spanien zur Folge hatte. Die noch junge und international nicht konkurrenzfähige katalanische Industrie benötigte eine protektionistische Politik, während das überwiegend agrarische Spanien an möglichst billigen, zollfreien Importen interessiert war. Diese unterschiedlichen wirtschaftspolitischen Vorstellungen und Ziele stellten eine Dauerbelastung im katalanisch-kastilischen Verhältnis dar. Die Differenzen führten dennoch nicht zum Bruch mit Madrid, da die Stellung des katalanischen Bürgertums zu schwach war. In den sozialen Kämpfen mit dem entstehenden Proletariat zogen die Unternehmer immer wieder die Allianz mit den kastilischen Agrariern und der Staatsmacht vor. Aus dieser Konstellation resultierte eine wenig konsequente Haltung der katalanischen Bourgeoisie. Vor allem verzichtete sie weitgehend auf politische Mitsprache in Madrid, wenn die Zentralregierung nur einigermaßen ihre wirtschaftspolitischen Forderungen erfüllte. Und diese bestanden vor allem in einer protektionistischen Handelspolitik.

Bereits 1822 forderte die Handelsjunta von Barcelona – zur Abwehr der englischen Konkurrenz – Schutzzölle. Die Forderung nach Protektionismus zog sich fortan wie ein roter Faden durch die Geschichte der katalanischen Wirtschaft. Im Verlauf des 19. Jahrhunderts sollte es schließlich in dieser heiklen Frage zu einer Übereinkunft zwischen katalanischen Industriellen und kastilischen Agrariern kommen. Aber bevor ein *modus vivendi* zwischen Katalonien und Spanien zustande kam, mußten ernsthafte Konflikte bewältigt werden. 1840 etwa erkämpfte sich General Baldomero Espartero mit Unterstützung einer starken katalanischen Fraktion die Macht. Als jedoch der britenfreundliche Espartero Freihandelspolitik betrieb, wandte sich die katalanische Industriebourgeoisie sofort wieder gegen Madrid. Jetzt kämpften sogar Arbeiter und Fabrikanten gemeinsam für den Bestand der katalanischen Industrie und gegen die liberale Wirtschaftspolitik Madrids. 1842 kam es zu einer mehrstündigen Beschießung Barcelonas durch kastilische Truppen, bei der sich alle sozialen Kräfte der Stadt zu einem antikastilischen Bund vereint hatten, um die katalanischen Wirtschaftinteressen zu verteidigen. Diese Auseinandersetzungen trugen erheblich dazu bei, daß seit den 1840er Jahren mit dem Aufschwung der Wirtschaft auch das katalanische Selbstbewußtsein deutlich zunahm; es sollte sich zuerst auf sprachlichem und kulturellem Gebiet äußern (Bernecker 1991, S. 107-118).

Strukturwandel im 19. Jahrhundert

Mitte des 19. Jahrhunderts sollten wirtschaftliche (Industrialisierung) und geistesgeschichtliche Faktoren (Romantik) eine katalanistische Bewegung hervorbringen, die sich zuerst kulturell-literarisch (Geschichtsbewußtsein, Kodifizierung der Sprache, Wiederbelebung der katalanischen Literatur) und einige Jahrzehnte später auch politisch (als Forderung nach Autonomie) äußerte. Jene Epoche des Wiederauflebens der katalanischen Kultur und Literatur in der Muttersprache, die *Renaixença*, wird neuerdings als kulturelle Bewegung des Bürgertums mit nationalem Bewußtsein definiert (vgl. hierzu ausführlich S. 277-290 des Beitrags von T. Eßer in diesem Band). Das von der Romantik verherrlichte Mittelalter wurde auch hier idealisiert und als Wurzel katalanischer Identität betrachtet. Die politische Variante des Katalanismus trat zuerst in Form verschiedener regionalistischer Tendenzen auf, sodann in jener des karlistischen Traditionalismus, der als antiliberal-konservativer Regionalismus vergangenheitsorientiert war, in den »revolutionären sechs Jahren« (1868-1874) zum Teil als Föderalismus (Pi y Margall), der demokratischen und republikanischen Ideen zugeneigt war, und schließlich als mehrheitlich konservativer Autonomismus, in dem unterschiedliche Strömungen zusammenflossen.

Renaixença und Industrialisierung

Traditionellerweise wurde die »katalanische Frage« durch Themen wie Sprache und Einwanderung, vor allem aber durch das Gefälle bei Wohlstand und Wirtschaftskraft im Verhältnis Zentrum-Peripherie, die staatliche Steuer- und

Investitionspolitik sowie die Orientierung in der Wirtschaftsordnung bestimmt. Politisch schlugen sich diese Themen, häufig verkürzt, in militanten Parolen und aggressiven Parteiprogrammen nieder. Warfen die Katalanen dem Zentrum Ausbeutung durch eine parasitär-inkompetente kastilische Zentralbürokratie vor, so konterten viele Nicht-Katalanen mit dem Vorwurf mangelnder Solidarität gegenüber den ärmeren Regionen Spaniens und der ständig angestrebten Sonderrolle Kataloniens im spanischen Staat.

Die neue »katalanische Frage« entstand im 19. Jahrhundert aus einer komplexen Verbindung von nationalen und sozialen Elementen. Entscheidend war das Zusammenfallen zweier bedeutsamer Entwicklungen: zum einen der Revitalisierung der katalanischen Sprache im Zeichen des romantischen Regionalismus, zum anderen der endgültigen Durchsetzung der industriellen Revolution in Katalonien.

Moderne Ansätze verweisen darauf, daß ein entscheidender Grund für die im 19. Jahrhundert um sich greifende katalanistische Bewegung in der geringen *nation-building*-Kapazität des spanischen Staates lag. Die Aufgabe des *nation-building*, der sozialkulturellen Integration der spanischen Gesellschaft im Zeichen des Nationsgedankens, wurde vom spanischen Staat nur äußerst unvollkommen erfüllt. Dies gilt für die institutionelle Durchdringung von Wirtschaft und Gesellschaft ebenso wie für das politische System, das die breite Masse der Bevölkerung durch Zensuswahlrecht und organisierte Wahlfälschung von der politischen Partizipation ausschloß, desgleichen für die gewaltigen Defizite im Schul- und Bildungswesen. Es fehlte sogar eine »Kultur des Nationalen«, worunter Symbole und Repräsentationsformen im öffentlichen Raum verstanden werden. Zu Recht sprechen Historiker daher von einer »schwachen Nationalisierung« (Borja de Riquer) im Spanien des 19. Jahrhunderts, und der Erfolg alternativer Nationalbewegungen wie des Katalanismus an der Peripherie des Landes stellte gleichsam die Kehrseite eines schwachen gesamt-spanischen *nation-building* dar (Balcells 2006, S. 587-601).

Neuerdings wird mit Nachdruck darauf verwiesen, daß die soziale Basis des Katalanismus viel »tiefer« anzusetzen ist, als lange Zeit aufgrund politischer Erklärungen zum Ende des 19. Jahrhunderts angenommen wurde. Ging man früher davon aus, daß der Katalanismus in seinen Anfängen eine Bewegung der Bourgeoisie war und die mittleren sozialen Schichten erst später erfaßt wurden, so betonen die neuen Deutungen, die auf Fèlix Cucurull, Josep Termes und Jordi Llorens zurückgehen, die große Bedeutung volkstümlicher Schichten für das »nationale Erwachen« Kataloniens. Auch wenn die Forschung in dieser Frage noch nicht zu eindeutigen Ergebnissen gekommen ist, stimmen die verschiedenen Interpretationen doch darin überein, daß früher oder später nahezu alle sozialen Schichten der Region vom Katalanismus erfaßt wurden (Termes 2001).

Verwaltungsmäßig war Katalonien 1833, im Zuge der territorialen Neuordnung des gesamten spanischen Territoriums, in die vier Provinzen Barcelona, Tarragona, Lérida (Lleida) und Gerona (Gírona) aufgeteilt worden, wie es einige Jahrzehnte zuvor die liberalen *Cortes* von Cádiz schon vorgesehen hatten. Durch die unmittelbare Unterstellung der Provinzen unter die Madrider Regierung und die Ernennung ihrer Zivilgouverneure durch das Innenministerium waren die historischen Landschaften, die alten *Reinos*, als Verwaltungskörperschaften aufgelöst. Katalanisten interpretierten schon damals diese »Provinzialisierung« als Versuch, das kollektive Identitätsgefühl der Katalanen zu schwächen. Fortan würden deshalb die katalanistischen Gegner des Zentralismus auf die administrative Wiedervereinigung Kataloniens hinarbeiten.

Die weitere Entwicklung der Beziehungen zwischen Spanien und Katalonien glich im 19. Jahrhundert eher der Geschichte eines Auseinanderdriftens. Das Zentrum blickte mit Argwohn auf die dynamische Peripherie; 1867 etwa wurde die Veröffentlichung ausschließlich katalanisch geschriebener Werke verboten, da einsprachige Publikationen angeblich den »autonomen Geist« förderten. Zudem waren kaum Katalanen an der Regierung Spaniens beteiligt: Lediglich 25 der über 900 spanischen Minister zwischen 1833 und 1901 waren Katalanen (2,7 %). Diese Distanz zwischen Madrid und Katalonien ist auch als Ausdruck einer kastilischen »Katalanophobie« (Albert Balcells) gedeutet worden. Das Selbstbewußtsein des katalanischen Bürgertums kollidierte mit dem Stolz Kastiliens, der ganz andere geistige Wurzeln hatte. Allerdings dachte in Katalonien niemand an vollständige Unabhängigkeit, wenn auch der Zweite Katalanistenkongreß 1883 jede Form von Teilnahme oder Mitwirkung in gesamtspanischen Parteien ablehnte. Die katalanistischen Bestrebungen jener Zeit standen noch unter dem Vorbehalt ihrer Vereinbarkeit mit der Integrität des spanischen Staates (Matthée 1988, S. 44).

Im Zentrum der Bewegung stand anfangs die Wiederbelebung der katalanischen Sprache. Anknüpfend an die mittelalterliche Hochsprache konnte die kulturelle Richtung der *Renaixença* den Niedergang des 16. Jahrhunderts überwinden – in dem die Sprache in Agonie verfallen war –, ebenso den vollständigen Stillstand der Kulturentwicklung nach dem Spanischen Erbfolgekrieg, als das Katalanische durch einen Verwaltungsakt aus dem öffentlichen Leben entfernt wurde, und die Sprache zu neuer Blüte führen. Ein Meilenstein dieser Entwicklung war die »Ode an das Vaterland« (*La Pàtria*) Katalonien von Bonaventura Carles Aribau aus dem Jahr 1833, in der Sprache und Heimat in eine enge Verbindung gebracht wurden. Bald danach wurde die Tradition der mittelalterlichen Troubadourpoesie wieder aufgenommen.

Nach 1850 gewann das Katalanische rasch an Boden, 1859 wurden die mittelalterlichen Sänger- und Dichterspiele, die *Jocs Florals*, wiedereingeführt. Linguisten erforschten und vereinheitlichten die Sprache, der Wortschatz wurde modernisiert, Grammatik und Orthographie erfuhren eine Normierung. Trotz massenhafter Zuwanderung konnte sich das Katalanische daher später als Umgangssprache halten, die meisten zugezogenen Südspanier lernten die Sprache, was nicht nur auf die Verwandtschaft mit dem Spanischen, sondern auch auf den hohen sozialen Stellenwert des Katalanischen in der Region und die Assimilationskraft der katalanischen Gesellschaft zurückzuführen war.

Von besonderem Interesse ist der Zusammenhang zwischen der nationalen Aufbruchstimmung des Katalanismus, d.h. dem Spannungsverhältnis der Region gegenüber dem Zentralstaat, und der zweiten bedeutenden Konfliktachse der katalanischen Gesellschaft, dem Klassenkonflikt zwischen Unternehmern und Arbeiterschaft. Wiederholt wurde in der Literatur die Behauptung aufgestellt, der Katalanismus sei von der Bourgeoisie lediglich als Mittel eingesetzt worden, um die Arbeiter unter Hinweis auf die gebotene Solidarität im regionalen Rahmen gefügig zu machen (z. B. bei Vilar 1968). Demgegenüber ist darauf zu verweisen, daß die katalanistische Bewegung ihren Anfang schon vor dem sichtbaren Aufkommen von »modernen« Klassenspannungen genommen hatte. Die beiden Konfliktachsen standen im weiteren Geschichtsverlauf sodann in einer prekären Gleichgewichtslage zueinander, sie balancierten sich teilweise aus und durchdrangen sich wechselseitig (Waldmann 1984, S. 164).

Es besteht kein Zweifel, daß der Aufschwung des Katalanismus als eigenständige Kultur- und Regionalbewegung in einem engen Zusammenhang mit der zunehmenden wirtschaftlichen Bedeutung der Region Katalonien und der machtpolitischen Stellung der lokal-regionalen Bourgeoisie stand. Zur Erklärung der im spanischen Kontext einzigartigen industriellen Entwicklung Kataloniens im 19. Jahrhundert bedarf es eines Rückblicks auf die vorhergehenden Jahrzehnte. Es hatte nämlich im 18. Jahrhundert einer Reihe von Reformen bedurft, damit sich aus den Bauern und Handwerkern der Region eine neue Unternehmerschicht herausbilden konnte, die eine Phase raschen wirtschaftlichen Wachstums einleitete. Zu diesen Maßnahmen gehörten, Víctor Alba zufolge, u. a. die Abschaffung der Zünfte, die Freigabe des Handels mit Amerika und der Zollschutz für nationale Industriegüter (Alba 1975). Damals wurden nicht nur in der Landwirtschaft, vor allem bei Wein- und Getreideanbau, erhebliche Fortschritte erzielt; zugleich entwickelte sich in den Städten eine schnell aufblühende Textilindustrie, die rasch den innerspanischen und den kolonialen Markt in Übersee eroberte. Da auf die Textilindustrie einige Zeit später Unternehmen anderer Branchen wie Chemie und Elektrizitätswesen folgten, entwickelte sich Katalonien im Laufe des 19. Jahrhunderts zur modernsten und am weitesten entwickelten Region Spaniens.

Grundlage der katalanischen Industrialisierung war die Textilindustrie, die weitgehend auf der Heimarbeit aufbaute. Beachtenswert ist der frühe Zeitpunkt des Industrialisierungsbeginns: 1784 gab es bereits 60 Fabrik-Einrichtungen mit 2 000 Arbeitern, 1808 wurden allein in Barcelona über 300 Webstühle gezählt, auch in Reus und Vic hatte sich die Baumwollindustrie angesiedelt, in Berga wurden 13 Fabriken betrieben. Gegen Mitte des 19. Jahrhunderts (1848) verfügte die katalanische Textilindustrie über 1 765 Produktionsstätten (31 284 Arbeiter), bis 1854 stieg die Zahl der Betriebe auf 2 095, ein Jahr später auf 7 817. Die Baumwollindustrie beschäftigte 1860 ungefähr 125 000 Arbeiter. In der zweiten Jahrhunderthälfte kamen noch weitere Industriebranchen hinzu: Siemens und I. G. Farben, Pirelli, später die International Telephon & Telegraph Company (ITT) ließen sich in Barcelona nieder; 1873 wurde das erste Elektrizitätswerk in Betrieb genommen, zwei Jahre später war Barcelona an das französische Eisenbahnnetz angeschlossen. Im letzten Drittel des 19. Jahrhunderts war die katalanische Hauptstadt eine der ersten Industriemetropolen der Welt (Balcells 2006, S. 602-619).

Die Mechanisierung der Erzeugung hatte schon relativ früh stattgefunden: Hatte es 1835 erst 3,78 % mechanische Spulen gegeben, so waren es 1861 bereits 99,04 %, Damit war der Spinnvorgang in einem Vierteljahrhundert völlig mechanisiert worden. Ungefähr im gleichen Zeitraum stieg der Prozentsatz mechanischer Webstühle von 0,9 % auf 44,6 %, was immerhin eine Semimechanisierung bedeutete. In der Restaurationsära verlangsamte sich das Wachstum der katalanischen Textilindustrie; wegen der fehlenden Elastizität der heimischen Nachfrage setzten die katalanischen Industriellen (Güell, Muntadas, Fabra, Serra, Sert, Valls u. a.) ihre Absatzhoffnungen auf die Kolonialmärkte Kuba und Puerto Rico. Die Einfuhr von Rohbaumwolle nahm von 33 000 t (1875) und 54 000 t (1883) auf 86 000 t (1899) zu, während der Export an Baumwollwaren von ca. 1 000 t (1882) auf über 10 000 t (1897) anstieg. Die Industriellen konnten schließlich, gemeinsam mit den kastilischen Mehlproduzenten, eine Regelung durchsetzen, die die überseeischen Besitzungen zwang, die Erzeugnisse des Mutterlandes zu konsumieren. Dadurch kletterte zwar die Ausfuhr von Baumwollwaren; zugleich stieg aber die Unzufriedenheit in den Kolonien derart an, daß dieser verordnete Konsum zu den wirtschaftlichen Hintergründen der 1898 erkämpften Unabhängigkeit zählt.

Im katalanischen Raum und im weiteren Mittelmeerküstengebiet waren auch andere Bereiche der Fertigindustrien (alle Zweige der Textilindustrie, die Holzverarbeitung, Olivenölproduktion, Parfümerie) lokalisiert. Zu Beginn des 20. Jahrhunderts beschäftigten die metallverarbeitenden

Betriebe sogar mehr Arbeiter als die Textilindustrie: Hatte diese 1890 noch 90 000 Personen beschäftigt, so 1919 nur mehr 70 000, während die erz- und metallverarbeitende Industrie, die 1880 rund 80 000 Arbeiter hatte, 1900 schon über 100 000 und 1919 sogar 155 000 zählte.

Das Besondere an der katalanischen Industrialisierung bestand darin, daß sie in einer Region ohne Kohle und Eisen, mit geringen Rohstoffen und einem nur rudimentär ausgeprägten Markt wie dem spanischen stattfand. Auch der Kolonialmarkt (Kuba und Puerto Rico) konnte die Schwäche des spanischen Absatzmarktes nicht kompensieren; 1858 etwa waren lediglich 3 % der von Kuba importierten Textilien spanischer (katalanischer) Herkunft. Unter diesen widrigen Umständen erfolgte die Industrialisierung in Katalonien mit klaren Defiziten: Die Metallurgie entwickelte sich verspätet, die Leichtindustrie dominierte den Prozeß allzu lange, die Wirtschaftsstruktur blieb klein-, allenfalls mittelbetrieblicher Art, und wegen der relativ teuren Arbeitskraft widersetzten sich die Unternehmer lange Zeit Reformen zur Verbesserung der Arbeitsbedingungen. In Anbetracht dieser Umstände war die katalanische Industrie auf internationaler Ebene nicht konkurrenzfähig; die Unternehmer kämpften ständig für Schutzzölle, um sich wenigstens den spanischen Markt zu sichern. Diese Konstellation bewirkte, daß die katalanische Industriebourgeoisie politisch eher konservativ ausgerichtet war (Balcells 2004, S. 32-36).

Wenn es im Katalonien des 19. Jahrhunderts trotz dieser Beschränkungen zu einer breiten Industrialisierung kam, so war dies auf Sozialstrukturen zurückzuführen, die die Widrigkeitsfaktoren bis zu einem gewissen Grad ausglichen. Zum einen ist darauf zu verweisen, daß Bodenbesitz weit verbreitet war und durch Erbschaftsregelungen die übermäßige Parzellierung des Landes verhindert wurde. Der Trockenfeldbau konnte intensiviert werden; bald wurde der Weinbau zu einer Spezialität der Region. Was den wirtschaftlichen Wandel aber vor allem beschleunigte, war das Gewicht der Mittelschichten im Produktionsprozeß. Diese Sozialstruktur führte zu einem Einkommensanstieg und einer im spanischen Vergleich überdurchschnittlichen Erhöhung des Konsums. Häufig werden Werte wie Leistungsbereitschaft, Sparsamkeit und Initiativreichtum mit der katalanischen Industrialisierung in Zusammenhang gebracht; sie waren aber eher Symptome als Gründe der Entwicklung. Natürlich waren auch die unternehmerische Erfahrung, die Handwerkstradition und eine dynamische Landwirtschaft notwendige, wenn auch nicht hinreichende Bedingungen für die in den 1840er Jahren rapide einsetzende industrielle Entwicklung.

Einige sozioökonomische Indikatoren lassen den zunehmenden Vorsprung Kataloniens vor dem übrigen Spanien, vor allem um die Wende vom 19. zum 20. Jahrhundert, erkennen: Hatte Katalonien 1877 noch 58 % (Barcelona: 34 %) und 1920 nur noch 35 % (Barcelona: 14 %) Erwerbstätige im Landwirtschaftssektor, so lauten die Vergleichszahlen für das übrige Spanien 72 % bzw. 66 %. Der in Industrie und Handwerk beschäftigte Bevölkerungsanteil stieg in diesem Zeitraum in Katalonien von 23 % (Barcelona: 37 %) auf 38 % (Barcelona: 53 %), während er im restlichen Spanien bei 11 % bzw. 15 % nahezu stagnierte. Dementsprechend nahm auch der Anteil Kataloniens am industriellen Steueraufkommen der Textilbranche Gesamtspaniens von 66 % (1856) auf 88 % (1918) zu. Und während bis 1920 die Analphabetenquote in Katalonien auf 41,1 % (Barcelona: 31,6 %) der Bevölkerung gesenkt werden konnte, lag sie im restlichen Spanien noch bei 52,4 % (Brunn 1978, S. 157-160).

Der Strukturgegensatz zwischen dem industrialisierten Katalonien und dem sozioökonomisch stagnierenden »Restspanien« – eine Grundvoraussetzung zum Verständnis des Peripherie-Zentrum-Konflikts – läßt sich mit Hilfe einiger weiterer Indikatoren noch deutlicher aufzeigen. 1913 stand der Nettowert der Produktion der gesamtspanischen Eisenindustrie (Investitionsgüter) zu dem der nahezu ausschließlich in Katalonien lokalisierten Textilindustrie (Verbrauchsgüter) im Verhältnis von 1:6. Das Gewicht Kataloniens wird darüber hinaus am spanischen Steueraufkommen aus dem industriellen Bereich deutlich: Noch 1918 wurden 42 % des industriellen Steueraufkommens Spaniens in Katalonien erwirtschaftet!

Der wirtschaftliche Vorsprung Kataloniens zeigte sich auch im Agrarbereich. Die Weingärten in den Provinzen Barcelona und Tarragona, die Fruchtplantagen in Tarragona und die Gartenkulturen der Küstenebene machten Katalonien zu einem der reichsten Agrargebiete Spaniens. Die katalanischen Kulturen erbrachten von 1917 bis 1923 rund 37 % des spanischen Weines. Ein größerer Anteil mittlerer Bauern, langfristige Weinpachten (System der *rabassa morta*), der Anbau konkurrenzfähiger Exportprodukte (Wein, Oliven, Obst), gaben der katalanischen Landwirtschaft ein weitaus größeres Maß an technischer Prosperität und sozialer Stabilität, als dies in anderen Landesteilen der Fall war.

Trotz dieser im gesamtspanischen Vergleich beeindruckenden Erfolge der katalanischen Wirtschaft verzichtete diese darauf, über die Grenzen Kataloniens hinaus zu expandieren. Unternehmen, Banken und Betriebe aller Art blieben zumeist auf katalanisches Gebiet beschränkt. In Katalonien selbst war die Unternehmerschicht allerdings sehr erfolgreich in ihrem Versuch, »bürgerliche« Werte wie das Streben nach Eigentum, Leistungsbereitschaft oder die Neigung zu ausgehandelten Kompromissen auch auf die anderen Gesellschaftsschichten zu übertragen (Payne 1971). Ebenfalls unter tatkräftiger Mitwirkung der Bourgeoisie entstand jenes dichte Geflecht von Vereinen und Zivilorganisationen, das zu einer wichtigen sozialen Integrationsklammer der gesamten katalanischen Gesellschaft werden sollte (Hansen 1977).

Arbeiterschaft und Arbeiterbewegung

Als gegen Ende des 18. Jahrhunderts in Katalonien als Folge des von den Kolonialmärkten ausgehenden Stimulus ein »moderner« Industriesektor entstand, kam es sehr schnell zur »sozialen Frage«, die während des ganzen 19. Jahrhunderts und weit darüber hinaus zu einem Dauerproblem werden sollte. Zum einen erfolgte eine größere Konzentration von Arbeitskräften an einem bestimmten Ort. Zum anderen waren diese Arbeiter nunmehr ausschließlich von ihrer Industriearbeit abhängig, da sie ihr teils handwerkliches, teils landwirtschaftliches Berufsleben aufgegeben hatten und sich wegen der höheren Löhne ganz ihrer Fabriktätigkeit widmeten. Das Schicksal dieser Arbeiter hing jetzt von der Entwicklung ihrer jeweiligen Branche, das heißt von der industriellen Konjunktur ab; ihre Interessen waren aufs engste mit denen der Arbeitgeber verbunden.

Die katalanischen Städte des ausgehenden 18. und beginnenden 19. Jahrhunderts erlebten allenthalben den Übergang von halbautonomen Arbeitskräften zu Industrieproletariern; der Prozeß fand erst gegen Mitte des Jahrhunderts seinen Abschluß. Während des größten Teils dieses Übergangsprozesses befand sich die Arbeiterschaft nicht nur in materieller, sondern auch in ideologischer Abhängigkeit von den Unternehmern. Diese wiesen ihre Arbeiter immer wieder darauf hin, daß ihr Wohlergehen nicht vom Arbeitgeber, sondern ausschließlich von der Regierungspolitik abhing.

Die ersten größeren Unruhen im Industriebereich erfolgten in Form von Maschinenzerstörungen. 1835 wurde in Barcelona die Fabrik *El Vapor* der Unternehmerfamilie Bonaplata niedergebrannt, die Umstände blieben jedoch unklar, da sich der Zwischenfall in Zusammenhang mit verbreiteten städtischen Unruhen, antiklerikalen Unmutsäußerungen und karlistischer Konfliktivität ereignete. Politische Behörden, Polizei und Unternehmer arbeiteten Hand in Hand, um ähnliche Zwischenfälle zukünftig zu verhindern.

Die dreißiger und vierziger Jahre des 19. Jahrhunderts erlebten eine dramatische Entwicklung der katalanischen Textilindustrie. Die technischen Neuerungen griffen schnell um sich. Die alten *bergadanas* (Textilmaschinen) wurden durch die *Mule-Jennies* ersetzt, von denen es 1850 schon über 475 000 gab; und die 1840 praktisch noch unbekannten *selfactinas* (mechanische Spinnmaschinen) beliefen sich zehn Jahre später auf nahezu 100 000. Zum gleichen Zeitpunkt wurde noch an ungefähr 180 000 Handwebstühlen gearbeitet (Bernecker 1991, S. 181-197).

Angesichts dieses stürmischen Aufschwungs der Industrie gelangten die Arbeiter schnell zu der Überzeugung, daß sie ihre Interessen nur verteidigen konnten, wenn sie sich zusammenschlossen und Widerstandskassen gründeten. Vorerst wurden alle derartigen Anträge abgelehnt. Die Behörden übernahmen die Unternehmerargumentation, derzufolge die Freiheit der Arbeiter und Industriellen, Beschäftigungsverträge abzuschließen, durch keinerlei gesetzliche Regelungen eingeschränkt werden durfte. Erst 1840 gelang es den Webern, eine »Gesellschaft für gegenseitige Hilfe« zu gründen *(Sociedad de Tejedores):* Die erste spanische »Gewerkschaft« war geboren. 1842 zählte sie bereits 50 000 Mitglieder; schnell folgten andere Industriebranchen. Damit waren für die Arbeiter die ersten organisatorischen Voraussetzungen geschaffen, um in Zukunft kollektiv agieren zu können – und das nicht nur ohne Mitwirkung der Bourgeoisie, sondern gegen diese (Bernecker 1991, S. 103-105).

Barcelona spielte in diesem Prozeß in mancherlei Hinsicht eine Sonderrolle: Der Aufschwung der Industrie und der Zuzug von Arbeitern in die katalanische Hauptstadt ließen die Stadtmauern schon in den dreißiger Jahren zu einem natürlichen Hindernis für die erforderliche Expansion der Stadt werden. Diese hatte 1814 erst 83 000 Einwohner gehabt, zählte 1857 aber schon 184 000 und 1877 sogar 337 000 Einwohner. Schon lange hatten die Einwohner die Schleifung der Mauern und der *Ciudadela* gefordert, jenes militärischen Komplexes, den die Bourbonen zur Kontrolle und Bestrafung der Stadt wegen ihrer gegnerischen Parteinahme im Erbfolgekrieg hatten anlegen lassen. Stadtmauern und *Ciudadela* galten als Symbole der zentralistischen Unterdrückung durch die Madrider Regierung. Ihre teilweise Schleifung (1840-1843) galt insbesondere der Integration jener außerhalb der Mauern entstandenen industriellen Vororte wie *Poble Nou* (»Neudorf«) oder *Poble Sec* (»Trockendorf«), in denen die erste Generation katalanischer Industriearbeiter lebte.

Für die Mitte des 19. Jahrhunderts hat der Städteplaner Cerdá eine überaus wertvolle Statistik zur Situation der Arbeiterschaft Barcelonas erstellt. Von den 54 272 Arbeitern waren 47 572 Hilfsarbeiter (*miserables*), das eigentliche spanische Lumpenproletariat; 6 500 waren Facharbeiter (*operarios*). Die Jahreseinkünfte eines Hilfsarbeiters betrugen im Durchschnitt 2 300 *reales;* seine Mindestausgaben (ohne Berücksichtigung von Möbeln, Gesundheits- oder Schulausgaben) beliefen sich auf 2 301 *reales* für einen Junggesellen, auf 3 071 *reales* für einen verheirateten Arbeiter ohne Kinder und auf 4 176 *reales* für einen verheirateten Arbeiter mit zwei Kindern. Der Durchschnittslohn reichte daher in keinem Fall aus. Selbst die sog. Facharbeiter verdienten nicht genug, um die Mindestausgaben für eine Familie bestreiten zu können: Ein Weber am mechanischen Webstuhl verdiente 4 160 *reales,* ein Seiden- und Wollweber 3 604 *reales.* Auch sie konnten keine Familie auf elementarstem Niveau ernähren. Dabei ist zu bedenken, daß die Arbeiter Barcelonas im Vergleich zu dem restlichen Proletariat Spaniens im Hinblick auf das Lohnniveau noch bevorzugt waren.

Bis weit über die Jahrhundertmitte hinaus waren die meisten Industrie-Arbeiter in Katalonien konzentriert. 1857 z. B. stammte ein Drittel der gesamtspanischen Industrieproduktion aus der Provinz Barcelona, wo es rund 100 000 Arbeiter in der Baumwollindustrie gab, je 40 bis 45 % Männer und Frauen und 10 bis 20 % Kinder. Letztere mußten vom sechsten oder siebten Lebensjahr an, ebenso wie die Erwachsenen, täglich 12 bis 15 Stunden arbeiten. Entsprechend gering war die Einschulungsrate. Barcelona lag (1860) mit 31,2 % eingeschulter Jungen und nur 13,4 % eingeschulter Mädchen noch weit unter dem Prozentsatz vieler agrarischer Provinzen. Um die Mitte des Jahrhunderts betrug in der katalanischen Hauptstadt die durchschnittliche Lebenserwartung eines reichen Bürgers bei der Geburt 38,38 Jahre, eines Handwerkers 25,41 Jahre, eines Tagelöhners 19,68 Jahre. Dementsprechend sah auch die Altersstruktur der spanischen Bevölkerung aus: 1857 machten Kinder (bis 15 Jahre) 35,7 % der Bevölkerung aus, Erwachsene (15-60 Jahre) 58,9 %, während der Anteil der über 61jährigen bei nur 5,4 % lag (Bernecker 1991, S. 138-140).

In Anbetracht der großen Not in den (Industrie-)Städten nahmen die sozialen Spannungen erheblich zu. Urbane Unruhen gehörten während des gesamten Jahrhunderts zum Erscheinungsbild spanischer Kommunen. Zu »traditionellen« Aufständen, wie Subsistenz- oder Hungerrevolten, gesellten sich neue Aktions- und Kampfformen wie Streiks und Barrikadenkämpfe, die immer häufiger auch politisch motiviert sein konnten. Seit den 1820er Jahren waren auch reine Arbeiterunruhen zu registrieren. 1855 kam es zu einem Generalstreik der katalanischen Arbeiter zur Durchsetzung des Vereinigungsrechts und des Zehnstundentages sowie zur Einrichtung paritätisch besetzter Vermittlungskommissionen bei Arbeitskonflikten. In dieser Phase des Kampfes schlossen sich die Arbeiter meist noch den radikaleren bürgerlichen Kräften an, die als Anführer der Bewegungen auftraten.

Von der Einführung der Dampfmaschine im Jahr 1832 bis zur systematischen Repression der Arbeiterorganisationen im Jahr 1874 durchlief der Kampf des Industrieproletariats drei Phasen zunehmender Radikalisierung. Anfangs ging es rein um sozioökonomische Forderungen; zum Teil wurden die Proteste sogar gemeinsam von Arbeitern und Unternehmern vorgebracht, etwa wenn es, wie z. B. 1843, um die Abschirmung des spanischen Marktes gegen ausländische Konkurrenzimporte ging. In einem Aufruf von 1856 sprachen die Arbeiter Barcelonas dann in einer zweiten Phase schon von einer »schmerzlichen Erfahrung«, die ihre frühere Vorgehensweise für sie bedeutet habe, da ihr »Opfer« in keiner Weise honoriert worden sei. Nun riefen sie zur Politisierung ihrer Kämpfe auf, um das Vereinigungsrecht grundgesetzlich abzusichern und ihren wirtschaftlichen Errungenschaften eine vom Gesetzgeber ausgesprochene Absicherung zu verschaffen. Hierzu wiederum forderten die Arbeiter die Möglichkeit, eigene Abgeordnete ins Parlament entsenden zu können; daraus ergab sich konsequenterweise die Forderung nach allgemeinem Wahlrecht. Das jedoch wurde von den *moderados* stets abgelehnt.

Die politische Kraft, die über längere Zeit hinweg das Arbeitervertrauen am meisten kapitalisierte, war die Demokratisch Republikanische Partei. Bis weit über die Jahrhundertmitte hinaus waren die katalanischen Arbeiter davon überzeugt, daß der linksbürgerliche Reformismus dieser Partei ihre Interessen politisch vertrete. Die Entwicklung der ersten Sozialutopien auf spanischem Boden belegt dieses Zusammenlaufen linksbürgerlicher Kräfte mit der entstehenden Arbeiterbewegung. Die 1834 verkündete Amnestie hatte es dem liberalen Joaquín Abreu ermöglicht, aus seinem französischen Exil nach Cádiz zurückzukehren und dort den in Frankreich kennengelernten Fourierismus zu verbreiten. Diese Form der Sozialutopie, der die damaligen »Frühsozialisten« (José Ordax Avecilla, Sixto Cámara und Ferrando Garrido) anhingen, schlug in Katalonien nie Wurzeln. Dort setzte vielmehr der junge Arbeiter Juan Muns die Gründung von Arbeitergesellschaften durch, die sich in den 1840er Jahren allerdings nur unter äußerst prekären Umständen entwickeln konnten. Nicht eindeutig geklärt sind die Beziehungen zwischen diesen ersten Arbeiterorganisationen und der republikanischen Partei von Abdón Terradas. Andererseits ist bekannt, daß Schüler von Etienne Cabet dessen Lehre in Katalonien verbreiteten. Sowohl Cabetisten wie Fourieristen waren in der Demokratischen Partei vertreten. Dieses vorübergehende Zusammenwirken von Arbeiterinteressen und politischen Bewegungen erreichte 1854 konkrete Ergebnisse. Die Arbeiter Barcelonas beteiligten sich massiv an den Unruhen, die Baldomero Espartero wieder an die Macht brachten; zugleich vertraten sie ihre Forderungen. Der Generalkapitän von Katalonien verbot sogar, auf ihre Intervention hin, die Aufstellung automatischer Spinnmaschinen (*selfactinas*), die von den Arbeitern als Grund für ihre Situationsverschlechterung und Arbeitslosigkeit identifiziert worden waren. Während des *Bienio Progresista* (1854-1856) setzte sich dann innerhalb der Arbeiterschaft eine Verhandlungsstrategie durch, deren Erfolge aber äußerst beschränkt blieben. Der Sturz Esparteros und die Übernahme der Regierungsgewalt durch die *Unión Liberal* führten nach 1856 zu einer neuerlichen Repressionswelle; nach Teilverboten wurden im Frühjahr 1857 schließlich alle Arbeiterassoziationen aufgelöst. Die

83

unbefriedigenden Erfahrungen aus dieser Form des Zusammengehens bewirkten, daß der dritte Schritt im Radikalisierungsprozeß der industriellen Arbeiterschaft nach der Revolution von 1868 erfolgte, indem sie sich von den bestehenden bürgerlichen Parteien ab und der Ersten Internationale zuwandten (Bernecker 1991, S. 142).

In der isabellinischen Ära war die Arbeiterschaft in keiner Weise, weder politisch noch ökonomisch, in das vom konservativen Liberalismus geschaffene System integriert. Ohne Vertretung im politisch-parlamentarischen Bereich, ja, ohne die Möglichkeit zu einem gewerkschaftlichen Zusammenschluß wurden die sozialen Kräfte an der Basis der Gesellschaft zusehends radikalisiert und schon früh in eine antipolitische Richtung gedrängt. Nach 1868 sollte diese Tendenz voll zum Durchbruch gelangen.

Die Jahre nach der Revolution von 1868 erlebten den Beginn der eigentlichen spanischen Arbeiterbewegung, deren Entstehung auf zwei komplementäre Initiativen zurückzuführen ist. Zum einen erkannte die provisorische Regierung schon im November 1868 das Vereinigungsrecht an, nachdem bis dahin das Assoziationsrecht auf Hilfsgesellschaften (*Sociedades de Socorros Mutuos*) beschränkt gewesen war. Zum anderen entsandte der anarchistische Flügel der 1864 gegründeten Internationalen Arbeiter Assoziation im Auftrag von Michail Bakunin einen Delegierten, Giuseppe Fanelli, nach Spanien, der in Madrid und Barcelona sofort Arbeitersektionen gründete, die vorerst eine enge Verbindung mit dem föderalistischen Republikanismus eingingen.

Zunächst schloß die Barcelona-Sektion eine »politische Partizipation« zugunsten der demokratischen Bundesrepublik nicht aus. Sie war eher reformistisch orientiert und trat für den Aufbau von Genossenschaften ein. Demgegenüber betonte die Madrider Sektion stärker den proletarischen Internationalismus und plädierte für die »vollständige wirtschaftliche und soziale Emanzipation der Arbeiter«. Die Position der Barcelona-Sektion sollte sich aber schnell ändern. Seit 1870, nachdem Rafael Farga Pellicer direkten Kontakt mit Bakunin aufgenommen hatte, erfolgte eine Radikalisierung der Katalanen im Sinne des Internationalismus und der Abwendung von der Zusammenarbeit mit politischen Organisationen. Der erste spanische Arbeiterkongreß, auf dem die *Federación de Trabajadores de la Región Española* gegründet wurde, verkündete 1870 in Barcelona bereits ein Programm (»in der Politik anarchistisch, in der Wirtschaft kollektivistisch, in der Religion atheistisch«), das erkennen ließ, daß die spanische Arbeiterbewegung mit ihren radikalen Forderungen eine anarchistische Orientierung nehmen werde. Sie forderten vollständige Emanzipation des Proletariats, Ersetzung des Staates durch einen Bund freier Arbeiterassoziationen und die Abschaffung des Privateigentums an Produktionsmitteln.

Als 1871 Marx' Schwiegersohn Paul Lafargue nach Spanien kam, konnte er zwar eine kleine Gruppe von Arbeitern und Handwerkern (Francisco Mora, José Mesa, Paulino Iglesias u. a.) um sich scharen (*Nueva Federación Madrileña*), aus der sich einige Jahre später die »Sozialistische Partei« bilden sollte, aber nicht mehr verhindern, daß die spanische Arbeiterbewegung primär anarchistisch orientiert blieb. Die unmittelbare Folge der 1872 vom Londoner Generalrat anerkannten Neugründung bestand darin, daß es auf spanischem Boden zwei proletarische Organisationen gab, die sich vor allem in ihrer Haltung zur Politik und Kontrolle des Staatsapparates unterschieden. Während die marxistische Gruppe lange Zeit stagnierte, expandierte die anarchistische (trotz ihrer Illegalisierung 1872) außerordentlich schnell: 1872/73 zählte die »Spanische Regionalföderation der Internationale« (*Federación Regional Española, FRE*) bereits 149 Lokalföderationen, 361 Einzelgewerkschaften und 30 000 Mitglieder. Dabei konnte sie auf bereits vorhandene Arbeiterzirkel, Bauernassoziationen, Kulturzentren usw. zurückgreifen (Bernecker 1991, S. 160).

Trotz dieses deutlichen Anwachsens der organisierten industriellen Arbeiterschaft setzte die Arbeiterbewegung nicht im Industriebereich, sondern im nach wie vor deutlich dominierenden Agrarsektor ein. Hier sollte die Lehre Michail Bakunins auf besonders fruchtbaren Boden fallen. Seither läßt sich der Zusammenhang zwischen Arbeiterbewegung und Anarchismus bis zum Ende des Bürgerkrieges (1939) in der spanischen Geschichte weit deutlicher erfassen als in allen anderen europäischen Gesellschaften. 70 Jahre lang stellte der Anarchismus in Spanien eine bedeutende revolutionäre Kraft dar, die im Bund mit der Gewerkschaftsbewegung eine erstaunliche organisatorische Stabilität aufwies.

Von Anfang an hatte der iberische Anarchismus sozial und regional zwei Schwerpunkte: den latifundistischen Süden des Landes, in dem der andalusische Agrar- und Handwerkeranarchismus Wurzeln schlug, und den relativ industrialisierten Nordosten der Halbinsel, wo sich der katalanische Anarchosyndikalismus durchsetzte. Diese soziale (Landarbeiter-Industriearbeiter) und regionale (Andalusien-Katalonien) Differenzierung war nicht nur Anlaß für verschiedene Erklärungshypothesen zu den Entstehungsursachen des spanischen Anarchismus, sondern stellte die Bewegung selbst im Verlauf ihrer Geschichte wiederholt vor nahezu unlösbare strukturelle Probleme und dürfte letztlich für das Scheitern des Anarchismus und seinen Untergang als sozialrevolutionäre Kraft mitverantwortlich sein. Die unterschiedliche soziale und regionale Zusammensetzung der anarchistischen Bewegung weist auch auf die Problematik der »direkten Aktion« und der Gewaltanwendung im iberischen Anarchismus hin, da die Frage nach den Konstituierungsbedingungen des Anarchismus und seiner Entfaltung als Massenbewegung zugleich die Frage nach den verschiedenartigen Strategien des »libertären Sozialismus« zum Inhalt hat.

Nachdem der anarchistische Flügel der Internationale in Spanien Fuß gefaßt hatte, leitete er zahlreiche Aktivitäten ein, deren Endziel die vollständige Emanzipation der Arbeiterklasse war. Vorerst war der Streik die gängige Strategie der Arbeiterbewegung, wobei die Basis zu immer neuen Streikaktionen drängte, unkoordinierte und schlecht vorbereitete Protestaktionen durchführte und damit den Behörden einen Vorwand zu Verfolgung und Unterdrückung bot. Infolge ausbleibender Erfolge und zunehmender Spannungen verfiel ein Großteil der Arbeiter, vor allem in den Jahren der Illegalität der Internationale (1874-1881), entweder in die Apathie der Verzweiflung oder – weit häufiger – in die Radikalität gewaltsamer Maßnahmen.

Verschärft wurde die Diskussion über die angemessene Strategie innerhalb der anarchistischen Bewegung durch die Auseinandersetzung zwischen Anarchokollektivisten bakuninscher Prägung und Anarchokommunisten kropotkinscher Orientierung. Die Führung der spanischen Sektion der Internationale, die ihren Sitz in Barcelona hatte, bestand für die gesamtstaatliche Arbeiterorganisation auf einem kollektivistischen Kurs, dessen Ziel das gemeinsame Eigentum an Produktions-, Kommunikations- und Transportmitteln sowie die gewerkschaftliche Kontrolle über den selbsterwirtschafteten Arbeitsertrag war. Diese Vorstellung, daß das Verfügungsrecht über den erwirtschafteten Reichtum nicht der Gesamtgesellschaft, sondern nur den jeweils zu Gewerkschaften zusammengeschlossenen Produzenten zustand, sprach die vor allem im industrialisierten Katalonien beheimateten Fabrikarbeiter an. Sie stieß jedoch auf den erbitterten Widerstand der zahlreichen andalusischen Saisonarbeiter und Arbeitslosen, die sich unter Berufung auf kommunalistische Traditionen am *pueblo* als der natürlichen Einheit ihrer gesamten Existenz orientierten.

Außer Andalusien war es vor allem Barcelona, wo in den beiden letzten Jahrzehnten des 19. Jahrhunderts der individuelle Terror um sich griff. Hier wurde der anarchistische Terrorismus jener Jahre zur Praxis einzelner *revoltes* in einer nichtrevolutionären Situation und kettete im Bewußtsein breiter Bevölkerungskreise die Begriffe Terrorismus und Anarchismus aneinander. Einer ersten Phase massierter terroristischer Gewaltaktionen (1893-1897) folgte wenige Jahre später eine zweite Phase (1904-1906) nicht minder spektakulärer individueller Violenz: das Attentat Artals auf Regierungschef Maura (1904), die von anonymen Terroristen 1905 in Barcelona auf der *Rambla dels Flors* gezündeten Bomben und der Attentatsversuch Morrals auf König Alfons XIII. am Tage seiner Hochzeit.

Die Hinweise auf die anarchistischen Attentate in Barcelona dürfen nicht darüber hinwegtäuschen, daß der weitaus größte Teil der Arbeiter damit nichts zu tun hatte. Um der Desorganisation der Arbeiterschaft ein Ende zu setzen, beschloß eine Gruppe militanter Anarchisten in den ersten Jahren des neuen Jahrhunderts, eine Föderation von Organisationen der Arbeiterklasse zu gründen, deren Ziel sowohl die Verbesserung ihrer objektiven Klassenlage als auch die Heranbildung des notwendigen Klassenbewußtseins zur Durchführung systemsprengender revolutionärer Aktionen war. Nachdem dieser Vorschlag in Katalonien mit unerwarteter Begeisterung aufgenommen worden war, wurden 1907 die Regionalföderation *Solidaridad Obrera* (Arbeitersolidarität) und 1910 die *Confederación Nacional del Trabajo* (CNT, Nationalbund der Arbeit) gegründet. Die revolutionären Syndikalisten folgten der anarchistischen Tradition insofern, als sie der »spontanen« Bewegung der Masse vertrauten und in jeder »autoritären« Organisation ein Hindernis für die Entwicklung eines revolutionären Bewußtseins sahen. Die anarchosyndikalistische CNT blieb bei der den Anarchismus charakterisierenden konsequen-

ten Ablehnung der partei- und verbandsförmigen Einflußnahme auf politische Willensbildungs- und Entscheidungsprozesse. Der in der Gewerkschaft gefundene Kompromiß
vereinigte den Bakuninismus als Grundlage des Klassenkampfes und der Arbeiterorganisation mit dem »freiheitlichen Kommunismus« als Endziel im revolutionären Syndikalismus.

Dabei ist die besondere anarchistische Stärke in Katalonien in Zusammenhang mit dem starken CNT-Anhang in
anderen nicht-kastilischen Gegenden Spaniens zu sehen: in
Aragonien, der Levante, Andalusien und Galicien, d. h. den
Regionen, die beim Aufstand von 1873 überwiegend zu den
»Föderalisten« zählten. Föderalistische Traditionen und
industrieller Aufschwung stellten komplementäre Bedingungsfaktoren des katalanischen Anarchosyndikalismus
dar.

1928 fand in der katalanischen Wochenzeitung *L'Opinió*
eine Polemik über die Gründe des starken anarchosyndikalistischen Einflusses in einem industriell so weit fortgeschrittenen Land wie Katalonien statt. In der Diskussion
standen sich neben anderen der dissidente Kommunist Joaquín Maurín und der CNT-Generalsekretär Juan Peiró gegenüber. Die Kontroverse legte einige der Hauptgründe für
das anarchistische Übergewicht in Katalonien dar. Diese
reichten vom ausgeprägten Anti-Kastiliertum Kataloniens
über die starken föderalistischen Traditionen dieses Landesteils, den geringen Konzentrationsgrad der katalanischen Industrie, die Härte der Arbeitskämpfe in Barcelona,
die Radikalisierung unter den Gewerkschaftsführern bis
hin zu jener (schon vom Agrarsektor her bekannten) Kluft
zwischen Arbeitern und Unternehmern und der Verfilzung
letzterer mit dem Staatsapparat, die für die Arbeiter den
Staat nur als verlängerten Arm der Ausbeuter und diese
wiederum lediglich als Repräsentanten des verhaßten Staates erscheinen ließ.

Maurín betonte die für den katalanischen Anarchosyndikalismus besondere Bedeutung der eingewanderten ungelernten Arbeiter aus den spanischen Südprovinzen. Eine gemäßigte anarchosyndikalistische Gruppe Kataloniens, die *treintistas,* rekrutierte ihre Gefolgschaft später zum größten Teil aus Facharbeitern, deren soziale und wirtschaftliche Position sich deutlich von jener der ungelernten Arbeiter abhob, und die, sozialgeographisch gesehen, in den kleineren Städten Kataloniens (Sabadell, Manresa, Mataró) lebten, in denen die Arbeiterschaft noch nicht wie in Barcelona primär aus eingewanderten Hilfsarbeitern, sondern aus der »autochthonen« Bevölkerung bestand. Dagegen stützte sich die weit radikalere, 1927 gegründete anarchistische Organisation *Federación Anarquista Ibérica* (FAI) auf die große Masse der aus Südspanien nach Barcelona eingewanderten funktionslosen Landarbeiter, bei denen der Proletarisierungsprozeß aufgrund des Überschusses an Arbeitskräften weiterlief. Bezeichnenderweise wurde in den *treintista*-Syndikaten katalanisch, in den von der FAI beherrschten Organisationen vornehmlich spanisch gesprochen (Balcells 1973).

Trotz der Bildung von Gewerkschaften und der Entstehung einer Arbeiterbewegung im modernen Sinne war diese zumindest bis 1910 äußerst schwach und ungeordnet. Zu Beginn des 20. Jahrhunderts waren kaum 5 % des spanischen Proletariats gewerkschaftlich organisiert, und die industriellen Arbeitskämpfe bildeten kein politisches Problem von nationaler Tragweite. Sie blieben vielmehr isoliert und auf einige wenige Bereiche und Regionen beschränkt.

Auch der Anarchismus bildete in Katalonien bis zum Ersten Weltkrieg keine Massenbewegung. Die bedeutendste Gewerkschaft im Textilbereich etwa, die einflußreiche *Las Tres Clases de Vapor,* die 1890 schon 21 000 Mitglieder hatte, wurde von reformistischen Sozialisten angeführt. Insgesamt muß man von einem Mangel an politischer und gewerkschaftlicher Mobilisierung, von einer Unterentwicklung der spanischen Arbeiterbewegung sowie, allgemein, von einer ausgesprochenen Schwäche der demokratischen Linken sprechen. Zu Beginn des 20. Jahrhunderts unterstützten die katalanischen Arbeiter die Republikanische Partei (*Partido Republicano*) von Alejandro Lerroux, die sich vorübergehend zu einer richtigen Arbeiterpartei entwickelte. Bis zum Ersten Weltkrieg praktizierten die Arbeiter eine »doppelte Loyalität«. Bei Wahlen stimmten sie für Lerroux, gewerkschaftlich waren sie bei den Anarchosyndikalisten organisiert. In jedem Fall war ihr Einfluß im politischen Bereich eher unbedeutend (Bernecker 1991, S. 197-207).

Varianten des politischen Katalanismus

Die »revolutionären sechs Jahre« nach der Entthronung der Bourbonen (1868-1874) sollten von großer Bedeutung für die Herausbildung des späteren Katalanismus werden. Die ersten Wahlen mit allgemeinem Männerwahlrecht erbrachten 1869 in Katalonien eine Mehrheit für den föderativen Republikanismus, der ein alternatives Staatsmodell propagierte, durch das Katalonien seine Selbstverwaltungsansprüche vorantreiben und zugleich Teil Spaniens bleiben konnte. Dieser katalanisch-föderative Republikanismus stieß auf die Dezentralisierungsvorstellungen vieler spanischer Politiker und auf Widerstand unter den Föderalisten selbst. Vor allem standen ihm katalanische Unternehmer distanziert gegenüber, nachdem diese Parteirichtung besonders viel Zulauf seitens der Arbeiterschaft erhielt. Da der föderative Republikanismus auf gesamtstaatlicher Ebene nicht mehrheitsfähig war, konnten die weitreichenden Vorhaben nicht realisiert werden. In Katalonien ging er eine Allianz mit den »internationalistischen« Arbeitern ein, die sich der bakuninschen Richtung der Ersten Internationale angeschlossen hatten und später dem Anarchismus anhingen.

1870 wurde in Barcelona die erste katalanistisch-patriotische Vereinigung gegründet: *Jove Catalunya* (»Junges Katalonien«), die ab 1871 die Zeitschrift *La Renaixença* herausgab, welche für die katalanistische Bewegung von größter Bedeutung werden sollte und im nachhinein jener literarischen Bewegung den Namen gab, die sich das Ziel gesetzt hatte, das Katalanische wieder zu einer Literatursprache zu machen (González Casanova 1979).

Zur gleichen Zeit machte sich der Karlismus die katalanistischen Forderungen zu eigen. Die Karlistenkriege, die seit 1833 ursprünglich aus dynastischen Erbfolgegründen das Land immer wieder in Bürgerkriege stürzten, waren zugleich ein Kampf der legitimistisch und partikularistisch-autonomistisch gesonnenen Regionen der nördlichen Peripherie (Katalonien, Baskenland, Navarra) gegen den unitarischen Anspruch des spanischen Liberalismus. Die agrarisch-legitimistischen Karlisten wurden als Vorkämpfer des »staatenbündischen« Elements der nordöstlichen Peripherie Spaniens – trotz ihres Widerstandes gegen die Industrialisierung – zu einer der ersten Säulen des gegen Madrid gerichteten Katalanismus.

1872 versprach ihr Prätendent Karl (VII.), den Katalanen die Sonderrechte (*furs*) zurückzugeben, die Philipp V. ihnen im Zuge des Spanischen Erbfolgekrieges 1716 genommen hatte. In den chaotischen Zeiten der Ersten Republik (1873) konnten die Katalanen die Abschaffung des Militärs in ihren Territorien durchsetzen, was den aufständischen Truppen der Karlisten in vielerlei Hinsicht zugute kam.

Das von Antonio Cánovas del Castillo begründete System der Restauration (1875-1923) erfuhr die vorbehaltlose Unterstützung der katalanischen Bourgeoisie. Die Restauration kam den bürgerlich-katalanischen Interessen auch weit entgegen: Noch 1875 konnte der Karlistenaufstand auf katalanischem Territorium niedergeschlagen werden, die Arbeiterinternationale wurde zerschlagen, die freihändlerischen Tendenzen wurden zurückgedrängt. Ein Vierteljahrhundert lang richtete es sich das katalanische Bürgertum bequem im oligarchischen System der Restauration ein. Und trotzdem: Gerade in dieser Zeit sollte der politische Katalanismus entstehen, als der Karlismus endgültig zerschlagen war und damit die Bürgerkriege in Katalonien ein Ende gefunden hatten, nachdem der föderative Republikanismus zur Durchsetzung autonomistischer Bestrebungen in den Wirren der »sechs revolutionären Jahre« gescheitert war und die Integration der katalanischen Bourgeoisie in das politische System nach wie vor äußerst prekär blieb.

Valentí Almirall (1841-1904), der in der föderalistischen Tradition Pi y Margalls stand, kann als der eigentliche Vater des politischen Katalanismus gelten. 1880 rief er den ersten Katalanistenkongreß zusammen, auf dem die Gründung einer Akademie der katalanischen Sprache und die Bewahrung des katalanischen Zivilrechts beschlossen wurde, das Almirall durch die zeitgleiche Ausarbeitung eines spanischen Bürgerlichen Gesetzbuches bedroht sah. Er strebte den Aufbau einer modernen, urbanen, laizistischen katalanischen Gesellschaft an, die von der Handels- und Industriebourgeoisie geprägt sein sollte. Zum Programm dieses eher »linken« Katalanismus zählten die Befreiung und Selbstverwirklichung des einzelnen als Voraussetzung für die Selbstbestimmung Kataloniens, die Verwirklichung der Menschenrechte, die Trennung von Staat und Kirche, eine ganze Reihe von Sozialreformen.

Diese liberale Variante des Katalanismus konnte sich vorerst nicht durchsetzen. 1882 fusionierten die verschiedenen katalanistischen Organisationen zum *Centre Català*, das sich anfangs ausschließlich um die »moralischen und materiellen Interessen Kataloniens« kümmerte, nicht jedoch um Politik im engeren Sinne. 1885 gelang es Almirall und dem *Centre Català*, eine antizentralistisch-katalanische Einheitsfront gegen die freihändlerischen Tendenzen der Madrider Regierung zu bilden und die Denkschrift *Memorial de Greuges* König Alfons XII. zu überreichen. Ein Jahr später veröffentlichte Almirall sein Hauptwerk *Lo Catalanisme*, eine doktrinäre Abhandlung des Katalanismus, mit der er allerdings nicht das Vertrauen der Unternehmerschaft gewann, da diese der republikanischen Herkunft und dem laizistischen Positivismus der katalanistischen Programmatik zu sehr mißtraute. Die katalanische Bourgeoisie setzte zu diesem Zeitpunkt noch zu sehr auf die Kirche als Legitimationsinstanz der sozialen Ordnung. Und als 1891 sich endgültig der Schutzzoll durchsetzte, stand die katalanische Bourgeoisie fester denn je zum System der Restauration. Noch verfügte der Katalanismus nicht über eine soziale Basis, die breit genug gewesen wäre, um als schlagkräftige und alternative politische Kraft auftreten zu können (Balcells 2004, S. 59-61).

1887 kam es aus ideologischen Gründen zur Spaltung des *Centre Català*, in dem die Spannungen zwischen Katholiken und Nicht-Katholiken, zwischen Liberalen und Traditionalisten fortbestanden hatten. Bis zum Bürgerkrieg (1936-1939) sollte die Geschichte des Katalanismus nunmehr durch fortwährende Abspaltungen, Auflösungen und Neugründungen bestimmt werden. Der 1887 abgespaltene Flügel, der den konservativ-bürgerlichen Sektor der katalanistischen Bewegung darstellte, gab sich die Bezeichnung *Lliga de Catalunya* und forderte, im Kampf gegen die Vereinheitlichung des Zivilrechts, die Wiederherstellung katalanischer *Corts* und eigener Gerichtshöfe. Die *Lliga* erhielt die Unterstützung der katalanistischen Universitätsjugend, aus der die zukünftigen »großen Namen« des Katalanismus hervorgingen: Enric Prat de la Riba, Narcís Verdaguer i

Callís, Josep Puig i Cadafalch, Francesc Cambó. Das *Centre Català* konnte zwar 1888 die Regentin Maria Christina an die katalanische Forderung nach Wiedereinführung von »freien und unabhängigen allgemeinen katalanischen Corts« erinnern, mußte sich aber Mitte der 1890er Jahre, geschwächt durch die Abspaltung, auflösen.

Der konservative Katalanismus setzte sich für die bestehende Sozialordnung, für Religion, Familie, Recht und Besitz ein; sein bekanntester Theoretiker war Enric Prat de la Riba (1870-1917). Immer deutlicher ließ sich der Sozialkonservativismus der katalanischen Bourgeoisie ausmachen, die sich in der Restaurationsära aus einer progressiven regionalen Führungselite, einer »bourgeoisie conquérante« (Giner), in ein ängstlich seinen Besitzstand verteidigendes, vor jeder Strukturänderung zurückschreckendes Establishment verwandelte. Allerdings blieb der Aufschwung der Nationalbewegung von diesem Wandel unberührt, da der Prozeß der (Re-)Katalanisierung der Gesellschaft inzwischen auch andere Schichten erfaßt hatte (Termes 2001).

Der Katalanismus entwickelte schon früh die Theorie eines »nationalen Regionalismus«, in der Spanien als Staat, nicht jedoch als Nation anerkannt wurde. Der Nationsbegriff wurde vielmehr für Katalonien reklamiert. In Übereinstimmung mit anderen Nationalbewegungen des 19. Jahrhunderts forderte die Bewegung Selbstbestimmung und Eigenregierung. Katalonien wurde als historische Individualität und kollektive Volksnation begriffen, die über eine eigene Sprache und Geschichte, ein abgrenzbares Territorium und charakteristische Institutionen verfügte. Einzelne Vertreter, etwa Bischof Torras y Bages, vertraten stark antimodernistisch-korporative Tendenzen, andere, wie der Finanzaristokrat Mañé y Flaquer, einen konservativen Provinzialismus, der aber aus ökonomischen Gründen für einen Verbleib im Gesamtstaat und damit im spanischen Binnenmarkt plädierte. Prat de la Riba sah schon früh das Verhältnis zwischen dem spanischen Staat und Katalonien unter dependenztheoretischen Ansätzen: Die Politik Kastiliens beruhe auf Expansion und Unterdrückung, die sich zuerst gegen die Kolonien, sodann mittels freihändlerischer Zollpolitik und zentralistisch-etatistischer Bürokratisierung gegen Katalonien gerichtet habe. Dabei sei das kastilische Zentrum zwar politisch dominierend, aber unproduktiv und parasitär, während die Peripherie mit Katalonien an der Spitze der lebendig-fortschrittliche, industriell und kommerziell führende Teil Spaniens sei. Spanien müsse unter der Führung Kataloniens modernisiert, industrialisiert, strukturell reorganisiert werden.

1891 konnte mit der *Unió Catalanista* ein Bund katalanistischer Zentren geschaffen werden, der 1892 die auf Prat de la Riba zurückgehenden maximalistischen *Bases de Manresa* verabschiedete, ein erstes Projekt für ein katalanisches Autonomiemodell, in dem die Forderung erhoben wurde, das Katalanische zur alleinigen offiziellen Sprache in Katalonien zu machen, die öffentliche Ordnung, die Finanzen und das Steuersystem katalanischen Behörden zu übertragen, das Oberste Gericht Kataloniens zur juristischen Letztinstanz in der Region zu erklären und den obligatorischen Militärdienst durch ein Freiwilligenkontingent zu ersetzen. Katalonien sollte weitgehende Kompetenzen erhalten: das Zivil-, Straf-, Handels- und Verwaltungsrecht, das Steuer- und Münzprägerecht, schul- und bildungspolitische Hoheitsrechte. Die Forderung nach einem föderativ gegliederten Spanien lief auf eine politische Neustrukturierung des Landes hinaus. Gleichzeitig wurde der Begriff »Region« zunehmend durch den der »Nation« verdrängt, ohne daß damit die Forderung nach einer vollständigen Loslösung von Spanien und der Errichtung eines eigenen Staates verbunden worden wäre. Traditionalistisch waren die *Bases de Manresa* vor allem im politischen Bereich: Die katalanischen *Corts* sollten eine korporative Vertretung sein, die von Familienoberhäuptern – gegliedert nach einzelnen Berufssparten – aufgrund eines Zensuswahlrechts gewählt wurde; ideologische Grundlage dieses Vorschlags war eine organische Gesellschaftsvorstellung, die sich als Alternative zum individualistischen Charakter des Liberalismus verstand und die präkapitalistischen Strukturen ruraler und zünftischer Prägung verherrlichte. Die antiliberal-traditionalistische Position der *Bases de Manresa* konnte in einem stets weiter industrialisierten und urbanisierten Katalonien keine Zukunft als Grundlage eines interklassistischen Katalanismus haben, bildete aber eine Brücke zwischen dem Bürgertum Barcelonas und den konservativ-ländlichen Schichten gegenüber dem städtischen Industrieproletariat (Llorens i Vila 1992).

Die Träger dieses Katalanismus waren Vertreter jener Mittelschicht, die sich durch die wirtschaftliche und soziale Entwicklung in Zusammenhang mit der fortschreitenden Industrialisierung bedroht fühlte und vom bestehenden System nicht ausreichend geschützt glaubte – Repräsentanten jener »anderen Bourgeoisie« (*otra burguesía*), die sich im Gegensatz zum Großbürgertum nicht in das Restaurationssystem integriert fühlte. Gegen Ende des 19. Jahrhunderts entstanden, unter entscheidendem Einfluß dieses Bürgertums, jene Clubs und Vereine, die den Katalanismus nachhaltig prägen sollten – Geschichtsvereine, Ausflugsgesellschaften, Gesangs-, Tanz-, Folklore- oder Sportgruppen; hinzu kam eine anwachsende Presse.

Selbst Ende des 19. Jahrhunderts war die katalanische Industriebourgeoisie noch weit davon entfernt, katalanistische Positionen zu vertreten. In der *Unió Catalanista* überwogen deutlich freie Berufe, Anwälte, Notare, Landeigentümer. Allmählich bildeten sich zwei differenzierbare Tendenzen heraus: die regionalistische und die nationalistische. Letztere erlangte in jenen Jahren das Übergewicht und sprach sich für eine »politische Aktion«, d. h. für eine

Zusammenarbeit mit bestehenden (spanischen) Institutionen, aus.

Mit der Publikation des *Compendi de Doctrina Catalanista* von Enric Prat de la Riba und Pere Muntanyola im Jahr 1895 erfuhr die Definition Kataloniens als »Nation« eine weite Verbreitung. Katalonien galt als »Vaterland« und Nation, Spanien war der Staat, dem die Katalanen angehörten. Fortan sah sich der Zentralstaat vom Katalanismus herausgefordert, die Spannungen nahmen zu, katalanistische Publikationen wurden zensiert, die Katalanisten identifizierten sich demonstrativ mit den »kleinen« Nationen ohne Staat in Europa (Iren, Böhmen, Tschechen, Finnen). Nach dem Verlust (1898) der letzten überseeischen Kolonien Kuba, Philippinen und Puerto Rico nahmen die Spannungen zwischen Katalonien und der Zentralregierung weiter zu, da diese 1899 die enormen Kosten des Kolonialkrieges über höhere Steuern und Abgaben begleichen wollte und die katalanischen Händler und Handwerker daraufhin in einen Steuerzahlungsstreik traten (*Tancament de Caixes*). Nach 1898 nahm der Katalanismus zwar gewaltig zu, allerdings um den Preis seiner Kohäsion und Homogenität (Cucurull 1975).

Die Politik der katalanischen Wirtschaftsverbände war stets gesamtspanisch orientiert. Im Jahr 1900 etwa betrugen die katalanischen Exporte nach Spanien 500 Millionen Peseten, die ins Ausland und nach Übersee nur noch 300 Millionen. Deswegen zeigten sich die katalanischen Wirtschaftsführer vom Angebot des Madrider Ministers Camilo García Polavieja sehr angetan, der 1898/99 eine Dezentralisierung des Staates zur Stärkung der regionalen und lokalen Autonomie propagierte. Im einzelnen sollte Katalonien am Aufkommen der direkten Steuern beteiligt werden, für die Kommunen war zu ihrer Neubelebung eine Art Korporativverfassung vorgesehen, die vier katalanischen Provinzen würden in einer einzigen Verwaltungseinheit wiedervereinigt, die Universität erhielt Autonomie zugesprochen, die Einrichtungen des alten katalanischen Zivilrechts sollten respektiert werden. Hier schien sich eine Zusammenarbeit zwischen Madrider Regierung und katalanischer Wirtschaft auf der Grundlage eines dezentralisierten Staatsmodells anzukündigen. Bevor aber die Pläne weiterdiskutiert werden konnten, trat Polavieja von seinem Posten zurück, alle Versuche zur Reduzierung der katalanischen Steuerbelastung scheiterten am Widerstand von Finanzminister Villaverde (Matthée 1988, S. 48-50).

Als (auch infolge des Steuerzahlungsstreiks) die Kraft des Katalanismus deutlich geworden war, spaltete sich von der *Unió Catalanista* unter der Führung von Prat de La Riba, Cambó, Verdaguer i Callís und anderen ein Minderheitsflügel ab, der das *Centre Nacional Catalá* bildete und kurz vor den Parlamentswahlen von 1901 mit einer weiteren Formation, der *Unión Regionalista* von Albert Rusiñol, zur *Lliga Regionalista de Catalunya* fusionierte. Diese verstand sich als eine »nationalistische« Organisation, betrieb aber (zur Beruhigung der spanischen Gemüter) eine »regionalistische« Strategie. Bei den Wahlen von 1901 in Barcelona war die Liste der *Lliga* erfolgreich, ihre vier Kandidaten wurden – trotz der Verhinderungsversuche der Madrider Regierung – gewählt (während sich im restlichen Katalonien die Monarchisten durchsetzten). Damit hatte endgültig die »politische Geschichte« Kataloniens begonnen. Zugleich besiegelte der Wahlsieg von 1901 das Bündnis der katalanistischen mit den wirtschaftlich-protektionistischen Kräften, was zu einer deutlichen Erweiterung der Basis der nationalkatalanischen Bewegung führte.

Die *Lliga Regionalista* wurde schnell zur dominierenden Partei Kataloniens. 1905 und 1907 siegte sie bei Gemeindewahlen, in den gesamtspanischen *Cortes* stieg die Zahl der *Lliga*-Abgeordneten bis 1923 auf 18. Die konservativ-autonomistische Partei vertrat primär die Interessen von Fabrikanten, Bankiers, Geschäftsleuten, Juristen und Vertretern wirtschaftlicher Vereinigungen. Allerdings wuchs der Katalanismus schnell zu einer regionsspezifischen Massenbewegung heran. Die einzige soziale Schicht, die nicht in den Katalanismus integriert war, stellte das Industrieproletariat dar, dessen Orientierung internationalistisch blieb. Allerdings mußte die *Lliga* etliche Spaltungen hinnehmen. 1904 etwa spaltete sich die *Esquerra Catalana*, die Katalanische Linke, ab. Die *Esquerra* vertrat einen demokratischen Radikalismus, sie war kleinbürgerlich und radikal autonomistisch, außerdem laizistisch und egalitaristisch. Und nachdem in jenen Jahren die *Lliga Regionalista* einen deutlichen Rechtsschwenk vollzogen hatte, kam es 1906 zu einer weiteren Abspaltung eines linken Flügels unter der Leitung von Jaume Carner, des *Centre Nacionalista Republicà* (CNR, Republikanisch Nationalistisches Zentrum).

Der Zusammenhalt Kataloniens hatte sich schon etliche Jahre vorher im Kampf um die Außenhandelsregelung gezeigt. Die katalanische Industrie präsentierte sich als Verfechterin einer weitgehenden Schutzzollpolitik, während die Madrider Führungsschicht Interesse an Exportmöglichkeiten von Agrarprodukten und Rohmaterialien hatte und daher für freihändlerische Regelungen eintrat. Der Kampf um Schutzzölle ermöglichte in Katalonien immer wieder politische Massenmobilisierungen, bei denen es der Industriebourgeoisie gelang, die verschiedensten sozialen Schichten – teilweise sogar die Arbeiterschaft – hinter sich und gegen das agrarische Kastilien zu sammeln. Auch die *rabassaires*, die Pächter von Weinbergen, konnten in die ökonomische Strategie und das bürgerliche Wertesystem von Besitzerweiterung und sozialem Aufstieg nahtlos eingefügt werden.

Die *Lliga Regionalista* verfolgte eine Doppelstrategie. Zum einen galt es, in Katalonien selbst die Führungsrolle zu übernehmen, um die erforderlichen Reformen (Verwaltung, Ausbildung, Infrastruktur) durchführen zu können. Ihre Forderung nach Gewährung eines Autonomiestatuts und einer Regionalregierung konnte sie aber nicht durchsetzen. Der Katalanismus manifestierte sich als »regionale Emanzipationsbewegung eines Wirtschaftsbürgertums, das zu schwach war, im spanischen Staat die Macht zu übernehmen, daher in dessen Krise den bisher von intellektuellen und marginalen bürgerlichen Gruppen getragenen und ausgeformten Katalanismus übernahm und auf die regionale Autonomie auswich« (Brunn 1978a, S. 541).

Zum anderen verlor das katalanische Bürgertum das Ziel der gesamtstaatlichen Machtübernahme nicht aus den Augen. Herausragender Vertreter dieser Politik war der *Lliga*-Cortesabgeordnete Francesc Cambó (1876-1947), der das beste Mittel zur Erreichung politischer Autonomie darin sah, in und mit dem Restaurationssystem zu kooperieren. Die Problematik bestand darin, daß der Restaurationsstaat insgesamt einer katalanischen Autonomie ablehnend gegenüberstand, die *Lliga* wiederum durch ihre wirtschaftlichen Interessen an das Restaurationssystem gebunden war, dem sie sich, anstatt es zu reformieren, immer mehr annäherte.

Um die Jahrhundertwende tauchten in der Öffentlichkeit immer häufiger katalanistische Symbole auf, die zur Mobilisierung der Anhängerschaft eingesetzt wurden: etwa das Lied *Cant dels Segador*s (»Schnitterlied«), ursprünglich eine Volksweise aus dem Aufstandsjahr 1640; oder die feierliche Begehung des 11. September, der an die Besetzung Barcelonas durch die Truppen Philipps V. im Jahr 1714 erinnerte. Damit einher ging die Idealisierung katalanischer Eigenschaften und die Kritik am kastilisch-dominanten Wesen.

Im ersten Jahrzehnt des 20. Jahrhunderts standen sich in Katalonien der konservative Katalanismus der *Lliga Regionalista* und der Republikanismus der *Unión Republicana* von Alejandro Lerroux (1864-1949) gegenüber. Beide kämpften um die Stimmen des Kleinbürgertums. Seine eigentliche Schlagkraft erlangte der katalanische Republikanismus von Lerroux aber durch seine pragmatische Unterstützung der Arbeiterschaft, durch die Verteidigung der Arbeiterrechte, durch sein Eintreten für Gewerkschaftsbelange. Die antiklerikale und revolutionäre Rhetorik verband sich mit einer populistischen Massenpolitik, die Lerroux andauernde Wahlerfolge einbrachte und gewissermaßen bewirkte, daß in einer zunehmend industrialisierten Gesellschaft wie der katalanischen der Sozialismus nur wenige Anhänger unter den Arbeitern fand (Nagel 1991).

1905/06 sollte es zu einem Wechsel in der politischen Kräftekonstellation Barcelonas kommen. Anlaß war der Überfall auf die Zeitungsredaktionen der *Lliga Regionalista*, die in ihrer humoristischen Zeitschrift *Cu-Cut!* einige Witze publiziert hatte, die das spanische Militär lächerlich machten. Letztlich richtete sich dieser Überfall gegen den Katalanismus, der als Separatismus und Gefährdung der Einheit Spaniens interpretiert wurde. Die Madrider Regierung hieß den Überfall gut und ließ in den *Cortes* ein Gesetz verabschieden, das jeden angeblichen Angriff auf die Einheit des Vaterlandes oder auf die Ehre der Streitkräfte der Militärgerichtsbarkeit unterwarf. In Barcelona schlug sich der Republikaner Lerroux auf die Seite des Militärs und der Regierung und bezeichnete die *Lliga* als separatistisch. Nur zwei Monate später wurde die *Solidaritat Catalana* als breite Wahlkoalition katalanistischer Orientierung gegründet, in der zwar die *Lliga Regionalista* vorherrschend war, die aber eine Vereinigung vorher zerstrittener Gruppen bildete (*Unió Catalanista*, Agrarkonservative, Karlisten, Republikaner) und sich für die Reform des Staates und die Parlamentarisierung Spaniens einsetzte, so daß die nationalkatalanische und die Grundrechtebewegung vereinigt waren. Schon bei den Provinzialwahlen von 1907 errang die *Solidaritat Catalana* ihren ersten Erfolg, Enric Prat de la Riba – der kurz zuvor sein Hauptwerk *La Nacionalitat Catalana* veröffentlicht hatte – wurde Vorsitzender der Provinzdeputation von Barcelona. Wenige Wochen später stellte die *Solidaritat Catalana* bei den allgemeinen Parlamentswahlen 41 der 44 katalanischen Abgeordneten.

Die *Solidaritat Catalana* war zwar eine wichtige Stufe in der historischen Entwicklung der katalanischen Nationalbewegung, ihr sollte indes kein langes Leben beschieden sein; zu heterogen war ihre Zusammensetzung. Die einzelnen Gruppierungen verbanden ganz unterschiedliche Vorstellungen mit ihrer Existenz. 1909 geriet sie in die Krise, und im Gefolge der »Tragischen Woche« verschwand sie ganz von der politischen Bildfläche (Termes 2001).

Dennoch konnten die Autonomiebestrebungen der Katalanen noch vor dem Ersten Weltkrieg einen bedeutenden Etappensieg verbuchen. Nach vielen Auseinandersetzungen mit verschiedenen Madrider Regierungen setzten die katalanistischen Gruppierungen 1913/14 schließlich die *Mancomunitat* durch, ein (gegenüber dem ursprünglichen katalanischen Entwurf stark zurückgestutztes) Regionalorgan, in dem sich die vier katalanischen Provinzdelegationen zu Verwaltungszwecken zusammenschlossen. Vorsitzender der interprovinzialen Körperschaft wurde Enric Prat de la Riba. Sowohl unter seiner Präsidentschaft als auch unter der seines Nachfolgers Josep Puig i Cadafalch (ab 1917) übernahm die *Mancomunitat* eine Reihe von Funktionen für ganz Katalonien: Straßen, Landwirtschaft und der gesamte Dienstleistungssektor wurden von ihr verwaltet. Allerdings kam es nicht zur Übertragung staatlicher Kompetenzen auf die *Mancomunitat*; diese bündelte vielmehr auf regionaler Ebene die Provinzkompetenzen.

Obwohl die *Mancomunitat* ein reines Verwaltungsorgan war, bedeutete ihre Einrichtung doch die staatliche Anerkennung Kataloniens als Einheit. Und die *Mancomunitat* versuchte ihren Spielraum so gut wie möglich zu nutzen und durch den Ausbau der Dienstleistungen (Schule, öffentliche Ordnung, Infrastruktur) einen Nationsbildungsprozeß unter katalanischer Ägide voranzutreiben. Doch bald wurde klar, daß ohne die Übertragung weiterreichender Kompetenzen und Finanzmittel die *Mancomunitat* keine Zukunft hatte.

Für die Zeit vor dem Ersten Weltkrieg läßt sich zusammenfassend festhalten, daß der Katalanismus niemals eindeutig separatistisch war, die Zugehörigkeit zum gesamtspanischen Staatsverband wurde nicht in Frage gestellt. Die Strömungen innerhalb des Katalanismus waren allerdings vielfältig; sie reichten von der gemäßigten Forderung der Wirtschaftsverbände nach Berücksichtigung katalanischer Handelsinteressen durch die Zentralregierung bis zu konföderativen Lösungen.

Vom Regenerationismus zur Republik

Die ersten Jahrzehnte des 20. Jahrhunderts erlebten auf gesamtstaatlicher Ebene den allmählichen Verfall des Restaurationssystems und die Radikalisierung der sozialen Auseinandersetzungen, bis die Staatskrise schließlich in die Diktatur von Miguel Primo de Rivera mündete (1923-1930). Katalonien konnte sich in dieser Zeit, auch dank des Exportbooms des Ersten Weltkrieges, makroökonomisch günstig entwickeln; allerdings wurde das *Principat* zu einem Hauptschauplatz und Brennspiegel sämtlicher Krisen der Zeit. Die nationalkatalanischen Bestrebungen konnten mit der *Mancomunitat* zuerst einmal Erfolge einfahren, wurden dann in den Diktaturjahren herb zurückgeworfen, um schließlich in den Jahren der Zweiten Republik das Ziel eines Autonomiestatuts zu erreichen, das jedoch einem wechselvollen Schicksal ausgesetzt war.

Ökonomische Probleme und Sozialunruhen zu Beginn des 20. Jahrhunderts

Die schon vor dem »Desaster von 1898« in Katalonien vorgebrachte Kritik am Restaurationssystem nahm im ersten Jahrzehnt des 20. Jahrhunderts deutlich zu, konnte sich aber auf keinen gemeinsamen Nenner einigen und neutralisierte sich daher bis zu einem gewissen Grade. Ein Teil der Republikaner war in der »Radikalen Partei« (*Partido Republicano Radical*) von Alejandro Lerroux organisiert. Bis zum Ersten Weltkrieg sollte der Radikalismus von Lerroux die Politik Barcelonas beherrschen; er stellte die revolutionäre Tradition dar, die auf einer Allianz mit der Arbeiterschaft beruhte. Lerroux' Aufrufe an seine Gefolgschaft ließen das konservative Bürgertum, die *gent de bé* Kataloniens, erschrecken: »Junge Barbaren von heute, fallt über die dekadente und armselige Zivilisation dieses unglücklichen Landes her, zerstört seine Tempel, erledigt seine Götter«. Die ständigen Angriffe auf Religion, Eigentum und Familie, die auf »irrigen Vorstellungen und absurden Gesetzen« beruhten, verhinderten eine Zusammenarbeit mit den gleichzeitig gewaltig zunehmenden katalanistischen Kräften und den reformistischen Republikanern, die als praxisorientierte Politiker eine Modernisierung Spaniens – mit oder ohne Monarchie – und seine Demokratisierung anstrebten.

Die Stärke des Populismus von Lerroux signalisierte das absehbare Ende der Vorherrschaft von Industrie und Handel in der katalanistischen Bewegung. Die Führung des Katalanismus ging allmählich an die katalanische Linke über, die sich nach den Kommunalwahlen von 1909 in der *Unió Federal Nacionalista Republicana* (UFNR; Nationalistisch Republikanische Union) organisierte.

Die Kritik am »Desaster von 1898« hatte sich nicht gegen die Militärs gerichtet, sondern vor allem gegen die Politiker und die Institutionen der Restaurationsmonarchie. Immer weitere Kreise forderten eine Abwendung vom Kazikentum und ein politisches System, das tatsächlich und nicht nur formal repräsentativ sein müsse. Erste vorsichtige Steuerreformversuche und eine allmähliche Annäherung an die Autonomieforderungen der Katalanen endeten in einem Mißerfolg. Der bedeutendste Repräsentant der »Erneuerungsbewegung« war Antonio Maura (1853-1925), dessen Ziel in einer Revitalisierung der Politik und einer »Revolution von oben« bestand. Er versuchte auch, eine Annäherung zwischen Katalonien und der Zentralregierung zu erreichen. So schlug er 1906/07 etwa eine Verfassungsreform vor, die auch eine Dezentralisierung staatlicher Macht zugunsten der Gemeinden vorsah – gedacht war an die Einführung eines *régimen local*. Nach dem Rücktritt Mauras

(1909) wurde sein Projekt einer kommunalen Selbstverwaltung allerdings nicht weiter verfolgt. In Madrid opponierten alle Liberalen gegen jede Sonderbehandlung Kataloniens, dort wiederum interpretierte die katalanische Linke, mit ihrer Haltung des »alles oder nichts« und ihrem Hinweis auf den »absurden spanischen Staat«, die Annäherung von *Lliga*-Chef Cambó an Maura als illegitime Kollaboration mit einem Klerikalkonservativen.

Zur ersten großen Krise des Restaurationssystems kam es 1909. Hintergrund war der spanische Imperialismus in Nordafrika (Marokko), wo spanische Truppen seit 1906 gegen die dortigen Rifkabylen kämpften. Die anhaltenden kriegerischen Auseinandersetzungen machten bald Truppenverstärkungen (40000 Mann) erforderlich. Diese Teilmobilisierung verschärfte die Ungerechtigkeit des bestehenden Wehrsystems weiter. Die antimilitaristisch und antikolonialistisch eingestellte Arbeiterschaft Barcelonas interpretierte den Marokkofeldzug als reinen Klassenkrieg, bei dem es nicht um nationale Ziele, sondern um private Eisenbergbau- und Bereicherungsinteressen einer schmalen Oberschicht ging (Nagel 1991, S. 324-331).

In den letzten Juliwochen 1909 riefen daraufhin in Barcelona und in einigen anderen katalanischen Städten Sozialisten, Anarchisten und die Arbeiterorganisation *Solidaridad Obrera* – bei wohlwollender Unterstützung durch die katalanischen Linksnationalisten – einen Generalstreik aus, dessen Führung und Ziel von Anfang an unbestimmt und konfus waren. Der Proteststreik wurde schnell zu einer bewaffneten Rebellion, zu einem Barrikadenkampf ohne klare Leitung, zu einer allgemeinen Antikriegsdemonstration. In der »Tragischen Woche« (*Semana Trágica*) wurden 21 Kirchen und 40 Klöster von radikalisierten Kräften und antiklerikalen Anarchisten niedergebrannt. Die Regierung Maura antwortete mit scharfer Repression, die zu blutigen Zusammenstößen zwischen Militäreinheiten und Demonstranten führte. Die katalanische Bourgeoisie wiederum war nur um den Schutz ihrer Wirtschaftsinteressen bemüht; die *Lliga Regionalista* entpuppte sich endgültig als konservative Klassenpartei, die mit der Zentralregierung immer dann zusammenarbeitete, wenn es um die Unterdrückung von Volksaufständen und sozialen Forderungen ging. Enttäuscht notierte der katalanische Schriftsteller Joan Maragall: »Katalonien existiert noch nicht.«

Joan Ullman hat in ihrer grundlegenden Studie (1968) über die sozioökonomischen Voraussetzungen des Antiklerikalismus von 1909 herausgearbeitet, daß die Kirchenbrandschatzung als Reaktion auf den zunehmenden Einfluß des (Ordens-)Klerus bewertet werden muß. Dieser Einfluß hatte dank der Protektion durch die Restaurationsregierungen, infolge der Repatriierung von Geistlichen aus den 1898 verlorenen Kolonien und der Ankunft von Kirchenangehörigen aus Frankreich, die der antiklerikalen Gesetzgebung der Dritten Republik auswichen, deutlich zugenommen. Während die Weltgeistlichen quantitativ stagnierten, verzeichneten die Ordensgeistlichen eine gewaltige Vermehrung. 1861 hatten sie nur 15 093 betragen, 1900 schon 54 738; bis 1910 waren sie auf 59 896, bis 1920 sogar auf 67 820 angewachsen. Um die Jahrhundertwende wirkten die Orden außerdem vor allem in den urbanen, industrialisierten Zentren, nicht mehr auf dem Land.

Dominierend war der religiöse Einfluß auch im privaten Schulsektor. 1908 gab es 1 907 laizistische gegenüber 5 014 religiösen Schulen. Obwohl die religiöse Lehre unangefochten war, kämpfte die kirchliche Hierarchie vergeblich um ein Verbot der nicht-religiösen Privatschulen. Zu diesen zählten vor allem die 34 rationalistischen Schulen (*Escuela Moderna*) des anarchistischen Pädagogen Francesc Ferrer i Guardia (1859-1909), in denen rund 1 000 Schüler aus den katalanischen Mittelschichten, aus Arbeiter- und radikalrepublikanischen Kreisen im Sinne eines aggressiven Laizismus unterrichtet wurden. Für die Arbeiterschicht waren diese Schulen, in Anbetracht der staatlichen Vernachlässigung schulischer Belange und der hohen Analphabetenquote, von unersetzlicher Bedeutung. Die radikalen Politiker versuchten, über ihren Einfluß auf die Lokalpolitik Barcelonas, diese Bildungszentren zu unterstützen, während Ferrer i Guardia sie mit Lehrern, Büchern und atheistisch-libertärer Literatur versah. Dieser populäre und zugleich militante Charakter eines Großteils der laizistischen Privatschulen Barcelonas brachte ihnen im ersten Jahrzehnt des 20. Jahrhunderts zunehmend Schwierigkeiten ein, wurde von den konservativen Kräften die laizistische Lehre doch vermehrt mit einer Aufforderung zur Systembekämpfung gleichgesetzt.

Es ist bezeichnend, daß das erste Gebäude, das in der »Tragischen Woche« von 1909 in Flammen aufging, die von den »jungen Barbaren« des nahe gelegenen Zentrums der Radikalen zerstörte Schule des *Patronato Obrero de San José* war. Dieses von den Maristen geführte Bildungszentrum genoß die finanzielle Protektion des Marqués de Comillas, des Chefs der *Acción Católica* und engen politischen Freunds von Regierungschef Maura, der außerdem an der Marokko-Expedition interessiert war, wegen seiner Beteiligung an den Rif-Bergwerken und der Truppentransporte durch seine Schiffahrtsgesellschaft *Transatlántica,* die schon die Transporte während des Kubakrieges vorgenommen hatte. Die politisierten Arbeiter hielten die klerikalen Schulen für ein Hindernis bei der Entwicklung eines öffentlichen, unentgeltlichen und akonfessionellen Schulsystems. Die kirchliche Obstruktionspolitik gegen das außerordentliche Budget der Stadt Barcelona zur Schaffung gemischter, laizistischer und muttersprachlicher, also katalanischer Schulen – der Vorschlag war 1908 von den katalanistischen Republikanern eingebracht worden – schien alle Arbeiterbefürchtungen zu bestätigen.

Der Antiklerikalismus des Aufstandes von 1909 diente zur Ablenkung einer potentiell revolutionären Bewegung. Die Republikaner, die in ihrer Presse das Klima des Generalstreiks wesentlich mitgeschaffen hatten, weigerten sich, die Bewegung zu einer republikanischen Revolution fortzuentwickeln. Auf Druck der Arbeiterbasis hin lenkten die Lerrouxisten den Aufstand auf religiöse Ziele ab, wobei sie sogar mit der Passivität der Militärs rechnen konnten. In den Prozessen, die auf den Aufstand von 1909 folgten, konnten die Führer der Radikalen im Gegensatz zu den Arbeitern mit dem Wohlwollen der Militärjustiz rechnen.

Die »Tragische Woche« hatte ein aufsehenerregendes Nachspiel. Ferrer i Guardia wurde beschuldigt, für den Aufstand geistig verantwortlich zu sein, und trotz massiver internationaler Proteste hingerichtet. Ullman hat nachgewiesen, daß Ferrer, obwohl er die Zeitung und Organisation von *Solidaridad Obrera* unterstützt hatte, weder bei der Streikerklärung noch bei der Entwicklung der Unruhen eine führende Rolle gespielt haben kann. Seine Hinrichtung war eine Repressalie für den Angriff, den das katholische Schulsystem erlitten hatte. Auch die weiteren Repressionsmaßnahmen waren außerordentlich hart. Nach der Niederschlagung des Aufstandes blieben die Verfassungsgarantien bis November 1909 aufgehoben, über 2 500 Personen wurden festgenommen, 1 725 Personen von Militärgerichten verurteilt, anarchistische und linksnationalistische Zeitungen verboten, kulturelle Arbeiterzentren und laizistische Schulen geschlossen. Erst internationale und nationale Massendemonstrationen bewirkten eine Wiederzulassung der laizistischen Schulen (Ullman 1968).

Nach den ersten beiden Erschütterungen von 1898 und 1909, die das Restaurationssystem noch einigermaßen überstehen konnte, trafen im Sommer 1917 drei Krisen aufeinander, die dem System einen Schlag versetzten, von dem es sich nicht mehr erholte. Die eine Krise betraf das Militär, das eine *Junta*-Bewegung gegen die Bevorzugung der in Afrika stationierten Soldaten bildete; die andere Krise ging von der Arbeiterschaft aus, die gegen die Verschlechterung der sozioökonomischen Situation einen »revolutionären Generalstreik« ausrief. Der dritte Krisenherd lag im katalanischen Nationalismus, dessen bürgerliche Träger durch die wirtschaftliche Entwicklung während des Ersten Weltkrieges ökonomisch und politisch deutlich gestärkt worden waren. Es war vor allem die katalanische Wirtschaft, die als Lieferant der kriegführenden Mächte, besonders der Entente, einen bedeutenden Aufschwung erlebte. Der Export nach Belgien, Frankreich und Italien stieg deutlich an. Die zuvor defizitäre spanische Handelsbilanz erzielte 1916 einen Exportüberschuß von 431 und 1917 sogar von 589 Millionen Peseten; dabei wurden die Ausfuhren vor allem von der katalanischen Textil- und Konfektionsindustrie bestritten. Ermöglicht wurde die Exportsteigerung insbesondere durch einen Investitionsboom in der katalanischen Industrie: Von 1914 bis 1916 erreichten die Investitionen der Industrie eine Rekordhöhe von 850 Millionen Peseten (Matthée 1988, S. 69).

Da der wirtschaftliche Aufschwung in erster Linie den Unternehmern zugute kam und die überhitzte Konjunktur eine inflationäre Preissteigerung mit sich brachte, unter der die Arbeiterschaft zu leiden hatte, zog die durch Streiks und Arbeitskämpfe bedrängte Regierung es vor, die *Cortes* lange Zeit nicht einzuberufen. In Zusammenhang mit der *Juntero*-Rebellion erblickte die katalanische *Lliga*-Bourgeoisie im Sommer 1917 die Chance, ihren Einfluß auf die Madrider Regierung zu erweitern, die katalanische Autonomie auszubauen und eine Verfassungsrevision im Sinne einer föderalistischen Staatsstruktur herbeizuführen. Diese Ziele verfolgte das trotz Regierungsverbots auf Initiative der *Lliga* erfolgte Parlamentariertreffen in Barcelona (*Movimiento Asambleista*), an dem schließlich aber nur noch katalanische Abgeordnete teilnahmen. Diese forderten in einer Resolution (umsonst) eine umfassende Autonomie für Katalonien und die Errichtung einer spanischen Konföderation.

Die ursprünglich gehegte Hoffnung, die krisenhaft zugespitzte Situation vom Sommer 1917 zu einer Ausweitung der katalanischen Autonomie nutzen zu können, mußte allerdings schon deshalb unerfüllt bleiben, weil die »bürgerliche« Versammlung Barcelonas mit den gleichzeitig vorgetragenen sozialen Forderungen der Arbeiterschaft nichts zu tun haben wollte und sich außerdem das Militär, dessen Unterstützung man vorübergehend erwartet hatte, klar von den katalanischen »Separatisten« distanzierte. In Anbetracht des »revolutionären Generalstreiks« wurden sich die *Lliga* und die katalanische Industriebourgeoisie sehr schnell ihrer Klasseninteressen bewußt und bekannten sich unmißverständlich zur Restaurationsordnung. Das Militär schlug im Namen von Recht und Ordnung den Arbeiteraufstand rücksichtslos nieder.

Die ideologischen Voraussetzungen für eine Zusammenarbeit von Katalanisten und Militärs waren ohnehin denkbar schlecht, da sich beide Gruppen schon lange mißtrauten und in unterschiedlichen Lagern angesiedelt waren. Während auf katalanistischer Seite Animositäten gegen die Militärs als Vertreter des zentralistischen Staates der Oligarchie und als Verlierer im Kampf um die für Katalonien wichtigen Überseekolonien auftraten, reagierten die Offiziere mit der Verteidigung des Zentralismus durch Überbetonung der nationalen Einheit und der Integrität des Vaterlandes gegen die Dezentralisierungswünsche der katalanischen Autonomisten und Nationalisten, die des Separatismus verdächtigt wurden. Die Polizei löste schließlich das »Rumpfparlament« in Barcelona auf. Die Forderung nach »echter Demokratie« blieb in Madrid ungehört.

Die Krise von 1917 hatte weitreichende Folgen für die beteiligten sozialen Gruppen: Krone und Militär rückten enger zusammen, die Arbeiterschaft sah ihr Vertrauen in das Militär erschüttert. Die konservativen Katalanisten orientierten sich wieder stärker am Zentralstaat, in dessen Regierung sie in den Folgejahren Minister entsandten. [1916 schon hatte die *Lliga* in ihrem Manifest *Per Catalunya i l'Espanya Gran* (»Für Katalonien und ein Großes Spanien«) zu verstehen gegeben, daß sie bereit war, sich an der gesamtstaatlichen Politik zu beteiligen.] Damit zerfiel die Einheit der Katalanisten, fortab konnte sich ein linker Katalanismus entwickeln. Im Grunde genommen läutete die Krise von 1917 das Ende der Restaurationsära ein.

Nach 1917 häuften sich die Krisensymptome. Besonders dramatisch verliefen in der unmittelbaren Nachkriegszeit die wirtschaftliche Entwicklung und in ihrem Gefolge die sozialen Auseinandersetzungen. In der Nachkriegsdepression mußten allein in Katalonien 140 Textilfabriken schließen, im Baskenland standen die Werften leer, Bergwerke sowie die Eisen- und Stahlindustrie mußten zu Kurzarbeit übergehen und massenweise Arbeiter entlassen. Die angespannte Situation im Sozialbereich führte zwar zu gewissen staatlichen Zugeständnissen (1919 Einführung des Achtstundentages in der Industrie, 1920 Schaffung des Arbeitsministeriums). Insgesamt jedoch sah sich die Arbeiterbewegung, im Gegensatz zur Weltkriegssituation, in die Defensive gedrängt. Am härtesten war die Auseinandersetzung in Katalonien, wo die Unternehmer nicht nur eine protektionistische Schutzzollpolitik als anachronistisch-wirtschaftliches Krisenmanagement durchsetzen konnten, um sich erneut den Binnenmarkt zu reservieren, sondern außerdem auch auf staatliche Hilfe bei der systematischen Repression der Arbeiterschaft zählen durften. Darüber hinaus gelang es den katalanischen Unternehmern, als Gegengründung zur radikalen CNT die im November 1919 entstandene katholisch-traditionalistische Gewerkschaft

Sindicato Libre Regional vorübergehend zu instrumentalisieren, die im zwischengewerkschaftlichen Kampf zur ärgsten Gegnerin der CNT wurde und aufs engste mit dem Gouverneur Kataloniens, General Severiano Martínez Anido, zusammenarbeitete (Nagel 1991, S. 406-555).

Den größten Erfolg erreichten die anarchosyndikalistischen Arbeiter mit dem Streik in der Transport-, Licht- und Elektrizitätsgesellschaft *La Canadiense* im Frühjahr 1919, dem sich schließlich der größte Teil der städtischen Arbeiter Barcelonas anschloß; 70 % der Industrieproduktion der Provinz Barcelona wurden unterbrochen, 44 Tage lang war die katalanische Hauptstadt praktisch paralysiert. Die britische Geschäftsleitung des Unternehmens und die Regierung in Madrid waren zu Zugeständnissen bereit, nicht jedoch das Heer und die Provinzialregierung. Der Generalkapitän Kataloniens proklamierte das Kriegsrecht, der Arbeitskampf wurde radikalisiert und leitete die vier Jahre andauernde Phase radikaler Konfliktivität ein (Lacomba Avellán 1970).

Von einem Sieg der Alliierten im Weltkrieg versprachen sich die Katalanisten eine deutliche Unterstützung für ihre Sache. Wilsons »14 Punkte« und das Selbstbestimmungsrecht der Völker sollten endlich die katalanische Autonomie befördern. Um so enttäuschter waren die Katalanisten, als nach 1918 Frankreich nicht das geringste Interesse an einer katalanischen Autonomie zeigte, sich vielmehr Madrid für die spanische Neutralität im Ersten Weltkrieg verbunden fühlte. Die tiefe Enttäuschung in Katalonien über die Stagnation der Autonomieprojekte führte gegen Weltkriegsende zu einer weitreichenden Kampagne, um endlich die langersehnte Eigenregierung zu erhalten. Zugleich entstand in Barcelona unter der Führung von Francesc Macià die erste politische Organisation, deren explizites Ziel die Unabhängigkeit Kataloniens war. In dieser für den Zentralstaat kritischen Situation kamen 1919 die sozialen Unruhen, die durch den monatelangen Streik im Elektrizitätswerk *La Canadiense* ausgelöst worden waren und für die Bourgeoisie gefährliche Ausmaße annahmen, der Madrider Regierung zu Hilfe, nachdem die Unternehmer sehr schnell staatliche Unterstützung zum Schutz ihrer Eigentumsinteressen reklamierten und die soziale Problematik Vorrang erhielt. Die Lösung des Autonomieproblems wurde zurückgestellt, von der *Lliga Regionalista* Cambós spaltete sich zur Linken die radikaldemokratisch-bürgerliche *Acció Catalana* mit dem Ziel der vollen Unabhängigkeit Kataloniens ab, 1922 bildete Francesc Macià – unzufrieden mit der erneut engen Anlehnung der *Lliga* an den Staat – außerdem mit *Estat Català* eine aufständisch-separatistische Organisation. Bis zum Putsch von Primo de Rivera (1923) neutralisierten sich der unter konservativer Vorherrschaft stehende Katalanismus und die von den Anarchosyndikalisten beherrschte Arbeiterbewegung gegenseitig.

Damals begannen die katalanischen Unternehmer eine bis zur Diktatur Primo de Riveras (1923) andauernde Großoffensive gegen die Arbeiterorganisationen, die jenen Landesteil zum Schauplatz der wohl heftigsten Sozialkonflikte im Nachkriegseuropa machte. Auf dem *Congreso de la Comedia* beschloß die CNT Ende 1919 den provisorischen Eintritt in die »Rote Gewerkschaftsinternationale«; der Beschluß wurde bereits 1922 in Zaragoza wieder rückgängig gemacht. Außerdem verabschiedete sie ein radikales Programm, das den »libertären Kommunismus« zum Ziel der Bewegung machte, zu dessen Erreichung auch Methoden der »direkten Aktion« unter Einschluß von Gewalt erwogen wurden.

Der katalanische Unternehmerverband (*Federación Patronal*) nahm im Arbeitskampf jener Jahre eine weit unnachgiebigere Position ein als die Madrider Zentralregierung, die viel häufiger zu Konzessionen und Vermittlungsaktionen als die Arbeitgeberseite bereit war. In dieser Situation beherrschte General Severiano Martínez Anido, fast als Statthalter des Unternehmerverbandes, zwei Jahre lang Katalonien wie ein unabhängiges Gebiet, auf dem die Gewalt-Repression-Gegengewalt-Spirale zwischen 1919 und 1923 zu über 700 politischen Attentaten führte. Die gedungenen Pistolenschützen (*pistoleros*) der Unternehmerseite und die radikalisierten Anarchosyndikalisten lieferten sich in Barcelona fast täglich Gefechte und Straßenschlachten, deren prominenteste Opfer der konservative Ministerpräsident Eduardo Dato (1922) und der gemäßigte CNT-Führer Salvador Seguí (1923) waren. Die katalanischen Unternehmer gründeten eine »Bürgerwehr« (*somatén*), die zur Wiederherstellung der sozialen Ordnung als eigene Miliz im Kampf gegen die Arbeiterorganisationen eingesetzt wurde.

Die soziale Krise wurde durch die Entwicklung der Kämpfe in Nordafrika abermals drastisch verschärft. Letztlich gab die Kolonialpolitik in Marokko den entscheidenden Anstoß zum endgültigen Zusammenbruch des Systems. 1921 kam es bei Annual zu einer vernichtenden Niederlage der spanischen Truppen. Über die Frage der Verantwortlichkeiten entzweiten sich die dynastischen Parteien. Am 13. September 1923 erfolgte schließlich das *pronunciamiento* des Generalkapitäns von Katalonien, Miguel Primo de Rivera. Von entscheidender Bedeutung für den unblutigen Verlauf des Putsches war die Haltung der katalanischen Bourgeoisie. 1917 hatten die konservativen Katalanisten unter dem Druck der rebellierenden Offiziersbewegung erreicht, daß ihnen die dynastischen Parteien erstmals direkten Einfluß auf die Madrider Regierungspolitik einräumten. Aber schon 1922 waren sie wieder in der Opposition und protestierten gegen den Abbau des vom *Lliga*-Vorsitzenden Cambó in seiner Zeit als Finanzminister errichteten protektionistischen Zolltarifs. Die Opposition der katalanischen Bourgeoisie gegen die liberale Wirtschafts- und

Verwaltungspolitik Madrids dürfte 1923 zumindest zur wohlwollenden Duldung des Staatsstreichs beigetragen haben.

Die Unterdrückung des Katalanismus in der Diktatur Primo de Riveras (1923-1930)

Zu den Argumenten, mit denen Miguel Primo de Rivera seinen Staatstreich legitimierte, gehörte die Unterbindung des »verdeckten« Separatismus Kataloniens (der allerdings eine ökonomische Zusammenarbeit nicht ausschloß). Gegenüber dem zuvor praktizierten liberalen Merkantilismus sollte zur Beruhigung von Cambós *Lliga* eine protektionistische Zollpolitik durchgesetzt werden. Deswegen erfuhr Primo der Rivera zum Zeitpunkt des Staatsstreichs auch vielfältige Unterstützung, vor allem aus Kreisen der Wirtschaft. Die ländliche, insbesondere aber die städtische Bourgeoisie hatte die atmosphärischen Bedingungen für den Staatsstreich geschaffen, indem sie immer wieder betonte, sie könne dem sozialen Radikalismus nicht Einhalt gebieten, wenn sie weiterhin auf die parlamentarischen Politiker vertraue. Der Katalanist Cambó behauptete sogar, in Vertretung der katalanischen Großbourgeoisie, daß die Diktatur in Barcelona geboren worden sei und Ergebnis des dortigen *ambiente* war. Alle »normalen« Methoden zur Bekämpfung der gewerkschaftlichen Demagogie, argumentierte er, seien fehlgeschlagen. Deshalb sei eine neue Form der Bekämpfung sozialer Unruhen erforderlich geworden. Die Euphorie, mit der die katalanischen Industrie- und Handelskammern den Diktator begrüßten, wurde von diesem mit »sozialem Frieden« und den höchsten Schutzzöllen in Europa belohnt. Rein äußerlich blieb die katalanische Bourgeoisie der Diktatur gegenüber distanziert. Faktisch erfolgte jedoch jene Art von Unterstützung, die zwar nicht die politische Führung anstrebte, aus ihrer Haltung jedoch ökonomischen Nutzen zog (Molas 1972).

Zu den verschiedenen Gruppen, die den Diktator unterstützten, gesellten sich noch die Sozialisten. Sowohl die Partei PSOE als auch die Gewerkschaft UGT waren mehrheitlich davon überzeugt, daß nur durch eine Kooperation mit den staatlichen Instanzen die Errungenschaften der Arbeiterbewegung aufrechterhalten werden konnten. Im Gegensatz zu den Sozialisten kam für die Anarchisten eine Zusammenarbeit mit der Diktatur nicht in Frage. In den Jahren 1919 bis 1923 war die CNT durch den offenen Kampf mit dem katalanischen Unternehmerverband und den Terrorschwadronen Martínez Anidos deutlich geschwächt worden. Der Einfluß ihrer gemäßigten Führer hatte in einem Klima zunehmender Radikalisierung nachgelassen. Ende 1922 trat die CNT der anarchosyndikalistischen »Internationalen Arbeiterassoziation« bei, deren explizites Ziel es war, den Klassenkampf zu verschärfen, gegen ein Übergreifen politischer Parteien auf die Gewerkschaften anzukämpfen, schließlich den Kapitalismus und den Staat zu zerstören. Die Anarchisten waren 1923 bereit, sich Primo de Riveras Staatsstreich entgegenzustellen, erfuhren mit dieser Haltung aber nur bei der kleinen Kommunistischen Partei, nicht jedoch bei den Sozialisten Unterstützung. Im Mai 1924 ordnete der Zivilgouverneur Kataloniens die Schließung der CNT-Lokale und der Büros ihres Organs *Solidaridad Obrera* an. Die Gewerkschaft wurde in den Untergrund gedrängt.

Im Laufe der Diktatur wurden die Katalanisten bald von Unterstützern zu Gegnern Primo de Riveras. Anfangs hatten sie ihre autonomistischen Aspirationen mit Hilfe des Diktators durchzusetzen gehofft. Als sie jedoch von dessen militaristisch-zentralistischer und schließlich antikatalanischer Politik enttäuscht wurden, liefen sie zu den oppositionellen Kräften über. Schon wenige Tage nach der Machtergreifung Primo de Riveras wurden die katalanische Flagge (*senyera*) und Hymne (*Els Segadors*) verboten, ebenso der Gebrauch des Katalanischen im Umgang mit Behörden und in offiziellen Dokumenten; 1925 kam es zur Unterdrükkung und Auflösung der *Mancomunitat*, zum Verbot von Zeitungen und zur Schließung von über 100 kulturellen Organisationen, Schulen und Hochschulen; protestierende Professoren wurden entlassen, die Universität von Barcelona büßte ihre Autonomie ein; Militärs unternahmen (ohne Auftrag, aber auch ohne strafrechtliche Folgen) Razzien und Übergriffe gegen Redaktionen, Übertretungen der einschneidenden Verbote wurden durch Kriegsgerichte abgeurteilt. 1925 wurden sogar der Fußballclub Barcelona und der katalanische Gesangsverein (*Orfeó Català*) verboten. Dafür drängten die Katalanen – quasi als Ausdruck des passiven Widerstands – um so stärker in jene Kulturbereiche, die ihnen noch verblieben waren: Die Zahl der Buchpublikationen, der Theateraufführungen auf katalanisch und der privaten Sprachschulen stieg beträchtlich (Alba 1965, S. 101-103).

Das Erlebnis sozialer und kultureller Unterdrückung drängte den bürgerlichen Katalanismus in die Illegalität. 1926 unternahm Francesc Macià, der exilierte Führer der kleinen separatistischen Partei *Estat Català*, mit 800 Getreuen von Prats de Molló aus einen Invasionsversuch zum Sturz des Diktators. Das Kommandounternehmen scheiterte am Eingreifen der französischen Polizei.

Unter der Diktatur Primo de Riveras schien eine Lösung der katalanischen Autonomiefrage auf der Grundlage der Monarchie und der Beachtung legaler Formen nicht mehr möglich. Der Diktator war davon überzeugt, durch vollständige Unterdrückung der Sprache und des Vereinswesens die katalanische Frage endgültig gelöst zu haben; der Katalanismus wiederum entwickelte sich zum Separatismus in dem Sinne, daß das Bewußtsein reifte, daß es zwischen der kastilischen Monarchie und der katalanischen Selbstverwirklichung keine Brücke mehr gab (Matthée 1988, S. 74); die Rede war von einem »moralischen Separatismus«.

Das Scheitern der Diktatur Primo de Riveras Anfang 1930 sollte auch weitreichende Veränderungen im katalanistischen Lager bewirken. Die konservative *Lliga* sah sich genötigt, in die Übergangsregierung von Juan Bautista Aznar (1930) einzutreten, da sie von dieser letzten Regierung der Monarchie eine »angemessene Lösung des Katalonienproblems« erwartete. Die Linkskatalanisten hatten sich inzwischen mit den Republikanern im Pakt von San Sebastián Mitte 1930 auf eine republikanische Lösung geeinigt. Im März 1931 kam es schließlich zum Zusammenschluß verschiedener linkskatalanistischer Parteien zur *Esquerra Republicana de Catalunya* (ERC, Republikanische Linke Kataloniens). Zum Zeitpunkt ihrer Gründung ahnte niemand, daß damals die Partei aus der Wiege gehoben wurde, die in Katalonien bis zum Bürgerkrieg dominierend sein würde. Die Verbindung des radikal-katalanischen Nationalismus mit dem autonomistischen Republikanismus föderaler Provenienz war die Formel, die die ERC zur hegemonischen Partei im politischen Leben Kataloniens machte.

Die ERC vereinigte kleine Landwirte und einen Teil der Arbeiterschaft. Die Initiative zur Gründung war von Francesc Macià ausgegangen, der 1922 schon die Aktionsgruppe *Estat Català* (»Katalanischer Staat«) gegründet hatte. Ihm schloß sich der Anwalt Lluis Companys an, der Arbeiter verteidigte, die wegen illegaler gewerkschaftlicher Aktivitäten angeklagt worden waren.

Die Kommunalwahlen vom 12. April 1931 brachten dem konservativen Katalanismus von Cambó eine klare Niederlage und dem Linkskatalanismus der ERC einen deutlichen Sieg. Am Mittag des 14. April, als allmählich die Wahlergebnisse aus dem restlichen Spanien bekannt wurden, proklamierte Companys vom Balkon des Rathauses in Barcelona die Republik, kurz danach rief Macià im Palast der *Generalitat* die »Katalanische Republik« als Staat aus, »der in die Iberische Föderation integriert ist«. In Madrid wurde die Republik erst am Nachmittag ausgerufen, während der König ins Exil ging. Damit hatte eine der entscheidendsten Phasen des Katalanismus begonnen.

Autonomie und Konflikte in der Zweiten Republik (1931-1936)

Die Zweite Republik (1931-1936/39) gehört zu den konfliktreichsten Perioden der neueren spanischen Geschichte. Sie erbte alle überkommenen Strukturprobleme des Landes, die seit langem einer Lösung harrten. Zuerst sollte ein laizistischer und liberaler Staat geschaffen werden, der den Reformvorstellungen der bürgerlich-republikanischen Kräfte entsprach. Angestrebt wurde eine demokratische Verfassung, eine Militärreform, die Beschränkung der Macht der Kirche, eine Bildungsreform, die Entkrampfung des Verhältnisses zwischen Zentrum und peripheren Nationalismen, außerdem eine Reform des Agrarsektors. Der Versuch, diese Probleme ernsthaft einer Lösung näherzubringen, führte in den meisten Fällen zu einer unheilvollen Polarisierung und zu einem deutlichen Anstieg der Spannungen im Lande.

Mit der Proklamation der »Katalanischen Republik« am 14. April 1931 setzte sich die strategische Linie der nationalistischen Linken durch, die seit einem Vierteljahrhundert immer wieder behauptet hatte, daß es ohne einen demokratischen Bruch nicht zur Autonomie Kataloniens kommen würde. Macià gab sich in den auf die Proklamation der Republik folgenden Tagen allerdings mit der Anerkennung einer vorläufigen autonomen Regierung Kataloniens mit der Bezeichnung *Generalitat* und dem Versprechen eines Autonomiestatuts zufrieden. Dieses wurde binnen weniger Wochen ausgearbeitet und bereits am 2. August 1931 als *Statut von Núria* in Katalonien einer Volksabstimmung unterbreitet: Dieses Statut ging von einem Bundesstaat Spanien aus; die Verfassung von Dezember 1931 bezeichnete Spanien jedoch als »integralen«, d. h. Einheitsstaat, auch wenn eine Dezentralisierung vorgesehen war. Das *Statut von Núria* mußte noch vom spanischen Parlament, den *Cortes*, verabschiedet werden. Dort erfuhr es vor seiner Genehmigung erhebliche Beschneidungen. Hatte der katalanische Entwurf vorgesehen, daß die direkten Steuern unmittelbar der *Generalitat* zufließen und die indirekten weiterhin dem Staat zustehen sollten, so übertrug die endgültige Fassung des Statuts der katalanischen Regierung nur einen kleinen Teil der direkten Steuern, womit die *Generalitat* finanziell von Madrid abhängig blieb. Eingeschränkt wurden auch die katalanischen Kompetenzen im Bereich von Bildung und Erziehung. Das *Statut von Núria* hatte die Übertragung aller Bildungs- und Erziehungskompetenzen an die *Generalitat* vorgesehen; das endgültige Statut von 1932 behielt diese Kompetenzen dem Zentralstaat vor, rein katalanische Schulen mußten von der *Generalitat* selbst finanziert werden. Die Universität Barcelona erhielt allerdings ein eigenes Autonomiestatut. Viele andere Kompetenzen wurden äußerst zögerlich vom Zentralstaat auf die Regionalregierung übertragen: die Justizverwaltung erst im Oktober 1933, die Verantwortung für die öffentliche Ordnung einen Monat danach, andere Kompetenzen noch später. Außerdem investierte der Staat in den Jahren der Republik weit weniger in die Infrastruktur Kataloniens als zuvor.

Insgesamt übertrug das Autonomiestatut der *Generalitat* zahlreiche untere und mittlere Verwaltungskompetenzen. Die Regelungen erfüllten zwar manche katalanistische Forderung, enttäuschten aber die hochfliegenden Erwartungen der *Esquerra*. Das katalanische Parlament entfaltete in den folgenden knapp vier Jahren, bis zum Beginn des Bürgerkriegs, eine umfangreiche gesetzgeberische Tätigkeit: 26 Gesetze regelten Fragen der Gesundheit, Finanzen, Wirtschaft, Kulturförderung, Agrarwirtschaft oder Kommunalordnung. Auf der Grundlage des *Estatut* wurde 1933 auch eine katalanische Verfassung erlassen, die von einer katalanischen Volkssouveranität sprach (Muniesa i Brito 1985/ 86).

Die ERC blieb die dominierende Partei Kataloniens während der Zweiten Republik; dabei kam ihr auch das Mehrheitswahlrecht zugute. Die *Lliga*, die sich ab Februar 1933 *Lliga Catalana* nannte, konnte sich als zweitstärkste Partei etablieren. Trotz der parlamentarischen Mehrheit der *Esquerra* im katalanischen Parlament geriet die *Generalitat* wiederholt in Krisen, primär aufgrund interner Fraktionsauseinandersetzungen in der Regierungspartei. Hinzu kamen erhebliche soziale Auseinandersetzungen wegen der im Gefolge der Weltwirtschaftskrise deutlich angestiegenen Arbeitslosigkeit, vor allem in der Bauwirtschaft und in der Metallindustrie; die Anarchosyndikalisten reagierten mit Streiks und revolutionären Aufständen.

Die linguistische und kulturelle »Normalisierung«, d.h. Katalanisierung, machte in den Jahren der Republik erhebliche Fortschritte. Dabei war das Radio besonders hilfreich; der Sender *Associació de Catalunya* sendete ausschließlich auf katalanisch. Auch die katalanische Presse erfuhr einen deutlichen Aufschwung, 1933 gab es schon 25 Tageszeitungen. Waren 1930 erst 308 Bücher auf katalanisch publiziert worden, so stieg diese Zahl bis 1936 auf 865, immerhin 20 % der gesamten Buchproduktion in Katalonien (Balcells 2004, S. 145).

1933/34 kam es zum ersten größeren Konflikt zwischen der Zentralregierung und der *Generalitat*. Diese hatte gegen den Widerstand der Agrarunternehmer ein landwirtschaftliches Reformgesetz verabschiedet, das die Position der Weinpächter (*rabassaires*) verbesserte. Das Verfassungsgericht annullierte das Gesetz, da das katalanische Parlament angeblich keine Kompetenz zum Erlaß solcher Sozialgesetze besaß. Dies löste wiederum breite Empörung unter den Katalanisten aus, die die gesamte Autonomie gefährdet sahen und das Gesetz trotzdem in Kraft setzten. Der katalanische Regierungschef Lluis Companys, der seit dem Tod Maciàs (1933) die Exekutive in Barcelona führte, versuchte noch mit der Zentralregierung von Ministerpräsident Lerroux einen Kompromiß auszuhandeln, als die rechtsgerichtete *Confederación Española de Derechas Autónomas* (CEDA; Spanischer Bund Autonomer Rechtsparteien) in die neue Regierungskoalition eintrat (González Casanova 1979). Die Linke hatte für diesen Fall seit langem einen Generalstreik angekündigt, da sie die CEDA für philofaschistisch hielt und eine »Machtergreifung« nach italienischem oder deutschem Vorbild verhindern wollte. Präsident Companys rebellierte am 6. Oktober 1934 gegen die Regierung Lerroux und rief den »Katalanischen Staat in der Spanischen Bundesrepublik« aus, wohl wissend, daß es eine derartige Bundesrepublik gar nicht gab. Dieser »Katalanische Staat« überlebte gerade einmal zehn Stunden, dann beendete das Militär den Aufstandsversuch. Über Katalonien wurde der Ausnahmezustand verhängt, das katalanische Parlament und die *Generalitat* wurden aufgelöst, die Regierungsmitglieder inhaftiert, eine Pressezensur eingeführt. Die *Lliga Catalana* kollaborierte in der Folgezeit mit den von Madrid eingesetzten Gouverneuren, konnte aber keine Wiederherstellung der Autonomie erreichen (Molas 1972).

In den Jahren der Zweiten Republik bildete sich in Katalonien auch ein eigenes, vom restlichen Spanien abweichendes Parteiensystem heraus. So führten etwa Unstimmigkeiten zwischen der stalinhörigen Parteiführung der Kommunistischen Partei (PCE) und der katalanischen PCE-

Organisation *Federación Comunista Catalano-Balear* (FCB) unter Joaquín Maurín zur Spaltung der Partei. Maurín schloß sich mit seiner Gruppe einer kleinen Organisation, dem 1928 gegründeten *Partit Comunista Catalá* an, der einen katalanistischen Kurs vertrat; aus dieser Fusion ging 1930 der *Bloc Obrer i Camperol* (BOC) hervor. Parallel zum BOC bildete sich als weitere kommunistische Organisation die von Andreu Nin geführte, eng an Trotzki angelehnte kommunistische Linksopposition (*Oposición Comunista de Izquierda*) heraus, die sich im September 1935 mit dem BOC zum *Partido Obrero de Unificación Marxista* (POUM; Arbeiterpartei für Marxistische Einigung) zusammenschloß. Die neue Partei, die ihren Einflußbereich kaum über Katalonien ausdehnen konnte, wurde von ihren Gegnern sofort beschuldigt, eine Agentur Trotzkis zu sein, obwohl sich dieser von der Partei distanzierte; der POUM gehörte auch nicht der Vierten Internationale an. Im Juli 1936 dürfte die Partei an die 3 000 Mitglieder gehabt haben.

Die »orthodoxen« Kommunisten Kataloniens, die dem »abtrünnigen« POUM nicht beitreten wollten, gingen 1936 ebenfalls die Vereinigung ihrer Kräfte an. Wenige Tage nach Bürgerkriegsbeginn schlossen sich die katalanischen Kommunisten mit einigen kleinen sozialistischen und katalanischen Gruppen zum *Partit Socialista Unificat de Catalunya* (PSUC; Vereinigte Sozialistische Partei Kataloniens) zusammen, der sofort unter kommunistischen Einfluß geriet und kurz nach seiner Gründung der Kommunistischen Internationale beitrat. Generalsekretär war der frühere Sozialist Joan Comorera, der gleichzeitig Mitglied des Zentralkomitees des PCE war. Trotz größter Anstrengungen gelang es dem PSUC – der in Katalonien allerdings die sozialistische UGT unter kommunistischen Einfluß bringen und kontrollieren konnte – nicht, größere Arbeitermassen von den Anarchisten zu den Kommunisten herüberzuziehen.

Von den republikanischen Parteien war die linksliberal-katalanistische *Esquerra Republicana de Catalunya* unter der Führung von Francesc Macià und Lluis Companys die bedeutendste; sie repräsentierte die Interessen des Klein-bürgertums und eines Teils der (gewerkschaftlich in CNT oder UGT organisierten) Arbeiterschaft. Sie wurde außer-dem von der einflußreichen Pächterorganisation *Unió de Rabassaires* (UDR) unterstützt. Parteivorsitzender war Re-gierungschef Lluis Companys. Die Partei hatte als wichtigste Punkte in ihrem Programm die Forderung nach Autonomie, Föderation mit anderen »iberischen Völkern«, Menschen- und Bürgerrechte sowie Sozialisierung des Reichtums zu-gunsten der Gemeinschaft aufgenommen (Culla i Clara 1977).

Nach den Wahlen zur Volksfront im Februar 1936, die in Katalonien »Linksfront« (*Front d'Esquerres*) hieß, und dem in Katalonien sehr deutlichen Sieg der Linken (59 % der Stimmen) – die *Lliga* und ihre Verbündeten kamen auf 36,7 % – wurden alle 1934 verbotenen Institutionen wieder eingesetzt oder reaktiviert (*Generalitat*, Parlament, Auto-nomiestatut, etc.). Im Vergleich zum restlichen Spanien wa-ren die folgenden Monate in Katalonien, obwohl es zu zahlreichen sozialen Auseinandersetzungen kam, relativ ruhig, weshalb bald das Schlagwort von der »Oase der Republik« die Runde machte. Companys und andere 1934 inhaftierte Führer der Linken wurden aus dem Gefängnis entlassen und bildeten erneut die *Generalitat*. Die konser-vative *Lliga* blieb isoliert, wurde von den Sozialkonflikten der folgenden Monate zusehends eingeschüchtert und schlug sich schließlich am 18. Juli 1936 auf die Seite der Aufständischen.

Katalonien im Bürgerkrieg
und während des Franquismus

Der Bürgerkrieg (1936-1939) und der Franquismus (1939-1975) gehören wie die zwei Seiten einer Medaille zusammen. Sah es 1936/37 vorübergehend so aus, als komme Katalonien endlich der angestrebten Staatlichkeit in einem nicht mehr zentralistischen Spanien nahe, so verkehrte sich diese Hoffnung bereits in der zweiten Hälfte des Bürgerkriegs in ihr Gegenteil. Nach Kriegsende stand dann sogar die Existenz, zumindest die Identität Kataloniens auf dem Spiel. Während der langen franquistischen Diktatur verdienen vor allem zwei Aspekte Berücksichtigung: zum einen die massive Repression alles Katalanischen und des Katalanismus durch das zentralstaatliche Regime, das jedoch weder die kulturelle Renaissance der katalanischen Sprache noch den allmählichen Aufschwung eines breiten katalanischen Nationalismus verhindern konnte; zum anderen die massiven sozioökonomischen Veränderungen in den sechziger und frühen siebziger Jahren, die mit den vielfältigen Formen des antifranquistischen Widerstandes in engem Zusammenhang standen.

Der Bürgerkrieg in Katalonien (1936-1939): Revolution und Selbstregierung

Der Bürgerkrieg (1936-1939) brachte die größte Machtausdehnung der *Generalitat*, sein Ende allerdings auch den schwärzesten Augenblick in der jüngeren Geschichte des Landes. In Katalonien konnte im Sommer 1936 die *Generalitat* mit der Treue der Stoßtruppen (*Guardias de Asalto*) und der Unterstützung der Zivilgarde (*Guardia Civil*) rechnen. Zusammen mit dem spontanen Widerstand der Arbeitermassen warfen diese Einheiten die aufständischen Militärs nieder. Die Abwehr des Aufstandes führte in Katalonien zur vollen Entfaltung der revolutionären Kräfte und zur Durchführung einer sozialen Revolution, die vor allem von Anarchisten und Linkssozialisten getragen wurde.

In den ersten Monaten nach Bürgerkriegsbeginn waren die Anarchisten (CNT/FAI) zweifellos die mächtigste Organisation in Katalonien. Das »Zentralkomitee der Antifaschistischen Milizen«, in dem sie ebenfalls vorherrschend waren, konnte für einige Zeit der nur noch formal bestehenden *Generalitat* seinen Willen aufzwingen und faktisch die Regierungsgewalt ausüben. Der Regierung von Lluis Companys gelang es jedoch sehr schnell, durch geschicktes Taktieren und Entgegenkommen, ihre Position wieder so zu stärken, daß sie zuerst neben dem Zentralkomitee eine Art »Doppelherrschaft« errichten konnte. Und Ende September 1936 übernahm sie, nach dem Eintritt der Anarchisten und Kommunisten (CNT, PSUC, POUM) in die *Generalitat* und der freiwilligen Auflösung des Zentralkomitees, die gesamte Gewalt – die durch das Autonomiestatut von 1932 gesetzten Grenzen mißachtend. Die Madrider Regierung hatte die Auflösung des Zentralkomitees zur Bedingung gemacht, um Katalonien weiterhin mit Waffen, Munition und Finanzmitteln zu unterstützen.

Indem Companys noch im Juli 1936 die Einrichtung des »Zentralkomitees der Antifaschistischen Milizen« neben der weiterbestehenden *Generalitat* vorschlug und die beherrschende Stellung der Anarchisten in den revolutionär neu entstehenden Gremien akzeptierte, fand er sich scheinbar mit einer Machtaufteilung ab. Er schuf aber faktisch die Voraussetzungen für einen Wiederaufbau des Staates im weiteren Verlauf des Krieges, nachdem die revolutionäre Welle der ersten Monate abgeebbt war. Die rechtsgerichtete *Lliga Catalana* wurde aufgelöst.

Der Regierungseintritt der Anarchisten und Kommunisten im September 1936 und die Auflösung des »Zentralkomitees der Antifaschistischen Milizen« bedeuteten einen entscheidenden Schritt zur Überwindung der in den ersten Kriegstagen geschaffenen doppelten Herrschaftsstrukturen; kurz danach wurden die Lokalkomitees abgeschafft und in den Gemeinden wieder die alten Kommunalstrukturen eingeführt. Josep Tarradellas übernahm die Leitung der Regierungsgeschäfte mit einer Koalition der »antifaschistischen Einheit«, von der nur der separatistische *Estat Català* ausgeschlossen blieb (Catalunya i la Guerra Civil 1988).

In dieser »All-Organisationen-Regierung« gewannen die Stalinisten rasch an Einfluß; sie konnten bereits Mitte Dezember 1936 den Ausschluß des POUM-Vertreters Andreu Nin durchsetzen, der (wie seine gesamte Partei) unberechtigterweise des »Trotzkismus« beschuldigt wurde. Aus den innerrepublikanischen Kämpfen im Mai 1937 gingen die Kommunisten abermals gestärkt hervor; im Juni 1937 mußten auch die Anarchosyndikalisten die Regionalregierung verlassen, die von nun an bis zum Kriegsende nur noch von Linksrepublikanern (ERC, ACR), der Pächterorganisation UDR und den Kommunisten (PSUC) gebildet wurde.

Während des Krieges war es der katalanischen Industrie innerhalb kürzester Zeit gelungen, ihre Produktion auf Kriegswirtschaft umzustellen. Seit Anfang 1937 nahmen sodann die Interventionen der Zentralregierung zu. Im August 1938 wurde die »Militarisierung« der gesamten Kriegsindustrie dekretiert, das heißt zentralstaatlicher Kontrolle unterstellt. Im weiteren Kriegsverlauf wurde die katalanische Industriestruktur von einem Nebeneinander von dezentralisierter Selbstverwaltung bei den kollektivierten Betrieben und zentralisierter Planung und Leitung in Form nationalisierter Unternehmen geprägt. In der zweiten Kriegshälfte kam es zu einer zentralgeleiteten Planwirtschaft, die den Kriegsbedürfnissen angepaßt war (Bernecker 2006).

Während das *Principat* lange Zeit von den Wirren des Kriegs verschont geblieben war, wurde seit dem Sommer 1938 die Situation in und für Katalonien immer schwieriger. Im Juli überschritten die franquistischen Truppen den Ebro, die Bombardierungen Barcelonas wurden zusehends intensiver, die Versorgungssituation verschlechterte sich täglich, der Verlust der hydroelektrischen Anlagen in den Pyrenäen und die mehr als eine Million Flüchtlinge erschwerten das Leben in der katalanischen Hauptstadt außerordentlich.

Je weiter die franquistischen Truppen vorrückten, desto drückender wurde für Katalonien das Flüchtlingsproblem. Ende 1936 soll es in Katalonien bereits 300000, im März 1938 mindestens 700000 Flüchtlinge gegeben haben. Gegen Kriegsende stieg diese Zahl auf weit über eine Million an, die Versorgungs- und Unterbringungsprobleme wurden nahezu unlösbar.

Obwohl nicht alle interventionistischen Projekte der Zentralregierung umgesetzt wurden, läßt sich insgesamt sagen, daß im Verlauf des Krieges die *Generalitat* zusehends geschwächt und politisch marginalisiert wurde. Am 5. Februar 1939 floh sie vor den anrückenden Franco-Truppen nach Frankreich; der Traum einer katalanischen Autonomie war vorerst zu Ende.

Von besonderer Bedeutung sollte während des Bürgerkrieges die katalanische Wirtschaftsentwicklung werden. Bis zum Bürgerkrieg gingen die Hälfte des spanischen Imports und ein Drittel des Exports über Barcelona. In der katalanischen Hauptstadt waren über 40% der spanischen Industrie angesiedelt; 63% der Wollindustrie und 90,2% der Baumwollindustrie lagen in Katalonien. Außerdem war die Fertigindustrie – neben der Textilindustrie vor allem die Holzverarbeitung, die Olivenölproduktion und die Parfümerie – überwiegend im katalanischen Raum lokalisiert. Katalonien war somit das bedeutendste Industrierevier

Spaniens. Die katalanische Wirtschaft florierte dank eines gewaltigen, vor dem Bürgerkrieg auf 180 Millionen Goldpeseten geschätzten agrarischen Zuschußbedarfs, den sie durch den Absatz ihrer industriellen Überschußproduktion – 90 % der Industrieerzeugnisse gingen in das übrige Spanien – deckte.

Neben die Textilindustrie, die nach der letzten Industriezählung vor dem Bürgerkrieg (1927) weit mehr als die Hälfte des Produktionswertes der katalanischen Industrieerzeugung von ca. 5,3 Milliarden Peseten stellte, traten die Maschinen- und die eisenverarbeitende Industrie, die vor allem auf baskisches Roheisen angewiesen war. Lokomotiv-, Brücken- und Schiffsbau, Landwirtschafts- und Industriemaschinen waren ihre bedeutendsten Zweige. Auch die Nahrungsmittelindustrie (Schokolade, Konserven), die Lederverarbeitung (Schuhe), die Papiererzeugung, der Buchdruck und die Seifenherstellung waren wichtige Zweige der Verbrauchsgüterindustrie. Große Bedeutung hatten außerdem die Zement-Großfabriken und die chemische Industrie. Soda und Ammoniumsalze, Anilinstoffe und andere Erzeugnisse wurden besonders in der Provinz Barcelona hergestellt. In Girona befand sich der größte Teil der überwiegend exportorientierten Korkindustrie, die die Rinde der heimischen Korkeichen verarbeitete. Die erste Industriestadt der Provinz Tarragona war Reus mit Baumwoll-, Seiden- und Lederindustrie. In der Provinzhauptstadt Tarragona selbst hatte sich die Tabak- und Olivenölindustrie niedergelassen. Katalonien besaß zwar Blei-, Zink-, Kupfer-, Antimon-, Steinsalz- und vor allem Kalisalzvorkommen, aber keine abbauwürdigen Eisenerzlager; auch Kohle mußte aus England oder Asturien eingeführt werden. Wegen des Mangels an Kohlevorkommen war die Beschaffung billiger Energie schon früh zu einer wichtigen wirtschaftspolitischen Aufgabe Kataloniens geworden.

In den ersten Wochen des Krieges wurden Industrie und

Handel von den Anarchisten weitgehend kollektiviert. In Barcelona beschlagnahmten die Arbeiter die meisten größeren Fabriken, alle bedeutenden Dienstleistungsunternehmen (Stadtwerke und Verkehrsmittel), Hotels und Warenhäuser und führten sie durch gewählte Komitees in Selbstverwaltung weiter. In den meisten katalanischen Industrie-Kleinstädten vollzog sich eine ähnliche Entwicklung. Neben den wirtschaftlichen Kollektivierungen erfolgte eine Kampagne zur Einführung eines neuen Schulsystems, zur Beseitigung von Analphabetismus und zur Einsetzung lokaler »antifaschistischer« Leitungs- und revolutionärer Justizkomitees.

Die Kollektivbetriebe der Anarchisten und Linkssozialisten sahen sich nicht nur durch die Gegnerschaft der Kommunisten, sondern außerdem durch die genossenschaftlichen Bestrebungen der einflußreichen Kleinpächter-Organisation *Unió de Rabassaires* (UDR) behindert. Die politisch von der Regierungspartei ERC vertretene UDR war in den Jahren der Republik zur bedeutendsten katalanischen Interessenorganisation auf dem Land geworden. Sie trat für die Aufteilung des Bodens, die Annullierung des Pachtzinses und die Schaffung von Familienbetrieben ein. Im August 1936 erließ die *Generalitat* ein Dekret zur Zwangssyndikalisierung; damit sollte auf dem Land ein von der Regierung kontrolliertes Gegengewicht zu der anarchistischen Übermacht in vielen Industriebetrieben errichtet werden. Die Institution der (Pflicht-)Agrarsyndikate unterstrich die zentralverwaltungswirtschaftlichen Tendenzen der *Generalitat*. Durch ein weiteres Dekret vom Januar 1937 wurden viele *rabassaires* faktisch zu Eigentümern des von ihnen gepachteten Bodens. Obwohl es im Verlauf des Krieges auch in Katalonien zu bemerkenswerten Kollektivierungsversuchen auf dem Land kam, blieben die Kollektive doch eine Minderheit inmitten des überwiegenden Klein- und Mittelbesitzes. Die Dekrete der katalanischen Regionalregierung erstrebten im weiteren Kriegsverlauf die Kontrolle und Eindämmung der kollektivwirtschaftlichen Experimente auf dem Land; zugleich ging es darum, der anarchosyndikalistischen Bewegung »von unten« eine »Revolution von oben« gegenüberzustellen, durch die die *Generalitat* ihre Kompetenzen erweitern und verlorengegangene Positionen zurückgewinnen konnte. Immerhin waren in den ersten Kriegsmonaten rund 200 katalanische Ortschaften zur kollektiven Bewirtschaftung ihrer Ländereien übergegangen (Bernecker 2006).

Die Industriepolitik der *Generalitat* während des Bürgerkrieges läßt sich in drei Abschnitte untergliedern (Bricall 1970). In einer ersten Phase (bis Oktober 1936) ging es um die »Normalisierung der Industrie«, d.h., die Regierung mußte die Lohnauszahlungen und die Versorgung mit Brenn- und Rohstoffen sicherstellen. In dieser Phase wurde für ganz Katalonien ein »Wirtschaftsrat« eingesetzt, der als ökonomisches Leitungs- und Koordinationsgremium fungierte. In der zweiten Phase (Oktober 1936 bis Juni 1937) hatte die CNT das Wirtschaftsministerium inne, das in dieser Zeit zu einem Koordinationsorgan der sich weitgehend selbst verwaltenden Industriekollektive wurde. In dieser Phase erließ die *Generalitat* ein Kollektivierungsdekret, mit dem die revolutionäre Phase der Kollektivierung ihr Ende fand, das zur Festsetzung des wieder erstarkenden Staates in der Wirtschaft führte und in der vollständigen Abhängigkeit der Wirtschaft vom Staatsapparat endete. In der dritten Phase, die von Juni 1937 bis zum Ende des Krieges reichte, lag das Wirtschaftsministerium in den Händen eines Kommunisten (PSUC), der versuchte, allmählich eine Planwirtschaft zu errichten.

Die Versorgungsprobleme machten sich, vor allem in der Hauptstadt Barcelona mit seiner weit überdurchschnittlichen Bevölkerungsdichte, bald drückend bemerkbar. Bereits im August 1936 empfahl der Wirtschaftsrat den sofortigen Import von Getreide; schon Ende Oktober 1936 traten erste Versorgungsschwierigkeiten auf, die im weiteren Kriegsverlauf ständig zunahmen und durch Inflation und Schwarzmarkthandel zusätzlich verschärft wurden. Im Juli 1937 mußte eine allgemeine Lebensmittelrationierung eingeführt werden.

Seit September 1936 machte sich der Mangel an Textil-Rohstoffen und Papier bemerkbar, seit Oktober mußte die Chemieindustrie kurzarbeiten. Der Nachschub an asturischer Kohle stagnierte seit Anfang des Krieges, daher mußte die katalanische Industrie auf importierte Kohle und vor allem auf eigene minderwertige Braunkohle, die im katalanischen Berga abgebaut wurde, zurückgreifen. Hauptenergiequelle war die Elektrizität; nachdem die franquistischen Truppen im April 1938 die Elektrizitätswerke in den Pyrenäenausläufern eingenommen hatten, fielen auch diese als Versorgungszentralen aus.

Vom ersten Kriegstag an übernahm die *Generalitat* Befugnisse, die über das Autonomiestatut von 1932 hinausgingen. Companys war überzeugt, daß der Krieg Bedingungen geschaffen hatte, die faktisch eine Föderalisierung Spaniens zur Folge hatten. Die *Generalitat* mußte eine Kriegsverwaltung aufbauen, eine Rüstungsindustrie improvisieren und die durch den revolutionären Prozeß ausgelösten sozialen Veränderungen kanalisieren, die öffentliche Ordnung wiederherstellen. Auch in Anbetracht des Zusammenbruchs der zentralen Staatsgewalt sah sich die katalanische Regierung genötigt, vielerlei staatliche Funktionen zu übernehmen. Formal mag es sich um eine Usurpation staatlicher Funktionen gehandelt haben; eigentlich ersetzte die *Generalitat* aber nur den faktisch inexistenten Staat.

Im Dezember 1936 erlebte die Regierung Tarradellas ihre erste Krise, als der kommunistische PSUC den Regierungsausschluß des POUM durchsetzte, dem er antisowjetische Verleumdungen und Trotzkismus vorwarf. Damit war »die

Regierung der antifaschistischen Einheit« gescheitert. Die nächste Krise ereignete sich im März 1937, als die Gewerkschaften nicht der Regierungsanordnung folgten, alle Waffen in der Etappe abzuliefern und die Kontrollpatrouillen aufzulösen. Und in Zusammenhang mit den blutigen Mai-Ereignissen übernahm der Zentralstaat wieder die Kompetenz für öffentliche Ordnung. Einerseits konnte im Laufe der ersten Kriegsmonate die *Generalitat* somit wieder viele Aufgaben übernehmen, die in den ersten Kriegstagen revolutionäre Gremien an sich gerissen hatten, andererseits wurde sie zusehends vom Zentralstaat verdrängt, der seine Machtbefugnisse zu Lasten der *Generalitat* stets weiter ausdehnen konnte, vor allem seit im Oktober 1937 die Regierung der Republik ihren Sitz in Barcelona genommen hatte.

Repression und kulturelle Renaissance

Sofort nach der Besetzung Kataloniens durch die franquistischen Truppen begann eine umfassende Säuberung: Die Universität Barcelona verlor die Hälfte ihrer Professorenschaft, 25 000 Angestellte des öffentlichen Dienstes wurden entlassen, »katalanistische« Lehrer wurden in andere Teile Spaniens versetzt, bis 1953 ließen Kriegsgerichte 3 800 Personen hinrichten (vor allem Mitglieder von CNT, ERC, UDR). In allen gesellschaftlichen Bereichen setzte eine umfassende »Entkatalanisierung« ein. Der faschistische Dichter Ernesto Giménez Caballero bezeichnete den Sieg Francos 1939 als »Grab des Katalanismus«; mit ihm betrachteten viele Militärs das Ende des Krieges als definitiven Sieg über den hundertjährigen katalanischen Separatismus.

Die katalanische Bevölkerung reagierte auf diese systematische Diskriminierung und auf die Negierung ihrer kulturellen Eigenart, indem sie sich – wo immer möglich – dem franquistischen Regime verweigerte (Giner 1980, S. 58-60). So lag etwa die Enthaltung der katalanischen Bevölkerung beim Referendum von 1947 bei 13,7 %, während ganz Spanien nur auf 11,4 % kam. Im gleichen Jahr wurde eine Feier zu Ehren der Jungfrau von Montserrat mit 100 000 Teilnehmern zu einer deutlichen katalanistischen und antifranquistischen Massendemonstration. Katalanismus und Katholizismus fanden hier zu einer Allianz, die in der weiteren Geschichte des Antifranquismus noch eine große Rolle spielen sollte. Einige Jahre später (1951) kam es in Barcelona zu einem spektakulären Straßenbahnboykott, der sich gegen eine Gebührenanhebung für öffentliche Verkehrsmittel richtete und die Behörden zur Rücknahme der Fahrpreiserhöhung zwang. Dem Boykott folgte im März ein Generalstreik, der die enorme Unzufriedenheit der Bevölkerung mit der politischen, vor allem aber auch mit der sozioökonomischen Situation zum Ausdruck brachte.

Von besonderer Bedeutung für die kulturell-ethnische Selbstbehauptung wurde der Rückzug in die »Zivilgesellschaft«, das heißt in jene vielfältigen Clubs und Vereine, Gesellschaften und Verbände, die sich seit dem Ende des 19. Jahrhunderts überall in Katalonien herausgebildet hatten und in Form von Privatinitiativen häufig Gemeinschaftsaufgaben übernahmen, die der Staat nicht erledigte. Diese zivilgesellschaftlichen Organisationen waren scheinbar unpolitisch; ihre Aktivitäten und ihre Dynamik waren aber Ausdruck eines lebendig gebliebenen und konsequent gepflegten Bewußtseins regionaler Eigenart. Viele dieser Organisationen entwickelten sich zu Durchgangsstationen und politischen Sozialisationsinstanzen oppositioneller Nationalisten. Daher kam der Kirche als Rückzugsraum und relativ staatsferne Sphäre eine ganz entscheidende Rolle zu. Viele Sitzungen oppositioneller Kräfte fanden in Klöstern statt.

Wie schon zu Zeiten der Restauration, blieb auch im

Franquismus eine deutliche Distanz zwischen dem Regime und den katalanischen Verantwortungsträgern bestehen; der Anteil der Katalanen an den Eliten des Regimes war ausgesprochen gering: Von 32 Ministern (1938-1960) stammten 32 % aus Madrid und nur 2 % aus Barcelona; bei den Staatsanwälten waren es 23 % bzw. 5 %, bei den Abteilungsleitern der Ministerien 29 % bzw. 4 %. Ähnliche Zahlen liegen auch für die übrigen Funktionseliten des Regimes vor.

Die Situation besserte sich nach 1945, als sich Franco genötigt sah, den Alliierten zumindest symbolisch entgegenzukommen. Zum Weltkriegsende ließ die Zensur erstmals wieder Theateraufführungen auf katalanisch zu, 1946 erhielt ein erster katalanischer Verlag wieder Drucklizenz. Die veröffentlichten Titel waren vorerst im wesentlichen Neuauflagen klassischer katalanischer Literatur. Seit den 1950er Jahren stieg die Verlagsproduktion steil an: 1950 gab es 50 katalanische Titel, 1954 schon 96, bis 1960 verdoppelte sich die Zahl nahezu auf 183. Besonders rapide war der Anstieg in den 1960er Jahren: 1966 erschienen 548 Publikationen, 1970 wurden bereits 4 500 Titel angeboten.

Betrachtet man den Aufschwung des Katalanismus seit den 1950er Jahren, so fällt eine erstaunliche Parallele zum ersten Aufblühen des nationalistischen Bewußtseins Ende des 19. Jahrhunderts auf. Eine Reihe struktureller Rahmenbedingungen, vor allem im wirtschaftlichen und sozialen Bereich, war durchaus vergleichbar: In beiden Fällen handelte es sich um eine Phase beschleunigter Industrialisierung, wobei während des Franquismus der tertiäre Sektor noch schneller wuchs als der sekundäre. In beiden Fällen stieg der allgemeine Wohlstand deutlich an, hinsichtlich vieler Modernisierungsindikatoren (Ausstattung der Haushalte mit langlebigen Gebrauchsgütern, BIP pro Kopf der Bevölkerung, Alphabetisierung) nahm die Region Spitzenpositionen ein, soziale Mobilität und Verstädterung führten zur Säkularisierung der Gesellschaft, die ökonomischen Wachstumspole zogen einen breiten Strom von Zuwanderern aus dem Süden an.

Der gravierendste Unterschied zwischen den beiden Phasen bestand in der anfänglich systematischen und brutalen Repressionspolitik des Franquismus, der die katalanische Ethnie zu eliminieren versuchte und Spanien endgültig als zentralistischen Einheitsstaat etablieren wollte. Die Unterdrückungsmaßnahmen hatten unmittelbar nach dem Bürgerkrieg eingesetzt: Es kam zu massenhaften Exekutionen, Tausende angeblicher Gegner wurden inhaftiert, Hunderttausende mußten ins Exil fliehen. Die öffentliche Verwaltung wurde »gesäubert« und durch linientreue Funktionäre aus anderen Landesteilen ersetzt. Alte Zeugnisse der Regionalkultur wurden beseitigt oder zerstört, Druckerzeugnisse durften nur noch in spanischer Sprache – nach entsprechender Zensur – erscheinen, Straßen- und Geschäftsnamen mußten ins Kastilische übersetzt werden. Bei Behörden und im öffentlichen Verkehr wurde die Verwendung des Katalanischen untersagt, Zuwiderhandlungen sollten hoch bestraft werden. Nicht einmal in der Schulpause sollten Kinder sich auf katalanisch unterhalten; sie durften sich ausschließlich »christlich« (*hablad cristiano!*), das heißt kastilisch, in der »Sprache des Reiches« (*la lengua del Imperio*) unterhalten.

Die schlimmsten Auswüchse dieser kulturellen Repression konnten nach 1945 überwunden werden. Allmählich durfte klassische katalanische Literatur wiederaufgelegt werden, das Katalanische konnte als Wissenschaftssprache verwendet werden. Zumeist blieben diese Äußerungen des kulturellen Katalanismus jedoch auf einige Intellektuelle und eine schmale Schicht von Gebildeten beschränkt. Daß viele Initiativen im Laufe der Jahre allerdings den engen Kreis einer geistigen Elite durchbrechen konnten, beweisen etliche Beispiele: Seit 1959 erschien, von der Abtei Montserrat herausgegeben, die erste anspruchsvolle katalanische Kulturzeitschrift, *Serra d'Or*, die von 12 000 Personen abbonniert wurde. Wenige Jahre später setzte ein kulturelles Phänomen ungeahnter Reichweite ein: die *cantautores* (Autoren-Sänger). Mit der ersten Gruppe, *Els Setze Jutges*, begann die *Nova Cançó*, eine Mischung aus populärem Lied und Protestsong, zugleich Ausdruck des regionalistischen und antifranquistischen Denkens und Fühlens in Katalonien. Der Valencianer Raimon und die Mallorquinerin María del Mar Bonet wurden zu Ikonen der musikalischen Bewegung und trugen zur Bewußtwerdung eines Zusammenhangs zwischen allen katalanischsprachigen Ländern bei (*Països Catalans*). 1961 wurde an der Universität Barcelona erstmalig ein Lehrstuhl für Katalanische Sprache und Literatur eingerichtet. Allmählich trauten sich die Katalanisten wieder aus ihrer Reserve heraus: 1963 äußerte sich der Abt von Montserrat, Aureli M. Escarré, einer französischen Zeitung gegenüber kritisch über den Franquismus (1965 wurde Escarré des Landes verwiesen); 1969 wurde, in Zusammenhang mit dem neuen Bildungsgesetz, eine massive Kampagne, die *Català a l'escola* (»Katalanisch in der Schule«) forderte, lanciert.

Da staatlicherseits die katalanische Kultur keinerlei Förderung erfuhr, sprangen private Institutionen ein, deren bedeutendste der 1961 von Industriellen und Intellektuellen gegründete Förderverein *Omnium Cultural* war, der 1963 seine legalen Aktivitäten unterbrechen mußte und erst 1967 definitiv legalisiert wurde. 1971 besuchten bereits 10 000 Studierende die von *Omnium Cultural* organisierten Katalanisch-Kurse, 1974 waren es schon 20 000. Neben dieser Organisation gab es eine ganze Reihe weiterer, deren Ziel die Propagierung der katalanischen Sprache und Kultur war; 1974 strahlte Radio Barcelona zum ersten Mal regulär ein katalanisches Programm aus.

Bald kam es auch zu anderen (eher symbolischen) Verbesserungen der kulturellen Lage in Katalonien: Anläßlich der Jahrestage der katalanischen Niederlage gegen die Bourbonen wurden Demonstrationen zugelassen, schrittweise erfolgte die Rückkehr zu katalanischen Bezeichnungen öffentlicher Einrichtungen, katalanische Rekruten brauchten ihren Wehrdienst nicht mehr außerhalb Kataloniens anzutreten. In den Kirchen des *Principat* wurde – schon lange vor der Reform des Zweiten Vatikanischen Konzils – immer wieder (halb legal) auf katalanisch gepredigt. Am erfolgreichsten war diese Rekatalanisierungstendenz bei der Besetzung von Bischofssitzen: Unter der Parole *Volem Bisbes Catalans* (»Wir wollen katalanische Bischöfe«) konnte eine breite Front machtvoll demonstrierender Nationalisten Ende der 1960er Jahre durchsetzen, daß wieder Katalanen die acht Bischofssitze des *Principat* einnahmen.

Kein Zweifel: Das Katalanische hatte sich im Franquismus trotz aller Unterdrückungsversuche durchgesetzt. Ganz offensichtlich hatte der Diktator die Vitalität der katalanischen Kulturbewegung unterschätzt. Ging er anfangs noch von dem Glauben aus, sie gewaltsam unterwerfen und den zentralistischen Strukturen einverleiben zu können, so mußte er noch zu Lebzeiten (1974) die Wiederzulassung des Katalanischen als Amtssprache hinnehmen. Franco konnte dem Prozeß der allmählichen Verselbständigung keinen Einhalt gebieten; im Gegenteil, er beschleunigte ihn. Die Repression des Katalanismus bewirkte außerdem, daß er sich als Bewußtsein einer gemeinsamen nationalen Identität der gesamten Region weit über die »Klassen«-Grenzen des Bürgertums hinaus ausbreiten konnte und später in der einen oder anderen Form nahezu jedes Parteiprogramm der Demokratie prägte. Hinzu kam, daß im Laufe der Jahre Vertreter katalanischer Interessen in Madrid bewirkten, daß die Benachteiligung der nordöstlichen Region insgesamt weniger harte Formen annahm als die der Baskenprovinzen.

Strukturelle Veränderungen
und Formen des Widerstandes

Zu den Repressionsmaßnahmen im symbolischen, kulturellen und erzieherischen Bereich kam eine massive Benachteiligung im sozioökonomischen Sektor. Denn der wirtschaftliche Aufschwung seit den 1950er Jahren erfolgte nicht dank staatlicher Förderung, sondern trotz behördlicher Behinderung. So durften etwa katalanische Unternehmer längere Zeit nicht in Katalonien selbst investieren, die Steuerabflüsse aus der Region waren viel höher als die staatlichen Zuwendungen zur Durchführung erforderlicher Verwaltungsaufgaben, der Ausbau der Infrastruktur konnte mit dem Expansionsrhythmus der Wirtschaft bei weitem nicht Schritt halten, und die Region blieb im Erziehungs- und Gesundheitswesen unterversorgt. Die Finanzabhängigkeit der Provinzen von der zentralstaatlichen Regierung war während des Franquismus überwältigend: 1970 entschied Madrid über die Verwendung von 92,6 % der Steuereinnahmen; 99,1 % der Provinzeinnahmen und 67 % der Kommunaleinnahmen wurden ebenso in Madrid festgelegt.

Der (auch finanzpolitische) Zentralismus wirkte sich äußerst ungünstig auf Katalonien aus: 1971/72 etwa betrugen die Steuereinnahmen in Katalonien 102 Milliarden Peseten, über Staatsausgaben flossen davon allerdings nur 42 Milliarden zurück. Die katalanische Steuerleistung lag bei einer Steuerlastquote von 21,1 % deutlich über dem spanischen Durchschnitt (17,5 %). Der Beitrag des *Principat* zum Steueraufkommen Spaniens betrug zwischen 28 % und 31 %. Umgekehrt jedoch lagen die Staatsausgaben pro Kopf in den katalanischen Provinzen weit unter dem Satz der kastilischen Kernregionen (Matthée 1988, S. 146-148). Katalanische Wirtschaftswissenschaftler beklagten immer wieder das Mißverhältnis zwischen (katalanischer) Produktionskapazität einerseits sowie mangelhafter sozialer Ausstattung und defizitärer öffentlicher Dienste andererseits, da dies die Wachstumschancen Kataloniens beeinträchtige. Die Verknüpfung von staatlich dekretiertem Kapitalabfluß und infrastrukturellem Defizit war lange Zeit verhängnisvoll für die politische, soziale und ökonomische Entwicklung des *Principat*.

Die spanische Wirtschaftspolitik der ersten zwei Jahrzehnte nach dem Bürgerkrieg schnitt die katalanische Wirtschaft durch eine Politik der (Halb-)Autarkie von ihren traditionellen Auslandsmärkten ab, bescherte ihr aber zugleich eine (Schein-)Blüte, indem die Hochschutzzollpolitik sie ausländischer Konkurrenz entzog und katalanische Produkte, vor allem aus der Textilbranche, problemlos in Restspanien abgesetzt werden konnten. In jenen Jahren stieg daher zwar das Produktionsvolumen, aber die Produktivität sank und Rationalisierungsmaßnahmen unterblieben.

Nach der wirtschaftspolitischen Wende von 1959 siedelten sich vermehrt ausländische Konzerne in Katalonien an, die – zusammen mit baskischen Finanziers und der Madrider Administration – den Übergang zu großen Produktionseinheiten bewerkstelligten. Daher konnte Katalonien auch am »spanischen Wirtschaftswunder« des »langen« Jahrzehnts der 1960er Jahre trotz seiner ungünstigen Startbedingungen nach 1939 überdurchschnittlichen Anteil nehmen. Die Anfangsphase war allerdings schwierig gewesen: Von 1945 bis 1957 lag die jährliche Wachstumsrate des Bruttoinlandprodukts im Durchschnitt unter dem spanischen Niveau; danach jedoch überflügelte Katalonien das restliche Spanien deutlich. Von 1955 bis 1975 konnte das *Principat* sein BIP bei einer jährlichen Wachstumsrate von 6,1 % (Spanien 5,8 %) mehr als verdreifachen. In den Jahren der franquistischen Diktatur wurde die katalanische Wirtschaftskraft absolut und relativ gestärkt, der Vorsprung vor anderen Regionen nahm zu. Über längere Zeiträume hinweg war das Bruttosozialprodukt Kataloniens das höchste aller spanischen Regionen. In der Spätphase des Franquismus (1967) trug Katalonien, Ramón Trías Fargas zufolge, bei einem Bevölkerungsanteil von 14,9 % rund 20 % zum spanischen Sozialprodukt bei. Der Flächenkonzentrationsgrad übertraf das spanische Mittel um das Dreifache.

Das überdurchschnittliche Wirtschaftswachstum Kataloniens in der Boomphase löste eine massenhafte Binnenmigrationsbewegung von den agrarisch-unterentwickelten in die sich rapide industrialisierenden Regionen des Landes aus. Zwischen 1950 und 1960 wanderte über eine Million Landarbeiter aus den agrarischen Gebieten Kastiliens, Extremaduras und Andalusiens in die industriellen Ballungszentren ab. Noch deutlicher läßt sich die Entvölkerung agrarischer Gebiete für das Jahrzehnt 1961-1970 nachweisen: In diesem Zeitraum sank die Bevölkerung von 23 Provinzen, das heißt von drei Fünfteln der Gesamtfläche des Landes. Vom Ende des Bürgerkrieges bis 1970 verloren die Agrargebiete durch Abwanderung insgesamt 3,14 Millionen Arbeitskräfte.

Barcelona wirkte demgegenüber seit den fünfziger Jahren wie ein Magnet. Katalonien registrierte nach 1939 zwanzig Jahre lang einen Jahresdurchschnitt von 50 000 Zuwanderern, von denen sich 90 % in der Provinz Barcelona niederließen. Zwischen 1950 und 1960 belief sich die Zahl der Zuwanderer auf fast 440 000, zwischen 1961 und 1965 auf ca. 800 000, von denen sich wiederum 50 % in Barcelona niederließen.

Zwischen 1950 und 1975 wuchs die Bevölkerung Kataloniens von 3,2 auf 5,6 Millionen Einwohner. Beim Tod Francos sprachen in Barcelona 47,7 % der Schüler katalanisch, im Industriegürtel um Barcelona herum waren es 29,2 %, während es im restlichen Katalonien 62,2 % waren. Die Besonderheiten der Stadtentwicklung Barcelonas hatten eine

Konzentration der Einwanderer bewirkt, die sich überwiegend in einem Gürtel von neuen Trabantenstädten rund um den alten Stadtkern gruppierten und dort quasi kaserniert waren. Bis zu einem gewissen Grade hatte somit der Franquismus eine »Kastilisierung von unten« durch die massenhafte Einwanderung bewirkt. Um 1970 war jeder zweite in Katalonien Wohnende entweder selbst außerhalb der Region geboren oder stammte von zugezogenen Eltern ab.

Die aufgezeigten Veränderungen im kulturellen und sozioökonomischen Bereich blieben nicht ohne Auswirkungen auf die katalanische Bewegung, die in Anbetracht der diktatorischen Regimestrukturen nur eine Widerstandsbewegung gegen die Repression sein konnte. Allerdings verhielt sich die katalanische Großbourgeoisie opportunistisch, wohl auch, weil sie zusehends von der spanischen Finanzoligarchie abhing. Unter diesen Umständen hing das Überleben der katalanistischen Einstellung vor allem von den mittleren und unteren Schichten ab, die zu Trägern verschiedener Bewegungen wurden. In den vierziger Jahren dominierten noch die überkommenen Organisationen aus den Zeiten der Zweiten Republik (Parteien und Gewerkschaften); der franquistische Repressionsapparat zerschlug aber wiederholt deren Strukturen im Landesinneren, und auch die Guerrillabewegungen jenes Jahrzehnts (*maquis*) blieben erfolglos. Daher bildeten sich schon früh alternative Organisationsformen heraus, die indes zumeist keinen dauerhaften Bestand hatten. Anfangs konzentrierte sich die autonomistische Bewegung auch auf die Verbreitung von Sprache und Kultur.

Mitte der fünfziger Jahre entstand dann ein neuer, stark katholisch geprägter Katalanismus, dem sowohl Bürgerliche als auch Arbeiter angehörten. *Cristians Catalans* (CC, »Katalanische Christen«) wurde, mit Jordi Pujol, zur wichtigsten Organisation dieser Bewegung, neben der sich noch zahlreiche andere, mehr oder minder erfolgreiche katalanistische Vereine herausbildeten. Viele waren sozialistisch orientiert, durchlitten Spaltungen, erlebten Fusionen, trugen aber alle in der einen oder anderen Form dazu bei, daß katalanistische Überzeugungen in der Illegalität überlebten.

Stark politisiert wurde die antifranquistische Bewegung seit den sechziger Jahren. Die politische und kulturelle Entwicklung dieses katalanischen Antifranquismus ist von Albert Balcells in drei Phasen unterteilt worden: Die erste (1962-1967) zeichnete sich durch die neue Dimension der Massenbewegungen, durch die schnelle Entwicklung kultureller Äußerungen in katalanischer Sprache und durch die Wiedergewinnung eines Bewußtseins für nationale Unterdrückung aus. Die zweite (1967-1971) bedeutete eine Krise des Katalanismus, da die Repression wieder zunahm und eine politische Liberalisierung ausblieb. Die dritte schließlich (1971-1975) stand bereits unter dem Einheitsimpuls der *Assemblea de Catalunya* und der verbreiteten Forderung nach Autonomie (Balcells 2004, S. 218-231).

In der ersten Phase bildete sich eine massenhafte Oppositionsbewegung unter den Studenten heraus, die das franquistisch-falangistische Zwangssyndikat für Studenten (SEU) ablehnte und sich in der unabhängigen »Demokratischen Studentengewerkschaft« (*Sindicato Democrático de Estudiantes*) unter maßgeblich kommunistischem Einfluß organisierte. In Katalonien stellte der studentische Kampf um frei gewählte Vertretungsorgane anstatt der staatlich verordneten Zwangssyndikate eine enge Verknüpfung zwischen dem neu erwachenden Katalanismus und den Forderungen nach mehr Demokratie her, nach Respektierung der Freiheitsrechte und einem pluralistischen Meinungsklima (Colomer i Calsina 1978). Die Universität von Barcelona zählte während des Franquismus stets zu jenen Hochschulen, die der Regierung am meisten Schwierigkeiten bereiteten. Insbesondere ab 1965 entwickelte die Universität als relativer Freiraum inmitten einer streng autoritär kontrollierten Gesellschaft eine beachtliche Eigendynamik. Einige der bekanntesten Führer des Katalanismus – etwa der spätere Regierungschef Jordi Pujol – gingen aus der frühen studentischen Protestbewegung der fünfziger Jahre hervor. In der zweiten Hälfte der sechziger Jahre kam es zu zahlreichen Zusammenstößen zwischen Universitätsangehörigen und franquistischer Staatsgewalt, ab 1968 übernahmen abgespaltene extremistische Gruppierungen die Führung des studentischen Kampfes. In diese Phase fielen auch die Erfolge der Arbeiterkommissionen, die in Katalonien den Arbeiterkampf mit der Forderung nach Autonomie verbanden (Ludevid Anglada 1977).

1970 versammelten sich in der Benediktinerabtei Montserrat, die selbst ein Symbol für kulturelle Autonomie und Eigenständigkeit Kataloniens war, fast 300 Intellektuelle zum Protest gegen Todesstrafe und Diktatur. Sie verkündeten das weltweit beachtete »Manifest von Barcelona«. Die Unterzeichner verurteilten den laufenden Burgosprozeß gegen ETA-Mitglieder, forderten eine Nichtigerklärung der Urteile, eine Generalamnestie für alle politischen Häftlinge, die Abschaffung der Sondergerichtsverfahren sowie der Todesstrafe. Sie beendeten das Manifest mit den Worten: »Ein wahrhaft demokratischer Staat ist zu schaffen, der die Ausübung der demokratischen Freiheiten und der Rechte der Völker und Nationalitäten, die den spanischen Staat bilden, einschließlich des Rechts auf Selbstbestimmung, gewährleistet.«

Aus den zahlreichen illegalen und alegalen politischen Gruppierungen Kataloniens ging 1971 die *Assemblea de Catalunya* (»Versammlung von Katalonien«) hervor, die an einem geheimen Ort außerhalb Barcelonas über 300 Delegierte vereinigte und in den Folgejahren regelmäßig zusammentrat. Die Versammlung forderte eine Generalamnestie für politische Gefangene und Exilanten, das Recht auf Ausübung demokratischer Freiheiten, die provisorische Wiederherstellung der Institutionen des Autonomiestatuts von 1932 und eine Koordinierung der »hispanischen Völker« gegen die Diktatur. Der *Assemblea* gelang es, in über 40 Ortschaften Kataloniens vertreten zu sein, in den letzten Jahren des Franquismus viele Aktivitäten durchzuführen und der antifranquistischen Opposition in Katalonien ein klares politisch-nationalistisches Profil zu geben.

Die Bürgerkriegssieger waren nach 1939 mit der Absicht angetreten, ein zentralistisch-einheitliches Spanien zu formen. Kulturelle Unterschiede sollten eingeebnet, politische Sonderbestimmungen eliminiert werden. Am Ende des Regimes jedoch war die Situation grundlegend anders als ursprünglich vorgesehen: Politisch hatte Katalonien zwar keines seiner früheren Sonderrechte zurückerlangen können; die katalanische Identität aber war sprachlich und kulturell ausgeprägter denn je. Seit Jahren wurden in Demonstrationen gegen das Regime Autonomie für Katalonien und Institutionalisierung der kulturellen Eigenarten gefordert. Es war zu erwarten, daß diese Forderungen nach Francos Tod verstärkt vorgetragen und politische Veränderungen stattfinden würden.

II.
Katalonien im demokratischen Spanien

Von Peter A. Kraus

Ein Slogan, der immer wieder auf sportlichen oder kulturellen Großveranstaltungen auftaucht, die in Katalonien stattfinden und die Aufmerksamkeit der internationalen Medien auf sich ziehen, lautet: *Catalonia is not Spain*. Nationalistische Aktivisten nutzen gerne die Gelegenheit, der Weltöffentlichkeit vor laufenden Kameras eine Botschaft zu vermitteln, die tatsächlich nicht wenige Katalanen teilen. Im Slogan steckt einerseits eine politische Willensbekundung, über die man geteilter Meinung sein kann. Andererseits mag man auch gewillt sein, die Erklärung in abgeschwächter Form eher als soziologische Aussage zu verstehen, die sich auf strukturelle Merkmale von Kultur und Gesellschaft Kataloniens und soweit auf konkret greifbare Phänomene bezieht. Unter einem solchen Blickwinkel betrachtet, gibt es in der Tat eine starke Abweichung Kataloniens von dem klischeelastigen Spanienbild mit Flamenco, Stierkampf und Sangría, wie es auch in Deutschland noch verbreitet ist. Nichtsdestoweniger steht außer Frage, daß Katalonien seit langer Zeit Teil des spanischen Staates ist und daß seine Geschichte vor allem auch die Geschichte seiner Beziehungen zum »übrigen« Spanien und zur Zentralgewalt ist (ebenso wie das moderne Spanien ohne Katalonien schlechterdings nicht vorstellbar ist).

Die Beobachtung gilt auch für die jüngste Vergangenheit und Gegenwart: Katalanische Politik spiegelt die von Außenstehenden oft nicht weiter hinterfragte, für viele Katalanen jedoch problembehaftete Einbindung der Autonomen Gemeinschaft in den spanischen Kontext. Wie auch immer man die katalanisch-spanischen Beziehungen nun bewerten mag: Ein Beitrag wie dieser kann nicht umhin, auf die politische Situation in Spanien insgesamt einzugehen. Ohne deren Kenntnis ist es kaum möglich, die Entwicklungen in

Katalonien selbst zu verstehen. Die 2003 mit der Übernahme der *Generalitat* durch das von Pasqual Maragall angeführte Linksbündnis beginnende Etappe, die nach erheblichen Turbulenzen 2006 zur Verabschiedung eines neuen Autonomiestatuts führte, hat erneut gezeigt, wie sehr die katalanische Frage das politische Panorama Spaniens beherrschen kann. Vieles deutet darauf hin, daß Katalonien, auf weitaus weniger dramatische Weise als das Baskenland, aber nicht weniger ernst zu nehmende, auf lange Sicht eine der großen Herausforderungen der spanischen Demokratie bleiben wird. In diesem Kapitel geht es in erster Linie um eine Bestimmung der politischen Identität Kataloniens in der Gegenwart. Dazu ist es notwendig, Katalonien gerade auch in seinem Verhältnis zu Spanien (und zu Europa) zu betrachten, denn nur aus diesem Verhältnis heraus wird verständlich, wie das Kräftefeld des Katalanismus funktioniert.

Noch eine Anmerkung zum Sprachgebrauch: Wie die Präambel des Autonomiestatuts von 2006 ausführt, ist Katalonien für das Gros seiner Bürger und seiner politischen Kräfte eine Nation. Diese Sichtweise ist insbesondere (aber nicht nur) für spanische Konservative ein Affront, der semantisch der Spaltung Spaniens den Weg bereitet. In Anlehnung an die Verfassung von 1978 verwendet das katalanische Statut (wie es auch andere Autonome Gemeinschaften tun) im übrigen den Terminus »Nationalität«, der als Kompromißformel zwischen den Nationalismen des (spanischen) Zentrums und der (katalanischen) Peripherie angesehen werden kann. Der folgende Text übernimmt im Kern die katalanische Auffassung und macht keinen grundlegenden Unterschied zwischen »Nation« und »Nationalität«. Schließlich ist es im akademischen wie nichtakademischen Sprachgebrauch durchaus üblich, den Begriff der Nationalität zu gebrauchen, wenn von Nationen ohne Staat die Rede ist. Konzepte wie »Region« oder »regional« werden von den meisten Katalanen als abwertend wahrgenommen, wenn es um die Bezeichnung ihres Heimatgebiets und seiner Besonderheiten geht. Dahinter steht nicht zuletzt die Erfahrung mit dem spanischen Nationalismus und dem Franquismus, die systematisch darum bemüht waren, Katalonien als eine spanische Region (unter vielen) einzustufen, um so den Eigencharakter der Katalanen zu negieren. Daher sei hier noch explizit darauf hingewiesen, daß der gelegentliche Rekurs auf die Kategorien »Region« und »regional« in diesem Kapitel im wesentlichen der Vermeidung umständlicher Paraphrasen zur Benennung des katalanischen Territoriums dienen soll; eine politische Wertung ist damit keineswegs beabsichtigt.

Katalonien in der *transición*

Der Übergang zur Demokratie nach Francos Tod – im Spanischen und Katalanischen kurz als *transición* bzw. *transició* bezeichnet – stellte langfristig die Weichen für die politische Entwicklung in ganz Spanien und damit auch in Katalonien. Katalonien spielte im Übergangsprozeß ähnlich wie das Baskenland eine herausragende Rolle. Die demokratischen Kräfte Kataloniens, die mit dem Ende der Diktatur allesamt den Wunsch nach Autonomie verbanden, waren in den Jahren von 1975 bis 1978 einer der Motoren des politischen Wandels in Spanien und leisteten einen maßgeblichen Beitrag zum Gelingen der umfassenden Transformationen nach Franco. Freilich zwangen die institutionellen Realitäten, die der Diktator hinterlassen hatte, sie zu weitreichenden Konzessionen. Unter den Anhängern des alten Regimes innerhalb des Staatsapparats und des Militärs weckte die Vorstellung einer Wiederherstellung der katalanischen wie der baskischen Autonomie nämlich massive Vorbehalte, die den Weg zur politischen Dezentralisierung behinderten. So war das in der Verfassung von 1978 entworfene Autonomiemodell durch zahlreiche Kompromißformeln gekennzeichnet, die die Stellung der historischen Nationalitäten und der Regionen gegenüber der Zentralgewalt in entscheidenden Punkten nicht klar definierten und viel politischen Interpretationsspielraum für widerstreitende Sichtweisen enthielten. Der Zwang zur nicht immer harmonischen Abstimmung unterschiedlicher (spanischer, katalanischer und anderer) nationaler Projekte im Rahmen einer geteilten Staatsordnung implizierte für Spanien dauerhafte und bis heute anhaltende innenpolitische Konflikte.

Die politische Kräftekonstellation
zu Beginn der Demokratisierung

In Katalonien war in der Spätphase des Franquismus ein breitgefächertes oppositionelles Bündnis für Demokratie und Autonomie entstanden. Das Zusammenspiel von Arbeiterprotest, studentischen Mobilisierungen und den Aktivitäten von Intellektuellengruppen, Bürgerinitiativen und Oppositionsparteien gipfelte 1971 in der Gründung der *Assemblea de Catalunya* (Versammlung Kataloniens). Auf dem Programm der *Assemblea* standen drei Hauptforderungen: Demokratie, Amnestie und Autonomie. Sie wurden von allen antifranquistischen Kräften in Katalonien geteilt. Die katalanische Opposition gegen Franco verfügte über einen signifikanten gesellschaftlichen Rückhalt. Ungeachtet ihrer Binnendifferenzierung trat sie mit großer Geschlossenheit auf, was ihr eine bemerkenswerte öffentliche Sichtbarkeit gab. Gerade ihre relative Stärke und ihre Geschlossenheit unterschieden sie deutlich von der Opposition gegen die Diktatur in anderen Teilen Spaniens. Auch wenn der Protest gegen das autoritäre Regime nach 1960 überall anwuchs, erreichte der Antifranquismus im gesamtspanischen Kontext nicht die Dimensionen einer politischen Massenbewegung. In Katalonien ergab sich hingegen ein anderes Bild: Hier hatte sich ein breites demokratisch-autonomistisches Bündnis herausgebildet, dem neben bürgerlichen und radikalen Nationalisten auch die Arbeiterorganisationen und Linksparteien sowie christliche Gruppierungen angehörten. 1977 verdeutlichten die Ergebnisse der Wahlen zum spanischen Parlament – den ersten demokratischen Wahlen seit 1936 – die Stärke dieses Bündnisses in Katalonien.

Gegenüber der Zeit vor 1939 war die Situation insofern neu, als die Integrationskraft der Autonomiebewegung soziale Scheidelinien überwölbte und zu einem breiten politischen Grundkonsens führte, der über Klassengrenzen hinweg wirksam war. Der Franquismus leistete mithin einen gewichtigen unfreiwilligen Beitrag dazu, daß sich in Katalonien eine starke kollektive Identität auf einem neuen Niveau herausbilden konnte. Darüber hinaus waren die Mobilisierungen gegen das Franco-Regime in Katalonien und im Baskenland trotz ihrer regionalen Begrenztheit intensiv genug, um zu bewirken, daß die Verklammerung von Demokratie- und Autonomieforderungen nach und nach auch über das Gebiet der historischen Nationalitäten hinaus auf wachsende Resonanz stieß.

Katalonien kann als Paradebeispiel dafür gelten, wie sehr die von Franco immer wieder rituell beschworene »Einheit der Menschen und der Gebiete Spaniens« auch vierzig Jahre nach dem Bürgerkrieg ein autoritäres Wunschbild geblieben war. Mit dem demographischen Gewicht der historischen Nationalität (um 1975 rund 16 % der spanischen Gesamtbevölkerung) korrespondierte ein weiterhin stark ausgeprägtes soziokulturelles Differenzierungspotential. Allerdings hatte sich das Profil der katalanischen Gesellschaft unter Franco in vielerlei Hinsicht auch nachhaltig verändert. Während des wirtschaftlichen Booms der 1960er Jahre zogen die vier katalanischen Provinzen und insbesondere der Großraum Barcelona Hunderttausende von Migranten vor allem aus dem ärmeren Süden Spaniens an: So stammten 1970 rund 40 % der katalanischen Wohnbevölkerung nicht aus Katalonien selbst. Aus Sicht der Aufnahmegesellschaft beinhaltete diese Dynamik aufgrund der institutionell prekären Stellung der katalanischen Kultur und insbesondere der katalanischen Sprache eine nicht unerhebliche Herausforderung. Zugleich implizierte der Modernisierungsschub, der ganz Spanien nach 1960 erfaßte, daß sich die ökonomische Sonderstellung Kataloniens abschwächte. Die Region blieb wohlhabend, doch mehrere andere Regionen schlossen zu ihr auf. Vor diesem Hintergrund ist festzuhalten, daß das mächtige Wiederaufleben des Katalanismus nach 1975 nicht allein aus dem Fortbestehen soziokultureller und sozioökonomischer Differenzierungsmerkmale begreifbar wird. Mindestens ebenso wichtig sind die politischen Faktoren, die dafür sorgten, daß der Katalanismus abermals zu einem Synonym des zivilen Widerstands gegen autoritäre Machtausübung und zentralistische Unterdrückung wurde.

Mit den Wahlen von 1977 war ein erster Meilenstein der demokratischen Umgestaltung Spaniens und Kataloniens erreicht. Die katalanischen Wahlergebnisse brachten eine spezifische Dynamik des politischen Wandels zum Ausdruck, die sich klar von der gesamtspanischen Konstellation abhob. Ihr Hauptkennzeichen war, daß die zwei Parteien, die im Kern jeweils für die konservativen und für die reformorientierten Sektoren des alten Regimes standen, nämlich die Volksallianz bzw. die Zentrumsunion, in Katalonien zusammen nur ein Fünftel der abgegebenen Stimmen erhielten, während sie in Spanien insgesamt bei 43 % lagen. Die Schwäche der »spanischen« Rechten ist eine Konstante der katalanischen Politik geblieben: Sie mag einer der Faktoren sein, die erklären, warum antikatalanische Untertöne auch heute noch im Diskurs vieler spanischer Konservativer nicht zu überhören sind.

Ein wichtiges Bindeglied zwischen katalanischer und spanischer Politik ist der PSC, die Partei der katalanischen Sozialisten. Sie ging aus der Vereinigung »katalanisch« und »spanisch« orientierter Gruppierungen hervor und ist dem PSOE (der Spanischen Sozialistischen Partei) angegliedert. Die Fusion brachte Vertreter der urbanen katalanischen Mittelschichten und der immigrierten Arbeiterschaft zusammen. Sie sollte nicht zuletzt eine Spaltung der gemäßigten Linken nach nationalen Zugehörigkeiten vermeiden. In diesem Bestreben war der *Partit dels Socialistes de Catalunya* zweifelsohne erfolgreich. Er mußte dafür häufig den unbequemen Spagat aushalten, die Vertretung katalanischer Interessen mit der Loyalität gegenüber der PSOE-Zentrale in Madrid abzustimmen. Im Laufe der Jahre hat sich der PSC mehr und mehr darum bemüht, Profil als eigenständige Partei zu zeigen. Nach 1990 hat unter dem Einfluß von Pasqual Maragall sein Katalanismus nach außen spürbar an Gewicht gewonnen. Neben den gemäßigten Nationalisten von CiU ist der PSC in den vergangenen Jahrzehnten eine der zwei führenden Parteien in Katalonien geblieben.

Er hatte zunächst noch einen starken Rivalen in den Kommunisten des PSUC (*Partit Socialista Unificat de Catalunya*), einer Partei, die geradezu emblematisch für den antifranquistischen Widerstand in Katalonien stand. Programmatisch war der PSUC auf eurokommunistischem Kurs und unterschied sich daher nicht substantiell von den Sozialisten. Bis 1980 bei Wahlen noch annähernd so stark wie der PSC, geriet die Partei dann in eine schwere Krise, die schließlich zu ihrer Auflösung führte. Ein Teil des dadurch links von den Sozialisten frei gewordenen politischen Raums wird inzwischen von der grün-alternativen IC (*Iniciativa per Catalunya*) besetzt.

Jordi Pujols CDC (*Convergència Democràtica de Catalunya*) wurde mit den Wahlen von 1977 zur hegemonialen Kraft des gemäßigten katalanischen Nationalismus. Sie war als Sammelbecken einer Reihe kleinerer liberaler, christdemokratischer und sozialdemokratischer Gruppierungen mit prononciert nationalistischer Orientierung entstanden. In ihrem klassenübergreifenden Programm verknüpfte sie die Ziele der ökonomischen Modernisierung und der Sozialpartnerschaft. Ihren ideologischen Kern hatte (und hat) sie wiederum in dem Anspruch der Wahrung relativ traditionell verstandener katalanischer Identitätsmerkmale. Die Partei ging 1978 eine bis heute andauernde Verbindung mit der Partei der katalanischen Christdemokraten ein, der

UDC (*Unió Democràtica de Catalunya*). Für diese Verbindung steht das Kürzel CiU (*Convergència i Unió*). Unter der Ägide des charismatischen Jordi Pujol sollte die Koalition mehr als zwei Jahrzehnte lang die katalanische Politik beherrschen: Pujol amtierte von 1980 bis 2003 als Präsident der *Generalitat*, der katalanischen Regierung. Das von ihm angeführte Parteienbündnis sah sich in dieser Zeit gerne als eigentlicher Sachwalter der Werte des katalanischen Nationalismus. Zugleich übte es sich im Hinblick auf die politische Umsetzung seiner nationalistischen Ziele in Mehrdeutigkeit. Auch wenn die Koalition rhetorisch das Recht der Katalanen auf Selbstbestimmung einklagte, suchte sie pragmatisch bilaterale Absprachen mit den Madrider Regierungen.

Die Tradition des Linksnationalismus, der in der Zweiten Republik das politische Geschehen in Katalonien bestimmt hatte, vertrat die *Esquerra Republicana de Catalunya* (ERC). Sie verknüpfte sozialliberale Positionen mit dem Anspruch auf volle Souveränität für Katalonien. Die »Republikanische Linke« konnte zunächst nicht an ihre großen politischen Erfolge der 1930er Jahre anknüpfen, stand klar im Schatten von *Convergència i Unió* und wurde nach 1980 durch interne Richtungskämpfe zunehmend geschwächt. Sie hat in der jüngsten Vergangenheit aber wieder massiv an politischem Gewicht gewonnen und ist zum parlamentarischen Sprachrohr der Sektoren geworden, die für ein unabhängiges Katalonien eintreten.

Mit den Wahlen von 1977 entstanden in Spanien und Katalonien unterschiedliche Parteiensysteme. Der eigenständige Charakter der katalanischen Politik hat sich seitdem verstärkt. Die Tendenz betrifft vor allem die notorische Schwäche der spanischen Rechten in der nordöstlichen Peripherie. Im gesamtspanischen Kontext betrachtet, wurde der Verlauf der *transición* ganz wesentlich von dem annähernden politischen Kräftegleichgewicht zwischen (ex)-

franquistischen Reformern und demokratischer Opposition bestimmt, das sich letztlich als Gleichgewicht zwischen den Kräften der Kontinuität und des Wandels verstehen läßt. In Katalonien hatte dieses Gleichgewicht keine Entsprechung. Mit der größeren Bedeutung des antifranquistischen Spektrums korrespondierte ein starker Wunsch nach umfassender politischer Dezentralisierung. Zugleich war die politische Landschaft Kataloniens (im Gegensatz zu derjenigen des Baskenlands, mit der sie sonst manches gemeinsam hatte) von einer ausgeprägten Konsensorientierung in zentralen institutionellen Fragen gekennzeichnet: Das Gros der politischen Akteure teilte das Anliegen, mit den Strukturen des autoritären Einheitsstaats zu brechen und die katalanische Autonomie rasch auf einem möglichst hohen Niveau wiederherzustellen. So waren die katalanischen Parteien im Demokratisierungsprozeß bis zur Verabschiedung des Autonomiestatuts stark um ein geschlossenes Auftreten bemüht. Spezifische territorialpolitische Präferenzen, die vom Föderalismus von Sozialisten und Kommunisten über das bilaterale Verständnis der spanisch-katalanischen Beziehungen von Pujols gemäßigten Nationalisten bis hin zu den Unabhängigkeitsbestrebungen in der *Esquerra* reichten, traten demgegenüber zurück. Für den demokratisch-autonomistischen Grundkonsens der Katalanen wurden die Unwägbarkeiten und Restriktionen des postautoritären Regimewandels auf gesamtstaatlicher Ebene zur Bewährungsprobe.

Katalanische Frage und Verfassungspakte

Die seit dem 19. Jahrhundert notorischen Probleme der Nationalstaatsbildung in Spanien waren durch die Franco-Diktatur letzten Endes nur verstärkt worden. Auch außerhalb Kataloniens und des Baskenlands schien der Diskurs des spanischen Nationalismus aufgrund seiner Instrumentalisierung durch die Diktatur vielen Bürgern nur noch hohle Rhetorik. So kam es nach 1975 zu einem komplizierten Zusammenfall von demokratischen und nationalen Fragen. Letztere stellten sich zum einen für die sogenannten historischen Nationalitäten, insbesondere für das Baskenland und Katalonien, die ihre spezifischen Differenzierungsmerkmale in den Bereichen von Sprache, Geschichte, Recht und Kultur politisch anerkannt sehen wollten. Aber auch Spanien stand abermals vor der Herausforderung, sich einer weiterhin offenen nationalen Frage stellen zu müssen. Die Krise des Franco-Regimes hatte sich schnell zu einer Krise der von diesem Regime begründeten territorialen Herrschaftsordnung ausgeweitet. Das überkommene Modell des Einheitsstaats war nicht mehr zu halten.

Die spanische Verfassung von 1978 ist ein Symbol der Bemühungen, unter demokratischem Vorzeichen eine Antwort auf das vertrackte Nebeneinander nationaler Fragen zu formulieren. Unmittelbar nach den ersten demokratischen Wahlen – also zu Beginn der verfassunggebenden Periode – entschied sich die spanische Exekutive unter Adolfo Suárez zu einem folgenschweren Schritt: Sie beschloß, ihre ersten Maßnahmen zur politisch-administrativen Dezentralisierung auf das gesamte Staatsgebiet auszudehnen. Neben Katalonien, dem Baskenland und Galicien (den drei sogenannten historischen Nationalitäten) sollte auch einem guten Dutzend weiterer Regionen künftig der Autonomiestatus zugestanden werden. Dahinter steckte die umstrittene Strategie des *café para todos*, des »Kaffee für alle«, wie die Generalisierung der Autonomie auf spanisch nicht ohne Ironie bezeichnet wurde. Die Strategie zielte nicht zuletzt darauf, den besonderen Charakter der Forderungen von Basken und Katalanen dadurch zu relativieren, daß die Autonomie zu einer gesamtspanischen politischen Organisationsform gemacht wurde.

Trotz dieses Schachzugs blieb die Sprengkraft der Autonomieproblematik im verfassunggebenden Prozeß außerordentlich groß. Aus katalanischer Sicht prallten bei der Behandlung der Frage der territorialen Machtverteilung äußerst widersprüchliche Kräfte und Vorstellungen zusammen: Auf der einen Seite standen der Versuch postfranquistischer Eliten, die politischen Prärogativen der Zentralgewalt zu wahren, sowie die Warnungen des Militärs, es würde keinerlei Gefährdung der Einheit Spaniens dulden; auf der anderen Seite standen das föderalistische Selbstverständnis von Sozialisten und Kommunisten sowie das Ansinnen von Katalanen und Basken, den spanischen Staat zu einem Vielvölkerstaat umzugestalten. Die in diesem Kräftefeld angelegten Spannungen treten in Artikel 2 der Verfassung kaum verklausuliert zutage. Der Artikel beginnt mit einem emphatischen Bekenntnis zur unauflöslichen Einheit der spanischen Nation, die als gemeinsames und unteilbares Vaterland aller Spanier ausgewiesen wird; unmittelbar danach gesteht er den »Nationalitäten und Regionen, die Bestandteil der Nation sind«, das Recht auf Autonomie zu. Der entsprechende Passus ist von Jordi Solé Tura, einem katalanischen Mitglied der Kommission, die mit der Ausarbeitung des Verfassungsentwurfs betraut war, als regelrechte Synthese der widersprüchlichen Faktoren bezeichnet worden, die den Umbau der Staatsstrukturen im Übergang zur Demokratie beeinflußt haben. Tatsächlich bleiben diese Widersprüche im unorthodoxen Versuch, zwei geradezu konträre Ordnungsmodelle zusammenzuführen, kaum verborgen: Nach der Beschwörung der Unteilbarkeit der spanischen Nation wird das Bild der Unteilbarkeit im gleichen Atemzug durch die Einführung des Konzepts der Nationalitäten aufgeweicht. Allerdings wird die politische Bedeutung des Konzepts nirgendwo in der Verfassung weiter konkretisiert.

Auch die Formel »Kaffee für alle« erweist sich als nicht

ganz präzise, wenn man die Verfassungsabschnitte durchsieht, die der territorialen Staatsorganisation gewidmet sind. Vorgesehen ist dort nämlich im Kern die Schaffung von zwei unterschiedlichen Autonomietypen. Je nach Typ fällt das Niveau der vom Zentralstaat übernommenen Kompetenzen höher oder niedriger aus. Neben »regulären« Autonomen Gemeinschaften konnten auch Gemeinschaften mit Spezialstatuten geschaffen werden. Die Option der umfassenderen Autonomie blieb aber prinzipiell auf die Gebiete beschränkt, in denen es bereits unter der Zweiten Republik zur plebiszitären Verabschiedung von Regionalstatuten gekommen war. Dies waren die Gebiete der »historischen Nationalitäten«, zu denen neben Katalonien und dem Baskenland auch Galicien zu zählen ist. Den Gemeinschaften mit einem gewöhnlichen Statut wurde in Aussicht gestellt, ihr Kompetenzniveau nach einer Übergangszeit anheben zu können. Der mit einem Spezialstatut verbundene Autonomietyp war vor allem eine Konzession an die Forderungen von Katalanen und Basken. Unterm Strich war der »Kaffee für alle« also nicht für alle der gleiche Kaffee, und er sollte im nachhinein auch nicht allen Beteiligten gleich gut schmecken.

Der Verfassungstext enthält außerdem ein grobes Raster zur Aufteilung von Kompetenzen zwischen Zentralstaat und Autonomen Gemeinschaften. Die Implikationen dieser Aufteilung für die katalanische Autonomie werden im nächsten Unterkapitel erläutert. Generell vermeidet es die Verfassung, präzise Kriterien für die Übertragung von Zuständigkeiten an die Autonomen Gemeinschaften zu benennen. Letzten Endes waren die Verfassungspakte hinsichtlich des Staatsaufbaus dilatorische Kompromisse zwischen den Verfechtern einheitsstaatlicher und bundesstaatlicher Ordnungsmodelle. Viele konkrete Fragen der politisch-institutionellen Stellung von Nationalitäten und Regionen im Verhältnis zum Zentralstaat blieben ungeklärt. Die politische

Dezentralisierung wurde damit zu einem Gegenstand fortgesetzter und mehr oder weniger intensiv geführter Verhandlungen. Im Rückblick lassen sich die Territorialpakte von 1978 zwar als Abkehr vom autoritären Modell des zentralistischen Einheitsstaats interpretieren. Doch führte diese Abkehr nicht zur Etablierung einer multinationalen Föderation, wie sie Teile der spanischen Linken und der katalanischen Nationalisten angepeilt hatten.

Aus dem Blickwinkel des Katalanismus war das Ergebnis der Pakte mithin nicht optimal. Nichtsdestoweniger erschien gerade die Vieldeutigkeit der konstitutionellen Autonomiebestimmungen eher als Vorteil. Angesichts der Restriktionen des zwischen Exfranquisten und demokratischer Opposition paktierten Reformprozesses sprach vieles dafür, die konkrete Ausgestaltung der Autonomie offenzulassen. Der Spielraum für weiterreichende Dezentralisierungsschritte bei der Umsetzung der Autonomieformel wurde durch die Verfassung im Prinzip kaum begrenzt. Zugleich blieb den katalanistisch orientierten Gruppierungen keine andere Wahl, als den faktischen Rahmen des spanischen Transformationskontexts nach Franco anzuerkennen, der auch den Verlauf des Wandels in Katalonien maßgeblich beeinflußte. Charakterisiert wurde dieser Rahmen einerseits durch das annähernde Patt zwischen den Blöcken der Rechten und der Linken auf der Ebene der gesamtstaatlichen Politik; daraus ergab sich zugleich ein Patt von zentralistischen und föderalistischen Präferenzen. Andererseits schwebte gerade über der Regelung des künftigen Status von Nationalitäten und Regionen im Übergang zur Demokratie das Damoklesschwert einer Intervention der Streitkräfte, die eine der tragenden Säulen des Franco-Regimes gebildet hatten und deren Führungssektoren sich nach wie vor als Wächter über die »Einheit der spanischen Nation« betrachteten. Kaum jemand in Katalonien bezweifelte, daß die Verfassungskompromisse in Anbetracht der Möglichkeit einer autoritären Involution einen akzeptablen Lösungsansatz darstellten, auch wenn sie die Wünsche nach Eigenständigkeit nur partiell erfüllten.

So war in den Reihen der Politiker, die nach den Wahlen von 1977 die Anliegen Kataloniens im spanischen Parlament vertraten, insgesamt die Bereitschaft groß, den Verfassungspakten aktiven Rückhalt zu geben. Allein Heribert Barrera, der Vertreter der *Esquerra Republicana*, enthielt sich bei der Abstimmung über die Verfassung der Stimme, weil er das Recht Kataloniens auf Selbstbestimmung nicht hinreichend gewährleistet sah. Die übrigen Repräsentanten katalanischer Parteien votierten für die Verfassung und die darin enthaltenen Autonomieregelungen. Sowohl PSC und PSUC als auch die gemäßigten Nationalisten von CiU hatten die Territorialpakte von 1978 mitgestaltet. Gewiß machte sich im katalanischen Lager niemand Illusionen über die Bereitschaft der politischen Eliten des Zentralstaats, bei der Konkretisierung des Autonomiemodells großzügig zu verfahren. Dennoch überwog die Auffassung, den gegebenen Verhandlungsspielraum in Anbetracht der faktischen Veto-Position des Militärs ausgeschöpft zu haben; und es bestand allgemeine Zuversicht, daß die Offenheit der Verfassungskompromisse eine tragfähige Basis für den Aufbau der Autonomie bot. Diese Einschätzung schlug sich offenkundig auch im Stimmverhalten der katalanischen Bürger im Plebiszit über die Verfassung nieder: 90 % sprachen sich (bei einer Beteiligung von 70 %) dafür aus, die Vorlage anzunehmen.

Der spanische Staat der Autonomen Gemeinschaften ist das Ergebnis des Zusammenspiels von demokratischen und nationalen Fragen am Ende der Franco-Diktatur. Katalonien hatte großen Anteil daran, daß der Umbau der Staatsstrukturen auf eine Weise in Angriff genommen werden konnte, die sich stabilisierend auf den Demokratisierungsprozeß auswirkte. Das Gelingen der politischen Transformationen nach Franco hat dem Kompromißwillen und der Mäßigung der Hauptkräfte der katalanischen Opposition viel zu verdanken. Die überaus konstruktive Rolle katalanischer Akteure in Spaniens Übergang zur Demokratie hängt nicht zuletzt damit zusammen, daß der Katalanismus ungeachtet seiner Verknüpfung mit sprachlich-kulturellen Motiven seit jeher weitaus mehr als »zivile« denn als »ethnische« Bewegung anzusehen ist. Er richtet sich daher nicht gegen ethnisch definierte Gegner, wie es etwa die »Spanier« oder die »Kastilier« sein könnten, und läßt sich insofern auch nicht mit irgendwelchen Strategien einer ethnopolitischen Konfliktzuspitzung in Verbindung bringen. Die primäre Zielscheibe der katalanischen Mobilisierungen waren in den vergangenen hundert Jahren vielmehr der spanische Staat und die Strukturen eines autoritären Zentralismus, der unter Franco extreme Formen angenommen hatte. Gegen diese Strukturen galt es nun mit der Rückgewinnung der Autonomie anzugehen.

Die Wiederherstellung der Autonomie

Nach seiner Eroberung durch die Truppen General Francos in der Endphase des Bürgerkriegs hatte Katalonien vierzig Jahre warten müssen, bis es wieder den Weg in die Autonomie beschreiten konnte. Ein von katalanischen Abgeordneten gebildeter Ausschuß arbeitete zunächst den Entwurf eines neuen Autonomiestatuts aus. Das *Estatut de Sau* (benannt nach seinem Entstehungsort im katalanischen Landesinneren) wurde dann der Exekutive und dem Parlament in Madrid zur Prüfung und Ratifizierung vorgelegt. Nach den entsprechenden Abänderungen erfolgte ein Referendum über das Statut in Katalonien. Die Annahme des Statuts führte schließlich zur Abhaltung von Wahlen und zur Regierungsbildung in Katalonien.

Bei der Ausarbeitung des Statuts ging die katalanische Kommission nach einem einfachen Prinzip vor: Alle Zuständigkeitsbereiche, die die Verfassungsbestimmungen nicht explizit dem spanischen Staat vorbehielten, wurden der Regierung und Administration Kataloniens, der *Generalitat*, zugeordnet. In vielen Politikfeldern ergaben sich daraus geteilte bzw. konkurrierende legislative Befugnisse. Bei den Beratungen im spanischen Parlament kam es erwartungsgemäß zur Absenkung des von den Vertretern Kataloniens ursprünglich angestrebten Kompetenzniveaus. Wie im Verfassungsprozeß wurde bei besonders umstrittenen Fragen um Kompromißformeln gerungen: In solchen Fällen wurde etwa bei der Aufzählung der Kompetenzen der *Generalitat* ein Passus hinzugefügt, der die Kompetenzübertragung unter den Vorbehalt stellte, die verfassungsmäßigen Befugnisse des spanischen Staates nicht verletzen zu dürfen; oder die von den Katalanen beanspruchten exklusiven Kompetenzen für Bildung und Erziehung wurden zu »vollen« Kompetenzen umdefiniert. Die Mehrdeutigkeiten der Verfassung in der Frage der territorialen Machtverteilung wurden im Zuge der Vorbereitung und Ratifizierung des Autonomiestatuts für Katalonien nicht ausgeräumt. Damit machte man die faktisch herzustellenden Autonomiequoten in wichtigen Politikbereichen zu einem Gegenstand künftiger Verhandlungen zwischen Zentralregierung und *Generalitat*. Prinzipiell übernahm Katalonien als Nationalität mit Sonderstatut in folgenden Aufgabengebieten exklusive oder zumindest weitgehende Kompetenzen:

– Raumordnung, Städtebau und Wohnungswesen
– öffentliche Infrastruktur, Transport und Verkehr
– Kultur und Sprache
– Bildung und Erziehung
– Tourismus, Freizeit und Sport
– soziale Dienste und Gesundheit

- Umweltschutz
- Regionalrundfunk und Regionalfernsehen
- Regionalpolizei
- Landwirtschaft, Viehzucht, Fischfang, Forst- und Bewässerungswesen
- regionale Wirtschaftsförderung
- Aufbau der Institutionen zur Selbstregierung und Selbstverwaltung

Daß Katalonien in diesen Feldern Kompetenzen beanspruchte, war nicht immer damit gleichbedeutend, daß der spanische Staat entsprechende Hoheitsrechte abtrat. Kompetenzkonflikte waren daher vorprogrammiert. Umgekehrt enthält die Verfassung von 1978 aber auch einen Passus, der besagt, daß der Staat ihm zustehende Befugnisse, die, wie die Formulierung lautet, »ihrem Wesen nach« delegierbar sind, einer Autonomen Gemeinschaft übertragen kann. Daraus resultierte aus der auf katalanischer Seite angelegten Perspektive potentiell ein sehr großer Spielraum für die Übernahme zusätzlicher Kompetenzen in der näheren Zukunft.

Der Prozeß, der zur Wiederherstellung der *Generalitat* führte, war auf katalanischer Seite weiterhin vom Grundkonsens zwischen den maßgeblichen politischen Akteuren gekennzeichnet. PSC und CiU wirkten als Motoren auf der Suche nach Kompromissen mit den Vertretern der von der Zentrumsunion gebildeten spanischen Exekutive. Das Moment der parteiübergreifenden Verständigung fungierte als Schmieröl des katalanischen Autonomieprozesses und verlieh dessen Ergebnis einen sehr hohen Legitimationsgrad, wie das im Herbst 1979 abgehaltene Referendum über das Statut belegte, bei dem 90 % der katalanischen Wähler der Vorlage ihren Zuspruch gaben. Das gesamte katalanistische Lager – von den Linksparteien bis zu den nationalistischen Gruppierungen – betrachtete die wiedererlangte Autonomie als eine taugliche Ausgangsbasis für die Inangriffnahme der *reconstrucció nacional*, des »nationalen Wiederaufbaus« Kataloniens, wie es im Diskurs jener Jahre hieß, eines Wiederaufbaus, der nach der verheerenden Franco-Diktatur dringend notwendig geworden war.

Im März 1980 ging aus den ersten Wahlen zu einem katalanischen Parlament, die seit dem Ende der Zweiten Republik abgehalten wurden, Jordi Pujols CiU mit knapp 30 % der Stimmen als Sieger hervor. Dies war für viele Beobachter eine Überraschung, denn bei den in den vorherigen Jahren (1977 und 1979) abgehaltenen spanischen Parlamentswahlen hatten in Katalonien klar die Linksparteien vorne gelegen. Kaum jemand hätte zu jenem Zeitpunkt vorausgesagt, daß das Wahlergebnis für den Beginn einer nahezu zweieinhalb Jahrzehnte währenden Epoche in der Geschichte Kataloniens stehen würde, für eine Ära, in der Jordi Pujol und sein gemäßigter Nationalismus die politische Entwicklung in der neu konstituierten Autonomen Gemeinschaft beherrschen sollten. Nun hatten die Wahlen CiU zur stärksten Liste gemacht. Die Koalition war aber weit von einer absoluten Mehrheit der Parlamentssitze entfernt. Pujol gelang es, eine von der *Esquerra* und dem katalanischen Ableger der politisch bereits stark angeschlagenen spanischen Zentrumsunion unterstützte Minderheitsregierung zu bilden. Er wurde damit zum Präsidenten der ersten demokratisch gewählten *Generalitat* nach dem tiefen Einschnitt des Bürgerkriegs.

Oberste Priorität auf der Agenda der von Pujol angeführten Exekutive hatte die institutionelle Konsolidierung der Autonomie. Als wichtig galt in diesem Zusammenhang insbesondere die reibungslose und zügige Übertragung von Kompetenzen im Rahmen bilateraler Verhandlungen mit Madrid. Doch die autonomiepolitische Dynamik in der ersten Hälfte der 1980er Jahre wies in eine andere Richtung. Was Katalonien erwartete, war nicht eine nahtlose Fortsetzung, sondern eine Drosselung des Autonomieprozesses.

Ursache war der Wandel der politischen Konstellation in Spanien. Die Strategie des »Kaffees für alle« schien für die spanische Regierung gleichermaßen unbeabsichtigte wie alptraumhafte Folgen zu zeitigen: Angesichts eines auch außerhalb Kataloniens und des Baskenlands sprunghaften Anstiegs des Appetits auf Autonomie verlor Madrid die Kontrolle über die Regionalisierung. Unterstrichen wurde das Bild der Instabilität durch die anhaltende Gewalt im Baskenland, wo die Konzessionen der Regierung den radikalen Nationalisten längst nicht weit genug gingen. Vor diesem Hintergrund mehrten sich die Anzeichen, daß innerhalb der Streitkräfte der Unmut über einen drohenden »Zerfall der spanischen Nation« wuchs. Im Februar 1981 kam es schließlich zum Putschversuch einer Gruppe reaktionärer Militärs um den Oberstleutnant der Zivilgarde, Antonio Tejero. Der Putsch konnte rasch niedergeschlagen werden. Führende Militärs schienen ihre Loyalität zur Demokratie allerdings an ein entschiedenes Bekenntnis der postfranquistischen Eliten zur Einheit Spaniens geknüpft zu haben. Die politische Klasse in Madrid nahm den Putsch zum Anlaß, den bisher eingeschlagenen Dezentralisierungskurs nachhaltig zu korrigieren.

Die noch regierende Zentrumsunion und die Sozialisten, die sich bereits auf dem Weg zur Macht befanden, einigten sich unter Ausschluss der katalanischen und baskischen Nationalisten auf eine Neuinterpretation der territorialpolitischen Teile der Verfassung. Sie führte zu einem Gesetz zur »Harmonisierung« des Autonomieprozesses. Die *Ley Orgánica para la Armonización del Proceso Autonómico* (LOAPA), wie das Gesetz in spanischer Sprache bezeichnet wurde, strebte im wesentlichen eine Stärkung der Zentralgewalt gegenüber den Autonomen Gemeinschaften an. Auch im Verhältnis zu Katalonien war die Ausweitung staatlicher Kontrollbefugnisse vorgesehen. Für die *Generalitat* bedeutete das Gesetz eine nachträgliche Begrenzung der exklusiven Kompetenzen. Die LOAPA markierte einen Wendepunkt in den spanisch-katalanischen Beziehungen. Aus Sicht der *Generalitat* war sie ein Affront, der auf eine massive Aushöhlung der gerade erst zurückgewonnenen Autonomie hinauslief. Die katalanische Regierung reichte daher (zusammen mit der Exekutive des Baskenlands) eine Verfassungsklage gegen das Gesetz ein. Zugleich kam es in Barcelona zu Massenmobilisierungen gegen den von Madrid verordneten Kurswechsel in der Autonomiepolitik.

Da der Kurswechsel ohne die Nationalisten erfolgte, brach er mit der bis dahin vorherrschenden Praxis, das Verhältnis zwischen dem spanischen Staat und Katalonien auf Konsensbasis zu regeln. Die zwei hinter dem Kurswechsel stehenden großen spanischen Parteien verteidigten das Ziel einer Vereinheitlichung der Kompetenzen der Autonomen Gemeinschaften mit Hinweisen auf die Gebote des kooperativen Föderalismus. Damit bestärkten sie die bei den katalanischen Nationalisten ohnehin schon bestehenden Vorbehalte gegenüber föderalistischen Ansätzen in der Autonomiepolitik, hinter denen sie die Mißachtung der historisch-institutionellen Sonderstellung Kataloniens im spanischen Verbund wähnten.

Im Sommer 1983 erklärte das spanische Verfassungsgericht die LOAPA in wesentlichen Teilen für verfassungswidrig. Es ließ sich in seinem Urteil von der Auffassung leiten, daß die in der Verfassung postulierte Gleichheit von Individuen und gesellschaftlichen Gruppen mit unterschiedlichen Autonomieniveaus für Nationalitäten und Regionen durchaus vereinbar ist. Doch die politischen Folgen der Initiative zur Drosselung der Dezentralisierung sollten lange nachwirken. Während die Ausgestaltung des Autonomiemodells in der neuen spanischen Demokratie zunächst stark von der Suche nach übergreifenden Kompromissen geprägt gewesen war, zogen die spanische Exekutive und die *Generalitat* in den 1980er Jahren in der Autonomiepolitik zunehmend an verschiedenen Strängen. Die veränderte Situation erwies sich insbesondere für den PSC als recht schwierig. Die katalanischen Sozialisten mußten zum einen darauf achten, nicht an Profil zu verlieren, wenn es um die Verteidigung der Sache ihres Landes ging. Zum anderen waren sie jedoch auch an den PSOE angebunden, eine Partei, die seit 1982 die Madrider Exekutive stellte und seitdem um so mehr »spanische« Interessen zu vertreten hatte. Tatsächlich wurde der PSC durch die LOAPA einer schweren Belastungsprobe ausgesetzt: Er sah sich gezwungen, dem von der PSOE-Spitze mitausgehandelten Gesetzesvorhaben seine Unterstützung zu geben, und sah sich dadurch verstärkt dem von nationalistischer Seite erhobenen Vorwurf ausgesetzt, eine über keine eigene Stimme verfügende Filiale der übergeordneten Parteiorganisation zu sein. Der PSC hat lange gebraucht, um die bittere Pille der LOAPA zu verdauen. In gewisser Weise läßt sich der konsequent katalanistische Kurs, den der 2003 zum Präsidenten der *Generalitat* gewählte Sozialist Pasqual Maragall bei der Ausarbeitung eines neuen Autonomiestatuts an den Tag legte, auch als Versuch deuten, das Bild, das seine Partei in den Jahren nach 1981 abgab, endgültig vergessen zu machen.

Die Betrachtung der politischen Entwicklung nach der Wiederherstellung der Autonomie bliebe unvollständig, wenn nicht noch ein letzter Aspekt Erwähnung fände: die Zweischneidigkeit – und zwar sowohl aus katalanischer als auch aus spanischer Perspektive – der Vorreiterrolle Kataloniens bei der Etablierung und Entfaltung des Autonomiemodells. In der Periode, die von den Verfassungsberatungen bis zum Versuch reicht, die Dezentralisierung mit der LOAPA zu drosseln, ist bereits ein Grundmuster zu erkennen, das zu einem dauerhaften Charakteristikum der Nationalitäten- und Regionalpolitik in Spanien geworden ist. Katalanen (wie Basken) betrachten die Autonomie überwiegend als einen Mechanismus der Machtaufteilung in einem Vielvölkerstaat. Aus der Verallgemeinerung des Autonomiemodells leitet Katalonien insofern die Berechtigung ab, ein signifikant höheres Autonomieniveau als andere Autonome Gemeinschaften zu beanspruchen. Es sähe seinen nationalen Sonderstatus sonst nicht angemessen berücksichtigt. Doch der Differenzierungsdrang, den Katalonien als historische Nationalität an den Tat legt, führt dazu, daß andere Regionen mit ihr gleichziehen wollen, um vermeintliche oder reale komparative Nachteile zu vermeiden. Die Zentralregierung muß so mit einer sich stetig weiterdrehenden Spirale von Autonomieforderungen umgehen. Dem Wunsch nach Asymmetrie auf der einen Seite steht das Drängen nach Symmetrie auf der anderen gegenüber. Katalonien war demnach paradoxerweise, wie sich aus heutiger Sicht behaupten läßt, in der bewegten Zeit nach 1975 Wegbereiter einer Territorialordnung, in die es sich selbst nur schwer einpassen und zu deren Stabilität es insofern nur bedingt beitragen konnte.

Die politische Entwicklung
im autonomen Katalonien

In den ersten zwei Jahrzehnten nach der Wiedererlangung der Autonomie stand Katalonien unter der Hegemonie des gemäßigten Nationalismus, für den geradezu emblematisch der Name Jordi Pujols steht. Pujol trat sein erstes Mandat als Präsident der *Generalitat* 1980 unter relativ schwierigen Bedingungen an. Das von ihm angeführte Parteienbündnis verfügte über keine parlamentarische Mehrheit. Zugleich mehrten sich in Madrid die Bestrebungen, den Prozeß der Dezentralisierung zu bremsen. Doch Pujol gelang es in seiner ersten Regierungsperiode, sich effektvoll als Anwalt der Sache Kataloniens zu profilieren. 1984 erneuerte er nicht nur sein Mandat, sondern errang mit CiU darüber hinaus erstmals die absolute Mehrheit der Parlamentssitze. Die institutionelle Konsolidierung der katalanischen Autonomie sollte für lange Zeit eindeutig unter dem Vorzeichen seiner Politik stehen. Der »nationale Wiederaufbau« geriet für skeptische Beobachter dementsprechend zu sehr in das Fahrwasser der von Pujol verkörperten Spielart des Katalanismus, die schon bald mit dem Etikett des *pujolisme* versehen wurde.

Bei der Hegemonie des *pujolisme* handelte es sich jedoch nicht um eine ungebrochene Hegemonie. Ihr waren im Inneren wie auch nach außen hin klare Grenzen gesetzt. Im Kern spiegelte die katalanistische Ausrichtung der Politik der *Generalitat* einen fortbestehenden gesellschaftlichen Grundkonsens. Allerdings ist die katalanische Gesellschaft soziokulturell stark differenziert. Einseitig bestimmen zu wollen, was unter katalanischer Identität zu verstehen ist, ergäbe keine plausible Strategie. Als übergeordneter normativer Rahmen verschiedener Projekte zur politisch-kulturellen Selbstbehauptung ist der Katalanismus seit jeher ein Phänomen, das nur im Plural zu fassen ist, wie sich etwa nach 2003 im Zuge der Ablösung Pujols durch den Sozialisten Pasqual Maragall zeigte, dessen Auftreten kaum als weniger »katalanistisch« eingestuft werden kann als dasjenige seines Vorgängers. So verloren die Suche nach Konsens und der Wille zum Paktieren – der *pactisme*, wie es auf katalanisch griffig lautet – in der politischen Willensbildung im autonomen Katalonien nach 1980 nur wenig an Bedeutung.

Die Ära Pujol

Der 1930 in Barcelona geborene Jordi Pujol war bereits unter Franco als aktiver Verfechter der Sache Kataloniens in Erscheinung getreten. Pujols politische Herkunft liegt in der christlich-nationalistischen Opposition gegen die Diktatur, die in den 1950er Jahren nach und nach an der Basis sowie im Umfeld einiger Würdenträger der katholischen Kirche in Katalonien aufkeimte. Wegen regimefeindlicher Aktivitäten wurde Pujol 1960 vor ein Kriegsgericht gestellt und zu einer siebenjährigen Haftstrafe verurteilt, von der er zweieinhalb Jahre verbüßte. Nachdem er wieder auf freien Fuß gekommen war, galt sein Engagement mehreren zivilgesellschaftlich getragenen Initiativen zur Förderung der katalanischen Sprache und Kultur, die eng mit dem erneut aufkommenden politischen Katalanismus verflochten waren. Pujol verfaßte eine Reihe von Büchern, in denen er sein Verständnis des katalanischen Nationalismus darlegt. Er war während seiner gesamten Amtszeit als Präsident der *Generalitat* bemüht, die Ziele und die Arbeit seiner Regierung ideologisch einzurahmen. Eine der Achsen seines Diskurses ist die Verknüpfung dessen, was er als die tiefen, weit in die Vergangenheit zurückreichenden Wurzeln katalanischer Identität ansieht, mit Weltoffenheit und Modernisierungsgeist. Anhänger wie Gegner attestieren Pujol, über eine charismatische Persönlichkeit zu verfügen. Die Wirkung seines Charismas auf ein breites Segment der katalanischen Wählerschaft ließ in den 23 Jahren seines Präsidentenmandats offenbar nur langsam nach. Der ausgeprägte Personalismus der katalanischen Politik, die sich zumindest in dieser Hinsicht nur wenig vom übrigen Spanien abhebt, machte Pujol für lange Zeit zu einem stets präsenten Bezugspunkt des öffentlichen Geschehens in der Autonomen Gemeinschaft.

Sein Einfluß auf die katalanische Politik nach 1980 war so massiv, daß der von ihm repräsentierte gemäßigte Nationalismus mit der institutionellen Identität Kataloniens zu verschmelzen schien. Pujol wurde sechsmal in Folge zum Präsidenten der *Generalitat* gewählt. 1980 sowie 1995 und 1999 stand er Minderheitsregierungen vor; 1984, 1988 und 1992 erlangte das von ihm angeführte Parteienbündnis CiU die absolute Mehrheit der Sitze im katalanischen Parlament. Angesichts dieser Erfolgsgeschichte schienen Nationalismus und *pujolisme* in Katalonien über einen längeren Zeitraum zu geradezu austauschbaren Begriffen geworden zu sein.

Wofür stand die von Pujol und seinem Bündnis verfolgte Politik? Als oberste ideologische Maxime der Koalitionspartner *Convergència Democràtica de Catalunya* und *Unió Democràtica de Catalunya* fungiert ein schillernder Nationalismus. Was ihre langfristigen territorialpolitischen Ziele betrifft, bleibt das Programm der gemäßigten Nationalisten in hohem Maße unbestimmt. Einerseits taucht die Forderung nach Unabhängigkeit vom spanischen Staat in ihren Verlautbarungen im allgemeinen nicht auf. Vielmehr haben Angehörige der CiU-Spitze – und nicht zuletzt der langjährige Präsident der *Generalitat* selbst – immer wieder ihre Bereitschaft bekundet, aktiv zur Regierbarkeit der spanischen Demokratie beizutragen. Doch CiU-Politiker machen andererseits in der Regel auch keinen Hehl daraus, nach einem nach oben hin grundsätzlich unbegrenzten Maximum an Autonomie für Katalonien zu streben. Eine zentrale inhaltliche Achse im politischen Credo von Pujol und CiU bildete die Idee des *fer país* (wörtlich: »das Land machen«). Gemeint ist damit im wesentlichen das katalanische *nation-building*. Das *fer país* führte für die CiU-Regierungen über die Kombination verschiedener Ansätze und Ziele: Dazu gehörten etwa die vollständige ökonomische und politische Eingliederung der katalanischen Gesellschaft in das moderne Europa, die Steigerung der regionalen Wettbewerbsfähigkeit durch gezielte Wirtschaftsförderung und das Umwerben multinationaler Investoren, die Sicherung exportorientierten Wachstums, aber auch die Wahrung guter Beziehungen zur katholischen Kirche Kataloniens, sozialpolitischer Aktivismus und die Pflege traditioneller Werte in den Bereichen von Moral und Familie.

Den zentralen Bezugspunkt für die ideologische Kursbestimmung im Kontext des *fer país* bildete mehr oder weniger durchgehend Pujols Anspruch, als Garant katalanischer Interessen gegenüber der Zentralgewalt zu agieren. Aus der Perspektive des von CiU repräsentierten Nationalismus verlaufen die für die katalanische Politik relevanten Konfliktlinien häufig nicht innerhalb der katalanischen Gesellschaft selbst, sondern zwischen Katalonien und dem spanischen Staat. Pujol gelang es, in CiU unter dem Dach des Nationalismus konservative, christdemokratische und sozialliberale Strömungen zusammenzuführen. Die Formation hat es in seiner Regierungszeit immer wieder geschickt verstanden, bei der Darstellung ihrer politischen Anliegen die in das 19. Jahrhundert zurückreichende bürgerliche Tradition des Katalanismus mit einem auf die Zukunft gerichteten Modernisierungsdiskurs zu verbinden. Entscheidende Faktoren für den Erfolg des *fer país* waren aus der Perspektive des Nationalismus Pujolscher Prägung der Zusammenhalt und die Kooperation aller wichtigen gesellschaftlichen Kräfte Kataloniens. Dementsprechend stark war (und ist) CiU darum bemüht, in der Öffentlichkeit als klassenübergreifendes und genuin »nationales« Bündnis wahrgenommen zu werden.

Was Mitgliederstruktur und Wählerschaft angeht, liegt die Basis von CiU vor allem in der autochthonen urbanen Mittelschicht sowie im kleinstädtischen und ländlichen Katalonien. Das Zusammenspiel von Tradition und Moderne im Selbstverständnis des Parteienbündnisses hat also auch ganz konkrete soziale Voraussetzungen. Insgesamt verfügt CiU als katalanische Volkspartei über einen breitgefächerten gesellschaftlichen Rückhalt. Ein besonnen artikulierter Nationalismus ist die ideologische Klammer, unter der das Bündnis die Interessen von Angestellten und Bauern, Kleinhändlern und Unternehmern, Katholiken und Liberalen zu vereinen sucht.

Der *pujolisme* war ein vielschichtiges Phänomen, das sich schnellen und griffigen politischen Einordnungsversuchen entzieht. Indem er als Präsident der *Generalitat* ideologischen Synkretismus und einen Nationalismus ohne Attribute mit einem klaren Hang zum politischen Pragmatismus kombinierte, sicherte sich Pujol langfristigen Rückhalt bei einem ansehnlichen Teil der katalanischen Wähler. Zur Mobilisierung der politischen Basis appellierten er und andere Politiker von CiU gerne an den *seny*, den »gesunden Menschenverstand«, der vielen Katalanen als ein Wesensmerkmal ihrer kollektiven Identität gilt. Eine andere häufig benutzte Formel im Diskurs des gemäßigten Nationalismus war das Lob der *feina ben feta*, der handwerklich sauber erledigten Arbeit. Unter den verschiedenen CiU-Exekutiven fiel der charismatischen Figur Jordi Pujols gegenüber der Parteiorganisation überaus großes Gewicht zu. So wurden CiU nach der Wahlniederlage von 2003 und dem Rückzug Pujols aus der aktiven Politik schwere Zeiten vorausgesagt.

Von einem Niedergang von CiU kann aber nicht die Rede sein, auch wenn es dem Bündnis nach mehr als zwei Jahrzehnten an der Macht sichtbar schwerfällt, mit der Rolle der Opposition vorliebnehmen zu müssen. Die Geschichte von CiU ist durch die lange Periode der Machtausübung und die entsprechende Verflechtung des Parteienbündnisses mit den Institutionen der Autonomen Gemeinschaft nachhaltig geprägt worden. So neigen die gemäßigten Nationalisten auch heute noch dazu, sich als die eigentlichen Repräsentanten der Interessen Kataloniens zu sehen.

Als Präsident der *Generalitat* stand Pujol entschieden für ein bilaterales Verständnis der Beziehungen zwischen Katalonien und dem spanischen Staat. Danach erscheint eine Annäherung der Architektur des Autonomiestaats an das Modell des deutschen Föderalismus nicht erstrebenswert, wenn sie mit einer Angleichung der Kompetenzen der Autonomen Gemeinschaften einhergeht. Spaniens Charakter als von Kastiliern, Basken, Galiciern und Katalanen konstituierter Vielvölkerstaat macht, aus Sicht der katalanischen Nationalisten, allein schon symbolisch eine klare Unterscheidung von Nationalitäten und Regionen notwendig. Pujol hat diese Auffassung während seiner Amtszeit immer wieder unmißverständlich zum Ausdruck gebracht, so etwa auch in einem 1990 im katalanischsprachigen Nachrichtenmagazin *El Temps* erschienenen Interview, in dem er ausführte: »Es liegt auf der Hand, daß der Föderalismus auf der Grundlage der 17 spanischen Regionen Katalonien nicht interessiert. Der einzige Föderalismus, der Katalonien überhaupt interessieren könnte, ist derjenige, der sich auf Nationalitäten gründet. Das heißt, jene Teile Spaniens zu föderieren, die eine eigene nationale Persönlichkeit haben, mit ihrer Sprache, ihrer Kultur, ihrem kollektiven Bewußtsein [...], nicht aber auf der Grundlage des Themas der 17 Regionen. In Wirklichkeit ist offensichtlich, daß alle Maßnahmen, die eine einzige Form für ganz Spanien verallgemeinern, Katalonien schaden, weil es dann in der Praxis [. . .] auf einem Niveau landet, das unterhalb der Stärke seiner Persönlichkeit und folglich seines Autonomieanspruchs liegt.« (Pujol 1990)

Spätestens seit dem Streit um die LOAPA sind den katalanischen Nationalisten Ansätze zur Herstellung einer größeren Gleichförmigkeit innerhalb des Autonomiesystems hochgradig suspekt. Nicht immer ohne Berechtigung wittern sie dahinter primär das Ziel, den historisch und kulturell begründeten Sonderstatus Kataloniens im Autonomieverbund auszuhöhlen. Diesen Sonderstatus leiten sie aus Rechten ab, die der 1978 geschaffenen Verfassungsordnung letztlich vorgelagert sind. Autonomie ist aus katalanischer Sicht zumindest ebensosehr Autonomie *vom* spanischen Staat wie Autonomie *im* spanischen Staat. Die Rechte, die Katalonien als Nation zustehen, waren stets der Ausgangspunkt für die von CiU artikulierte politische Botschaft. Sowohl 1989 als auch 1998 votierte das Bündnis im katalanischen Parlament für Resolutionen, die das unhintergehbare Recht des katalanischen Volkes auf Selbstbestimmung verkündeten. So ist es nicht weiter erstaunlich, daß Pujol und seine Anhänger das Wiederauferstehen nationalistischer Bewegungen in Osteuropa nach 1989 mit großer Aufmerksamkeit verfolgten. Mit den Unabhängigkeitserklärungen von Estland, Lettland und Litauen schien sich in Katalonien rasch ein »baltisches Fieber« zu verbreiten, das zahlreichen Spekulationen darüber Nahrung gab, inwieweit sich aus den Veränderungen im Osten nun auch für die »kleinen Völker« im Westen des Kontinents neue politische Handlungsspielräume ergäben. Auch Pujol beteiligte sich an diesen Spekulationen, indem er verlautbaren ließ, die historischen Ereignisse hätten gezeigt, daß die Grenzen in Europa nicht mehr unantastbar seien, und im gleichen Zusammenhang erklärte, Katalonien stünden prinzipiell die gleichen Rechte zu wie Litauen.

Erwartungsgemäß stieß ein politischer Diskurs, der sich immer wieder auf das Recht der Katalanen auf nationale Selbstbestimmung berief, bei den spanischen Regierungen auf wenig Gegenliebe. Freilich hat der Selbstbestimmungsdiskurs in den Reihen der gemäßigten Nationalisten einen weitgehend symbolischen Charakter. De facto war der Katalanismus Pujolschen Zuschnitts von Anfang an eine bedeutende Tragsäule der spanischen Demokratie. Das von Pujol angeführte Bündnis hatte erheblichen Anteil daran, daß die Synchronisierung von Demokratie- und Autonomieprozeß nach Franco unter schwierigen Bedingungen gelang. Zugleich hat Pujol es nie darauf angelegt, den Interessengegensatz mit Madrid zuzuspitzen, sondern vielmehr seine Bereitschaft unterstrichen, zur Regierbarkeit Spaniens beizutragen. Tatsächlich kommt es in den Reihen von CiU periodisch zu Debatten über eine aktivere Einflußnahme des Bündnisses auf die spanische Politik bis hin zur Regierungsbeteiligung. Pujol selbst war bei aller Mehrdeutigkeit stets darum bemüht, Zweifel an seiner Loyalität gegenüber Spanien auszuräumen. Der Nationalismus von CiU wird nicht zuletzt durch parteipolitische Kalküle eingedämmt. Die Allianz ist schon deswegen daran interessiert, jeden Anschein der Radikalität zu vermeiden, weil ein beträchtliches Segment ihrer Wählerschaft sich eine duale, katalanisch-spanische Identität zuschreibt und einem Kurs der Konfrontation mit der Zentralgewalt nicht viel abgewinnen würde. Aufgrund seiner wirtschaftsfreundlichen Orientierung ist sich das Parteienbündnis schließlich der Realitäten einer engen Verflechtung des katalanischen und des spanischen Marktes sehr wohl bewußt.

So findet die territorialpolitische Ambivalenz, die das Autonomiemodell insgesamt kennzeichnet, im kleineren Maßstab seine Entsprechung im von Pujol verkörperten Nationalismus. Er strebt ein Maximum an Autonomie für Katalonien an, ohne den Gesamtstaat als übergeordneten

Rahmen der katalanischen Politik im Kern in Frage zu stellen. Pujols Politik stellte den Pragmatismus der kleinen Schritte klar über die konfliktorientierte Strategie. Auch dort, wo sie die Autonomie Kataloniens als Autonomie *von* Spanien ansah, verstand sie diese nicht als *gegen* Spanien gerichtete Autonomie.

»Nationaler Wiederaufbau« als Tauziehen mit der Zentralgewalt

Kataloniens Stellung in Spanien hatte sich nach dem Ende der Franco-Diktatur zunächst in kurzer Zeit auf spektakuläre Weise verändert. Durch die Verfassung und das Autonomiestatut war ein neues Modell der spanisch-katalanischen Beziehungen definiert worden. Die schrittweise Umsetzung des Modells erwies sich jedoch als schwierig und zähflüssig. Die Übertragung von Kompetenzen an die *Generalitat* verlief in den 1980er Jahren stockend und erfolgte zudem im Rahmen eines überaus konfliktreichen Prozesses.

Die Territorialpakte der Übergangsperiode zur Demokratie boten aufgrund ihres Kompromißcharakters viel Spielraum für unterschiedliche Interpretationen. Oberflächlich betrachtet entzündeten sich die Streitigkeiten zwischen den Vertretern der spanischen Regierung und der *Generalitat* an sehr speziell anmutenden Fragen. Bei einer näheren Betrachtung zeigte sich aber, daß hinter den »technischen« Differenzen in der Regel ein geradezu konträres Verständnis der politischen Implikationen des Autonomieprozesses stand. Für die Zentralregierung fungierte der spanische Staat ungeachtet der Autonomieregelungen weiterhin als Garant der territorialen Einheit und war für die Gestaltung aller relevanten Bereiche des öffentlichen Lebens auch in Katalonien zumindest mitverantwortlich. Die Katalanen hingegen befürchteten, daß eine solche Sicht ihre

politische Autonomie letztlich auf residuale Entscheidungs-
sphären beschränken würde.

Die gegensätzliche Sichtweise fand ihren Niederschlag in
einer langen Kette von Konflikten um die genaue Abgrenzung der Kompetenzen zwischen Katalonien und dem spanischen Staat, die nicht auf dem Weg politischer Verhandlungen beigelegt werden konnten, so daß sie eine Klage
einer der Parteien vor dem spanischen Verfassungsgericht
nach sich zogen. Die Konflikte waren auf beiden Seiten
nach dem gleichen Muster gestrickt. Entweder verabschiedete Katalonien ein Gesetz, das die spanische Regierung
dazu veranlasste, eine Klage vor dem Verfassungsgericht
einzureichen, weil sie darin eine Übertretung der Kompetenzen der *Generalitat* sah. Oder die *Generalitat* deutete
umgekehrt eine von Madrid gesetzte Rechtsnorm als Ver-
letzung ihrer politischen Zuständigkeiten und ließ die
Norm daher auf ihre Verfassungsmäßigkeit prüfen. Die
Konflikte waren nicht zuletzt eine Folge der nicht immer
klaren Aufteilung von Kompetenzen in der Verfassung und
im katalanischen Autonomiestatut. Um nur ein Beispiel zu
nennen: Das katalanische Statut von 1979 sprach der *Generalitat* exklusive Kompetenzen im Bereich der Landwirtschaft zu. Gleichzeitig liegt der Verfassung nach die allgemeine Aufsicht über ökonomische Aktivitäten und damit
auch über ökonomische Aktivitäten im landwirtschaftli-
chen Sektor beim spanischen Staat. Was die Zuordnung
von Zuständigkeiten betraf, blieben für die Vertreter des
Zentralstaats und Kataloniens noch viele Linien genauer zu
ziehen. Daß dies nicht im wechselseitigen Einvernehmen
geschah, hängt nicht zuletzt mit den bereits geschilderten
Restriktionen zusammen, die der Wandel der politischen
Konstellation in Spanien Anfang der 1980er Jahre für den
Autonomieprozeß implizierte.

Im ersten Jahrzehnt der Institutionalisierung des Autonomiemodells – um genau zu sein: von 1981 bis 1991 – gab

es insgesamt an die 900 Konflikte zwischen Zentralstaat und Autonomen Gemeinschaften, die in Verfassungsklagen mündeten. Zum Vergleich: Dies ist ungefähr ein Zehnfaches der in der ganzen Geschichte der alten Bundesrepublik (also von 1949 bis 1990) zu verzeichnenden Zahl vor dem Verfassungsgericht ausgetragener Konflikte zwischen Bund und Ländern. Es spricht Bände, daß Katalonien – sei es als klagende oder als beklagte Partei – in einen beträchtlichen Teil dieser Konflikte direkt involviert war: Während sich rund ein Drittel (35 %) der Klagen des Zentralstaats gegen eine Autonome Gemeinschaft auf Katalonien bezog, reichte die katalanische *Generalitat* 40 % der von einer Autonomen Gemeinschaft gegen den spanischen Staat gerichteten Klagen ein.

Um 1990 setzte ein auffälliger Rückgang der verfassungsgerichtlich zu schlichtenden Konflikte zwischen Zentralstaat und Autonomen Gemeinschaften (einschließlich Kataloniens) ein. Offenbar hatten die Verfassungsrichter mit ihrer Rechtsprechung nach und nach dazu beigetragen, daß es in Fragen der Kompetenzverteilung nun größere Klarheit gab. Außerdem bemühten sich die Konfliktparteien zunehmend um eine Beilegung ihrer Differenzen auf dem Verhandlungsweg, ohne es von Anfang an auf einen richterlichen Schiedsspruch ankommen zu lassen. Letzteres hing wiederum vor allem damit zusammen, daß sich die politische Gesamtkonstellation in Spanien inzwischen erneut geändert hatte. Zum einen hatten die Sozialisten nach zwei Legislaturperioden 1989 ihre absolute Mehrheit im spanischen Parlament verloren und verfügten dort nur noch über 175 Abgeordnete (von insgesamt 350). Zum anderen waren sie seit 1987 im Baskenland Koalitionspartner in einer nationalistisch geführten Regierung. Unterm Strich resultierte daraus eine gewachsene Konzessionsbereitschaft der spanischen Exekutive in Autonomiefragen, von der auch Katalonien profitieren konnte.

Das Autonomiemodell war aufgrund seiner Entstehungsbedingungen von Anfang an ein offenes Modell. Seine Entwicklung war daher eng an die konjunkturelle Dynamik der spanischen Politik gebunden. Aus dem Blickwinkel der Nationalisten von CiU war dies nicht zwangsläufig von Nachteil. Anders als bei katalanischen Wahlen lag CiU bei Wahlen zum spanischen Parlament bislang zwar stets hinter dem PSC, dennoch ist das Bündnis aufgrund seiner relativen Stärke in Katalonien auch in der Madrider Kammer mit einer signifikanten Zahl von Abgeordneten vertreten. Wenn keine der zwei großen gesamtstaatlichen Parteien eine absolute Mehrheit der Parlamentsmandate erreicht, kann CiU faktisch die Funktion eines Zünleins an der Waage zufallen. Aufgrund ihres moderaten, an der politischen Mitte orientierten Profils eignen sich die katalanischen Nationalisten sowohl für die Sozialisten als auch für die konservative Volkspartei als potentielle Mehrheitsbeschaffer. In der Tat sorgten die gemäßigten Nationalisten von CiU durch ihr Abstimmungsverhalten in Madrid, in unter verschiedenen politischen Vorzeichen stehenden Legislaturperioden, bereits wiederholt für die Stabilität der spanischen Regierung, auch wenn das Bündnis eine unmittelbare Beteiligung an den Regierungsgeschäften auf gesamtstaatlicher Ebene bislang vermieden hat. Die Charakteristika des spanischen Parteiensystems bringen die gemäßigten Nationalisten mithin in eine günstige Lage, um bilaterale Verhandlungen mit der spanischen Regierung zu führen.

Vor diesem Hintergrund setzte Jordi Pujol die Taktik des *peix al cove* ein. Wörtlich steht *peix al cove* für »Fisch ins Netz«; im übertragenen Sinne ist damit der »Spatz in der Hand« gemeint. War die spanische Regierung auf die parlamentarische Unterstützung durch CiU angewiesen, nutzte das Bündnis seine Rolle als Mehrheitsbeschaffer auch dazu, auf bilateraler Basis neue Konzessionen in der Autonomiepolitik auszuhandeln. So gelang es den Nationalisten, zwischen 1993 und 1996 unter der Regierung des PSOE und zwischen 1996 und 2000 unter der Regierung der Volkspartei »Fische« einzufangen, die das katalanische Autonomieniveau spürbar anhoben. Auf diesem Weg wurde etwa die sukzessive Ablösung der spanischen Sicherheitskräfte durch die autonomen Polizeieinheiten Kataloniens, die *mossos d'esquadra*, vereinbart. Weitere Verhandlungserfolge führten zu einer graduellen Erweiterung der katalanischen Finanzautonomie durch eine erhöhte Beteiligung der *Generalitat* an den staatlichen Steuereinnahmen.

Mit der *peix-al-cove*-Taktik gelang es Pujols Nationalisten, die Autonomie Kataloniens in einigen Politikbereichen nach und nach zu vertiefen, ohne in eine grundsätzliche Debatte über die territoriale Machtverteilung in Spanien treten zu müssen. Die *Generalitat* hatte aus den Erfahrungen der 1980er Jahre gelernt. Sie vermied nun nach Möglichkeit den offenen Schlagabtausch mit der spanischen Regierung und rang stattdessen um punktuelle Konzessionen, die in der Summe beachtliche politische Effekte zeitigten. Die Kehrseite der Taktik war, daß sie die langfristigen Ziele der gemäßigten Nationalisten im Verhältnis zu Spanien im dunkeln ließ. Der Hang, frei werdende Spielräume gegenüber der spanischen Exekutive opportunistisch zu nutzen, ersetzte die Gebote der programmatischen Kohärenz. Zugleich lieferte man den Gegnern einer asymmetrischen, die nationalen Rechte Kataloniens explizit anerkennenden Lesart des Autonomiemodells indirekt Munition, denn diese attackierten die *peix-al-cove*-Politik als ein vordergründiges Manöver, das die katalanischen Eliten zur Stärkung der eigenen Position auf Kosten des spanischen Gemeinwohls betrieben.

Am Ende der Ära Pujol war die *Generalitat* erneut und mehr denn je zu einem substantiellen Faktor der politischen Gestaltung der Lebensbedingungen der katalanischen Bürger geworden. Im Zuge der Autonomiekonsolidierung kontrollierte die katalanische Regierung zentrale Bereiche der regionalen Wirtschaftsförderung und regelte den Tourismus sowie die Landwirtschaft. Katalonien verfügte über ein eigenes öffentliches Medienwesen mit zwei Fernsehsendern, die ihr gesamtes Programm in katalanischer Sprache ausstrahlten und auf großen Publikumsanklang stießen. In zentralen Politikfeldern wie Bildung oder Gesundheit besaß die katalanische Regierung nun weitreichende Kompetenzen. Ein Problem bildete demgegenüber die eingeschränkte finanzielle Autonomie Kataloniens, denn die Übernahme neuer Zuständigkeiten korrespondierte mit einem rasch ansteigenden Ausgabevolumen. Gleichzeitig nahm jedoch die Finanzautonomie der *Generalitat* ab. Grund hierfür ist ein Finanzierungssystem, in dem das Gros der Ausgaben der Autonomen Gemeinschaften nicht durch eigene Mittel, sondern über zentralstaatliche Zuweisungen abgedeckt werden muß. Die Möglichkeiten der *Generalitat*, über ihre Ressourcen frei zu verfügen, werden durch dieses System stark begrenzt, denn die Haushaltsmittel fließen in großem Umfang in Bereiche, in denen Katalonien zwar Ausführungskompetenzen besitzt, aber nur bedingt eigenständige Politikinhalte formulieren kann.

Kataloniens »Außenpolitik«

Die spanische Verfassung weist der Zentralregierung das Kompetenzmonopol über die internationalen Beziehungen zu. Nichtsdestoweniger hat Katalonien keineswegs darauf verzichten wollen, seine »eigenen« Außenkontakte zu pflegen. Im Gegenteil: Die *Generalitat* sah schon bald einen ihrer Tätigkeitsschwerpunkte darin, die institutionelle Präsenz auch jenseits der Grenzen Spaniens sichtbar werden zu lassen. Dies führte zunächst zu Irritationen bei der spanischen Regierung, die hinter dem Aufbau eines Netzes von Institutionen zur Vertretung Kataloniens im Ausland eine Konkurrenzveranstaltung zur staatlichen Diplomatie witterte. Doch auch auf diesem Gebiet entspannte sich die Lage nach 1990 zusehends.

Aus der Perspektive der *Generalitat* war es unabdingbar, nach außen hin deutlich werden zu lassen, daß Katalonien mit dem Wandel der Territorialordnung in Spanien zu einem relevanten politischen Akteur geworden war. So fiel den katalanischen Außenvertretungen, die insbesondere in europäischen Hauptstädten, aber auch in Nord- und Südamerika eingerichtet wurden, vor allem die Aufgabe zu, Informationen über die mit der Autonomie neu gewonnenen Zuständigkeiten zu vermitteln und institutionelle Kontakte zu knüpfen. Ein weiteres wichtiges Wirkungsfeld war die Förderung der Wirtschaftsbeziehungen. Hier bestand das Ziel darin, einen aktiven Beitrag zur Internationalisierung der katalanischen Ökonomie zu leisten und Investoren anzulocken. Darüber hinaus ging es in der Arbeit der Auslandsbüros der *Generalitat* um die Darstellung und Vermittlung katalanischer Kultur. Im selben Kontext stand die Einführung eines Programms zur Einrichtung von Lektorenstellen für Katalanisch an ausländischen Universitäten, von dem auch mehrere romanistische Fachbereiche in der Bundesrepublik profitierten.

Eindeutiges Hauptanliegen der substaatlichen »Außenpolitik« war es aber, für eine angemessene Repräsentation Kataloniens auf der Ebene der europäischen Institutionen zu sorgen. Wenn Spanien das Problem war, so schien Europa aus der Perspektive des politischen Katalanismus die Antwort. Jordi Pujol ist immer als enthusiastischer Vertreter der europäischen Idee aufgetreten. Für ihn ist Katalonien seit jeher ein genuines Bindeglied zwischen Spanien und Europa gewesen. Mit dem Beitritt Spaniens zur Europäischen Gemeinschaft im Jahr 1986 verband die gesamte politische Klasse des demokratischen Katalonien außerordentlich hohe Erwartungen. Die regionalen Entwicklungsperspektiven hingen sowohl für die nationalistischen als auch für die föderalistischen Sektoren im Katalanismus von der Modernisierung Spaniens ab, und letztere verlief notgedrungen über Europa. Zugleich war in der katalanischen Politik die Überzeugung weit verbreitet, Europäisierung und Regionalisierung würden sich als zwei Seiten einer Medaille erweisen. Tatsächlich hatte die Europäische Kommission unter der Präsidentschaft von Jacques Delors in den 1980er Jahren Spekulationen über die wachsende Bedeutung eines »Europa der Regionen« Auftrieb gegeben. Mit dem Vertrag von Maastricht wurde 1992 die Einsetzung eines Ausschusses der Regionen in der Europäischen Union beschlossen. Im Gegensatz zu Institutionen wie dem Rat der Europäischen Union oder dem Europäischen Parlament hat der Ausschuß freilich einen rein konsultativen Charakter. Seine Stellungnahmen sind also politisch nicht bindend. Zudem ist der Name des Ausschusses unpräzise, denn ihm gehören nicht nur Regionen im strengen Sinne, sondern auch lokale Gebietskörperschaften an. Nichtsdestoweniger sahen Autonome Gemeinschaften wie das Baskenland und Katalonien zusammen mit den deutschen Ländern oder den belgischen Regionen die Gründung des Ausschusses zunächst als wichtigen Schritt zur Stärkung der substaatlichen Ebene im europäischen Institutionengefüge an.

Unabhängig von ihrer Parteizugehörigkeit gaben katalanische Politiker nach 1990 oft die Einschätzung ab, die europäischen Nationalstaaten würden in der von »Brüssel« und den Regionen gebildeten Zange sukzessive an Bedeutung verlieren. Anders als im spanischen Kontext, hatten sie auf europäischer Ebene kein Problem damit, Katalonien als Region benannt zu sehen. Jordi Pujol engagierte sich stark in der Versammlung der Regionen Europas, einem bereits 1985 konstituierten Verbund zur Stärkung der politischen Rolle der Regionen und zur Förderung der interregionalen Kooperation in Europa, in dem gegenwärtig 250 Regionen aus 30 europäischen Ländern vertreten sind. Pujol war von 1988 bis 1992 Vizepräsident und von 1992 bis 1996 Präsident der Versammlung. Der katalanische Sozialist Pasqual Maragall wurde wiederum als Bürgermeister von Barcelona 1996 auf zwei Jahre zum Präsidenten des Ausschusses der Regionen der Europäischen Union gewählt. Über die Parteigrenzen hinweg herrscht in Katalonien grundsätzlich die Auffassung vor, daß die *Generalitat* in allen Fragen, die in ihren Kompetenzbereich fallen, über institutionell abgesicherte Mitsprachemöglichkeiten in der europäischen Politik verfügen sollte.

In dieser Hinsicht sind viele der katalanischen Hoffnungen in Europa enttäuscht worden. Der Ausschuß der Regionen hat seit seiner Gründung kaum an institutionellem Profil gewonnen. Zu einem Forum, das die Politik der Europäischen Union in maßgeblichen Punkten aktiv mitgestaltet, hat sich der Ausschuß nicht entwickelt. Schon seine bloße Existenz dürfte den meisten europäischen Bürgern bis heute verborgen geblieben sein. Die regionale Ebene führt in der Europäischen Union letztlich ein institutionelles Phantomdasein. Katalonien hat in den anderthalb Jahrzehnten nach Maastricht die schmerzhafte Erfahrung gemacht, daß eine Vertretung regionaler Interessen in der Europäischen Union über die Mitgliedstaaten laufen muß, um Aussicht auf Erfolg zu haben. Es befindet sich in dieser Hinsicht in einer ungünstigeren Position als eine belgische Region oder ein deutsches Land, denn anders als in Belgien oder in der Bundesrepublik gibt es in Spanien keine institutionalisierten Kanäle zur Einbeziehung der substaatlichen Einheiten in europäische Entscheidungsprozesse.

Mit dem geringen institutionellen Gewicht Kataloniens auf dem europäischen Parkett assoziieren viele Katalanen einen Mangel an symbolischer Anerkennung ihrer Identität. Symptomatisch ist in dieser Beziehung das Beispiel der Sprache. Mit dem Beitritt eines Staates zur Europäischen Union wird dessen Amtssprache automatisch auch zu einer europäischen Amtssprache, so etwa Slowenisch mit seinen zwei Millionen oder Maltesisch mit seinen ca. 0,4 Millionen Sprechern. Mit einer Sprecherzahl von gut acht Millionen hat Katalanisch eine größere Verbreitung als viele europäische Staatssprachen. Von katalanischer Seite hat es mehrere Anläufe gegeben, dem Katalanischen in den Institutionen der Europäischen Union einen Status zu verschaffen, der sich demjenigen der offiziellen Sprachen der Mitgliedstaaten annähert. Solchen Initiativen war nur begrenzter Erfolg beschieden. Als Nicht-Staat hat Katalonien gegenüber der Europäischen Union keinen Anspruch auf eine »volle« Anerkennung seiner Identitätsmerkmale. Erst eine Initiative der spanischen Regierung unter dem Sozialisten José Luis Rodríguez Zapatero brachte 2005 eine zögerliche und partielle Angleichung der Stellung des Katalanischen in den europäischen Institutionen an die Stellung einer Staatssprache.

Im Lager der katalanischen Nationalisten haben sich in den letzten Jahren die Stimmen gemehrt, die das »Europa der Regionen« als Sackgasse ansehen und eine strategische Neuorientierung der Politik Kataloniens gegenüber der Europäischen Union einfordern. Die europäische Option ist aus katalanischer Sicht noch lange nicht erschöpft, doch sind manche Illusionen verlorengegangen, Europa ließe sich als Trumpfkarte zum Ausbau der Autonomie unter Umgehung des spanischen Staats einsetzen. Die Ergebnisse des im Februar 2005 abgehaltenen Referendums über die europäische Verfassung belegen, daß viele Bürger Kataloniens ihre Identität im Rahmen der Integration Europas nicht auf befriedigende Weise zum Ausdruck gebracht sehen: Der Anteil derjenigen, die gegen den Vertrag über eine Verfassung für Europa votierten, lag in Katalonien mit 28 % deutlich über dem spanischen Durchschnitt von 11 %. Besonders hoch war die Quote der Nein-Stimmen in den Kreisen, in denen die Nationalisten ihre politischen Hochburgen haben.

Von Pujol zu Maragall

Auf der *Plaça de Sant Jaume* in der Altstadt von Barcelona befinden sich die zwei neuralgischen Zentren der katalanischen Politik. Wer den Platz von der *Rambla* kommend über den *Carrer de Ferran* erreicht, erblickt links den Sitz der Regierung Kataloniens, den *Palau de la Generalitat*; diesem frontal zugewandt, liegt auf der rechten Seite des Platzes das Gebäude, das das Rathaus von Barcelona beherbergt. In den vergangenen Jahrzehnten lieferte das Panorama des Platzes über lange Zeit zugleich das Bild einer großen politischen Rivalität. Unmittelbar gegenüber von Jordi Pujol residierte von 1982 bis 1997 der Sozialist Pasqual Maragall, der als wichtigster Gegenspieler Pujols in der katalanischen Politik gelten kann und schließlich 2003 dessen Nachfolger an der Spitze der *Generalitat* werden sollte.

Als Bürgermeister von Barcelona wurde Maragall zur populärsten politischen Figur Kataloniens neben Jordi Pujol. Er erwarb sich über die Landesgrenzen hinaus großes Prestige in der Stadtpolitik. Den Höhepunkt seiner Periode als Bürgermeister bildete zweifelsohne die Ausrichtung der Olympischen Spiele durch Barcelona im Jahr 1992. Die Vorbereitung der Olympischen Spiele brachte gewaltige städtebauliche Veränderungen mit sich. In den Altstadt- und Hafenbezirken wurden umfassende Sanierungsmaßnahmen durchgeführt. Im gesamten Gebiet der Metropole kam es zu einem schubartigen Ausbau der öffentlichen Infrastruktur, besonders augenfällig in den Bereichen Transport und Verkehr. Die von den Linksparteien geführte Stadtregierung hielt sich zugute, bei der Umgestaltung der Stadt die höchste Priorität auf Sozialverträglichkeit und Bürgernähe gesetzt zu haben, und in der Tat war die Akzeptanz der Veränderungen bei der Bevölkerung groß. Im nachhinein wurde freilich auch deutlich, daß die städtebaulichen Umwälzungen zu den Olympischen Spielen den Auftakt für eine rasante und bis heute anhaltende Verteuerung der Wohnungskosten in Barcelona bildeten.

Der 1941 geborene Maragall war nie ein Mann des Parteiapparats. Der Enkel des großen Dichters Joan Maragall ist trotz seiner Bodenständigkeit und Popularität bei den Wählern stets ein Querdenker gewesen, der intellektuelle Neugier mit einem Hang zu unkonventionellen Vorstößen verbindet. Innerhalb seiner Partei sind seine politischen Eskapaden immer wieder kontrovers aufgenommen worden. Maragall hat seine politischen Wurzeln in der antiautoritären katalanischen Linken der 1960er Jahre. Innerhalb des PSC stand er dem dezidiert katalanistischen Parteiflügel nahe. Tatsächlich sollte eine seiner größten Ambitionen am Ende seiner politischen Laufbahn darin bestehen, das Profil des PSC als Sprachrohr eines progressiven Katalanismus zu schärfen.

Während es den gemäßigten Nationalisten von CiU sechsmal in Folge (1980, 1984, 1988, 1992, 1995 und 1999) gelang, als Wahlsieger für die Regierungsbildung in Katalonien zu sorgen, konnte der PSC seit 1977 immer eine relative Mehrheit der Stimmen katalanischer Bürger bei Wahlen zum spanischen Parlament und bei Kommunalwahlen auf sich vereinigen. Ihre Hochburgen hat die Partei im urbanen Ballungsgebiet entlang des Küstenstreifens der Provinz Barcelona. Viele ihrer Stammwähler kommen aus den Familien der südspanischen Einwanderer, die in der Zeit des Wirtschaftsbooms der 1960er Jahre nach Katalonien zogen. In dieser Gruppe treten besonders häufig duale Identitätsmuster auf, in denen die Zugehörigkeit zu Katalonien und Spanien als gleichermaßen stark empfunden wird. Dementsprechend hat der PSC seit seiner Gründung eine vermittelnde Rolle zwischen alteingesessenen Katalanen und immigrierten Bevölkerungssektoren gespielt.

Formal ist der PSC eine eigenständige Organisation; so wird er auch im spanischen Parteienregister geführt. Er bildete 1977 zunächst eine unabhängige Gruppe von Abgeordneten im spanischen Parlament, unterwarf sich seit 1982 aber der übergeordneten Fraktionsdisziplin der spanischen Schwesterpartei. Die Forderung nach einer Rückkehr zur ursprünglichen Situation kommt in den Reihen des PSC seitdem in regelmäßigen Abständen wieder auf. Mit der Übernahme der Regierung in Madrid durch die spanischen Sozialisten geriet der PSC Anfang der 1980er Jahre in eine nicht immer einfache Position: Die Teilhabe an politischer Verantwortung auf gesamtstaatlicher Ebene mußte mit der katalanistischen Grundorientierung der Partei ausbalanciert werden. Der Versuch, eine solche Balance herzustellen, lief für den PSC über den Föderalismus. Ranghohe PSC-Politiker legten 1987 ein Papier vor, in dem sie für eine föderalistische Wende im Autonomieprozeß plädierten. Sie sollte einerseits verhindern, daß es in Madrid zu weiteren zentralistischen Rückfällen kam, andererseits dazu beitragen, die im Baskenland und Katalonien regierenden Nationalisten in die Defensive zu drängen. Die Initiative der katalanischen Sozialisten blieb ohne weitere politische Konsequenzen.

Ähnlich wie das Autonomieverständnis von CiU ist auch der Föderalismus des PSC nicht immer frei von Ambivalenzen. Diese zeugen einerseits von dem Zwang, in den »Außenbeziehungen« zum spanischen Sozialismus nicht den Eindruck zu wecken, die bundesstaatliche Formel sei ein Euphemismus für den Wunsch der Katalanen nach einer privilegierten Stellung im spanischen Verbund. Anderseits hängt der Spagat, den der PSC im Hinblick auf nationale Frage und Autonomieproblematik immer wieder vollführen muß, mit internen Faktoren und der Einbettung der Gruppierung in Katalonien selbst zusammen. Die duale politische Loyalität (gegenüber Spanien und gegenüber Katalonien) spiegelt die Unterschiedlichkeit der soziokulturellen Milieus, die auf der Ebene von Parteimitgliedern und Parteisympathisanten koexistieren. Politiker wie Maragall stehen im PSC für einen stark ausgeprägten Katalanismus, wie er an der Spitze der Partei von Anfang an stark vertreten war. Zugleich hat die Parteiorganisation die aus Südspanien stammenden »Arbeiterführer« eingebunden, die viele Ortsverbände im Großraum Barcelona dominieren. Die Anbindung an die gesamtstaatlichen Organisationsstrukturen des PSOE ist für den PSC bislang auch ein Mittel gewesen, um sich die Unterstützung eines bedeutenden Segments seiner Basis zu sichern. In der jüngsten Vergangenheit hat die Partei unter dem Einfluß von Maragall versucht, ihrer föderalistischen Ausrichtung klarere inhaltliche Konturen zu geben und sich dabei zunehmend zur Fürsprecherin eines asymmetrischen Bundesstaatsmodells entwickelt, der die nationalen Besonderheiten Kataloniens anerkennt und institutionell abbildet.

Die dominante Stellung von gemäßigten Nationalisten und Sozialisten in Katalonien wird durch eine Reihe weiterer politischer Kräfte relativiert, die das politische Geschehen auf lokaler und kommunaler Ebene mehr oder weniger stark beeinflussen. Die politischen Parteien der spanischen Rechten waren in Katalonien schon vor dem Bürgerkrieg schwach, und daran hat sich auch nach dem Ende der Franco-Diktatur nichts Wesentliches geändert. Die konservative Volkspartei kommt in Katalonien auf Ergebnisse, die weit unterhalb ihrer Durchschnittsergebnisse in Spanien liegen. Die Gruppierung wird von vielen Katalanen mit dem Credo des spanischen Nationalismus in Verbindung gebracht, was ihr den Zugang zu einem wichtigen Segment der bürgerlichen Wählerschichten massiv erschwert. Ihr Stimmenteil bei den Wahlen zum katalanischen Parlament pendelte 1999, 2003 und 2006 um die 10 %-Marke. 1999 sicherten ihre Abgeordneten Pujol die Wiederwahl zu seiner letzten Amtsperiode als Präsident der *Generalitat*.

Pujol schaffte es 2003 nicht, sein Regierungsmandat ein weiteres Mal erneuert zu sehen. Die Partei seines Herausforderers Pasqual Maragall hatte zwar mit 32 % nur unwesentlich mehr Stimmen erhalten als CiU; zudem stellte sie aufgrund des katalanischen Wahlsystems weniger Abgeordnete als die gemäßigten Nationalisten. Doch das politische Panorama hatte sich dadurch grundlegend verändert, daß die *Esquerra Republicana*, die lange Zeit neben CiU ein politisches Schattendasein geführt hatte, ihren Stimmenanteil gegenüber den Wahlen von 1999 verdoppeln konnte und mit 16 % zur drittstärksten Kraft in der katalanischen Politik avancierte. Auf der Achse, die von den Polen Katalanismus und spanischer Nationalismus gebildet wird, besetzt die *Esquerra* in Katalonien die Position, die die größte Distanz zu derjenigen der Volkspartei aufweist. Nach Jahren der Stagnation gelang es der Partei in den 1990er Jahren, den Ruf abzustreifen, sie sei eine anachronistische Reminiszenz der Zeit vor dem Bürgerkrieg, und dem Linksnationalismus in Katalonien feste Konturen zu geben. Die *Esquerra* versteht sich als Sammelbecken der *independentistes*, der Anhänger eines unabhängigen Katalonien, bleibt aber zugleich der katalanischen Tradition des Pragmatismus und der Kompromißorientierung verbunden. In der Wirtschafts- und Gesellschaftspolitik verknüpft sie sozialliberale und sozialdemokratische Positionen. Ihr politisches Profil macht sie für CiU wie PSC gleichermaßen koalitionsfähig. So sorgte sie 2003 für einen bemerkenswerten Einschnitt in der politischen Entwicklung Kataloniens. Nach komplizierten Verhandlungen trat sie einer von Pasqual Maragall angeführten Koalitionsregierung bei. Dritte Kraft im Bunde waren die »Rot-Grünen« der *Iniciativa*, die in der katalanischen Politik für den Wandel der kommunistischen und postkommunistischen Linken zur ökologischen Linken stehen.

Der Übergang von Pujol zu Maragall hatte kaum den Charakter eines politischen Erdrutsches. Nach einer Regierungszeit von mehr als 20 Jahren hatte sich die Hegemonie des gemäßigten Nationalismus schlichtweg abgenutzt. Zudem hatte CiU durch Pujols Kooperation mit der Volkspartei viel an Glaubwürdigkeit im katalanistischen Lager verloren. Von diesem Verlust konnten insbesondere die Linksnationalisten der *Esquerra* profitieren, die mit dem Anspruch auftraten, eine qualitativ neue Etappe der politischen Entwicklung des Landes zu eröffnen. Sie waren sich mit ihren Koalitionspartnern in dem Ziel einig, ein neues Statut auf den Weg zu bringen, das die politische Autonomie Kataloniens spürbar vertiefen sollte. Doch die Dreiparteienkoalition um Maragall war weit davon entfernt, wie ein Volksfrontbündnis zu agieren, auch wenn nach der Regierungsbildung konservative Stimmen in der spanischen Öffentlichkeit lautstarke Warnungen vor der Renaissance des »roten Separatismus« in Katalonien abgaben. Was an der neuen Situation überraschte – jedenfalls aus katalanischer Sicht –, war nicht der vermeintliche Radikalismus, mit dem sich Maragall und seine Mitstreiter an ihre politische Arbeit machten, sondern die Vehemenz, mit der außerhalb Kataloniens auf diese Arbeit reagiert wurde. Faktisch blieb die Konsensorientierung auch unter Maragall ein wesentliches Element der katalanischen Politik, wie der Prozeß der Ausarbeitung des 2006 verabschiedeten Autonomiestatuts zeigte. Aber der binnenkatalanische Konsens wurde durch die spannungsgeladenen Effekte, die die veränderte Dynamik innerhalb Kataloniens in der spanischen Politik zu bewirken schien, durchaus erschüttert.

Katalanische Identität und politische Kultur

Im Vergleich zu vielen anderen »Nationen ohne Staat« ist es den Katalanen in ihrer jüngsten Vergangenheit gelungen, ein bemerkenswert hohes Niveau an Autonomierechten zu erlangen. Betrachtet man die Entwicklungen seit 1975, darf man jedoch nicht übersehen, daß den Etappen der Autonomie in der Geschichte des modernen Katalonien lange Zeiträume der Negation kollektiver katalanischer Identitätsmerkmale durch Politik und Administration gegenüberstehen. Viele Elemente in der Strategie des »nationalen Wiederaufbaus« werden erst verständlich, wenn wir uns vergegenwärtigen, daß sie dazu dienen sollen, den Folgen der vormals erlittenen Unterdrückung nachträglich entgegenzuwirken. Besonders wichtig ist die Berücksichtigung dieses Aspekts für eine nüchterne Bewertung der Sprachpolitik der *Generalitat*.

Als Volk ohne Staat haben die Katalanen eine beachtliche Fähigkeit zur gesellschaftlichen Selbstorganisation an den Tag gelegt. Ihr haben sie es zu verdanken, daß sie ihre kollektive Entmündigung in schwierigen Zeiten zumindest in Ansätzen konterkarieren konnten. Die Geschichte des Katalanismus ist von Anfang an die Geschichte einer breit aufgefächerten sozialen Bewegung, die ein hohes Maß an Binnendifferenzierung mit einer großen politischen Integrationskraft zu verbinden vermochte. Daß der Katalanismus sich nicht als homogener Block präsentiert, sondern eine Vielzahl kultureller und weltanschaulicher Schattierungen aufweist, verleiht dem Streben nach Autonomie einen sehr breiten gesellschaftlichen Rückhalt. Katalonien ist traditionell ein »geohistorischer Korridor« (Vicens i Vives 1984, S. 20) gewesen, ein durch sukzessive Einwanderungsströme und intensive interkulturelle Kontakte geprägtes

Land. In seiner Bevölkerung finden wir ein Geflecht heterogener Zugehörigkeitsmuster vor. Vor diesem Hintergrund leistet die gesellschaftliche Verankerung des Katalanismus einen wesentlichen Beitrag dazu, daß die Bürger Kataloniens sich bis zu einem gewissen Grad unabhängig von ihrer subjektiven nationalen Identität als Befürworter der politischen Autonomie erweisen.

Die gesellschaftliche Einbettung des Katalanismus

Der Nationalismus ist in Katalonien ein Phänomen, dessen Sogwirkung nicht auf die Sphäre der Parteipolitik reduziert werden kann. Politiker mögen sich nicht zuletzt von instrumentellen Kalkülen leiten lassen, wenn sie in ihren Diskursen die nationale Identität Kataloniens bemühen. Daß nationale Motive strategisch eingesetzt werden, schmälert jedoch nicht den authentischen Erfahrungsgehalt, den viele Bürger mit ihnen verbinden. Die kulturelle Renaissance Kataloniens, die dem politischen Katalanismus Ende des 19. Jahrhunderts den Weg bereitete, erfaßte die verschiedensten gesellschaftlichen Bereiche und blieb keineswegs nur auf einen Kreis bürgerlicher Eliten beschränkt. Zugleich gingen aufgrund der wechselseitigen Durchdringung von Kultur und Politik ästhetische und politische Debatten fließend ineinander über. Es ist zu betonen, daß im Bereich kultureller Aktivitäten die gesellschaftliche Eigeninitiative meist vollständig die staatliche Hand ersetzte. Dies gilt gleichermaßen für die Ebene der »Hoch-« wie für die Ebene der »Volkskultur«. Neben die Kulturclubs und Stiftungen zur Förderung der schönen Künste im Umfeld der Bourgeoisie traten schon bald Arbeiterchöre sowie Volksbildungsstätten, deren Arbeit nicht zuletzt von anarchistischen Einflüssen zeugte. Schon in der Formierungsphase des politischen Katalanismus konnte die katalanische Kultur daher nicht als ein harmonisches Ganzes gesehen werden, sondern als ein Terrain intensiver, aber in der Regel auch produktiver Konflikte.

Seit seiner Entstehung hat sich der Katalanismus auf Traditionen bezogen, die oft weit in die Vergangenheit zurückreichen. Dazu zählen Volkstanz- und Chorgruppen ebenso wie etwa die *jocs florals* (Blumenspiele) oder die *castells* (Menschentürme). Die kulturelle Renaissance entfaltete sich seit dem 19. Jahrhundert in einem dichten Netz von Assoziationen, das bis heute typisch für Katalonien geblieben ist. Man könnte von einem Kollektivismus jenseits des Staates (den die Katalanen ja nicht besaßen) sprechen. Die gesellschaftliche Selbstorganisation in Vereinen reichte tatsächlich von der örtlichen *Sardana*-Tanzgruppe bis zum *Institut d'Estudis Catalans*, das als katalanische Spielart einer nationalen Akademie der Wissenschaften gelten konnte. Im Zuge der Lockerung der Repression nach 1960 kam es noch unter Franco erneut zur Gründung von Vereinigungen, die ihre kulturelle Betätigung mit dem impliziten Ziel verbanden, die soziale Basis des Katalanismus zu reaktivieren. Auch nach der Wiederherstellung der Autonomie sind Katalanismus und Zivilgesellschaft weiterhin eng ineinander verzahnt geblieben.

Grob gesprochen umfaßt das mit dem Katalanismus verwobene Assoziationswesen drei Schichten. Auf einer ersten, unteren Ebene anzusiedeln sind die Aktivitäten, die nur schwach formalisiert sind und keinen festen Teilnehmerkreis voraussetzen: Dazu gehören etwa die Mitwirkung an Festlichkeiten im Stadtteil oder Dorf sowie das sonntägliche *Sardana*-Tanzen. Eine zweite, mittlere Ebene bilden die in Bereichen wie Freizeit, Sport und Kultur aktiven Klubs und Vereinigungen, die ihr Angebot an einen festen Kreis von Mitgliedern richten und ihre bereichsspezifische Tätigkeit zumindest indirekt auch als Beitrag zur Festigung katalanischer Identität verstehen. Auf der dritten Ebene operieren schließlich die Assoziationen und Initiativen, die sich primär als Multiplikatoren der katalanischen Kultur betrachten und im unmittelbaren Umfeld des politischen Katalanismus stehen.

Ein charakteristisches Beispiel für eine Vereinigung, die sich auf der letztgenannten Ebene betätigt, ist Òmnium Cultural. 1961 als bürgerliche Plattform zur Förderung der katalanischen Kultur gegründet, entwickelte sich Òmnium in der Demokratie zu einer Organisation, die darüber wacht, daß der »nationale Wiederaufbau« insbesondere auf dem Gebiet der Sprache nicht an Elan verliert. In den Jahren der Institutionalisierung der Autonomie bildete die Crida a la Solidaritat das jugendlich-radikale Gegenstück zu den bürgerlich-gemäßigten Honoratioren von Òmnium Cultural. Die Crida konstituierte sich nach der Wiederherstellung der Autonomie als überparteiliches Forum zur Verteidigung der kollektiven Rechte der Katalanen, die durch die politische Dynamik nach dem Putschversuch von 1981 erneut gefährdet schienen. Ihre Mobilisierungen richteten sich zuerst vor allem auf die Aufwertung des öffentlichen Status des Katalanischen. Es galt ihr, die von den Institutionen eingeleiteten Maßnahmen zur Rekatalanisierung mit Druck »von unten« zusätzlich voranzutreiben. Nach und nach dehnte sie ihre Aktivitäten auf weitere Bereiche aus und initiierte umweltpolitische sowie antimilitaristische Kampagnen. Die Crida kombinierte auf spezifische Weise die Ziele einer nationalistischen pressure group mit den Mobilisierungsformen einer neuen sozialen Bewegung. Nachdem sich die Crida 1993 auflöste, schlossen sich viele ihrer ehemaligen Mitglieder der Esquerra Republicana an und wirkten dort als Katalysatoren einer programmatischen Erneuerung des Linksnationalismus, die ein Jahrzehnt später ihre Früchte tragen sollte.

Vereinigungen wie Òmnium und Crida verkörpern die am stärksten politisierte Version der gesellschaftlichen Unterbauten des Katalanismus. Als besonders wirkungsmächtig erweisen sich diese Unterbauten dort, wo sie nicht der unmittelbaren politischen Parteinahme dienen. Das Paradebeispiel einer erfolgreichen katalanistisch orientierten Vereinstätigkeit bietet in diesem Zusammenhang zweifelsohne der FC Barcelona, von den Fans kurz *Barça* genannt. Der 1899 vom Schweizer Hans Gamper gegründete Club war in seiner Geschichte immer eng mit dem Katalanismus verwoben, auch wenn sicherlich nicht alle seine Mitglieder – heute sind es weit über 100 000 – für die katalanische Sache eintreten. Wenn in Katalonien immer wieder davon die Rede ist, *Barça* sei »mehr als ein Club«, ist damit vor allem gemeint, daß der Verein die zivile Identität Kataloniens und damit verbundene Werte wie Gemeinsinn und Solidarität verkörpern möchte. So äußert sich auch Joan Laporta, der Präsident des FC Barcelona, in der Einleitung zu einem an Kinder und Jugendliche gerichteten Büchlein zur Geschichte von *Barça*, das übrigens in mehreren Sprachen, darunter auch Deutsch, erhältlich ist. In Zeiten der Diktatur wurden die Spiele des FC Barcelona immer wieder zu Bekundungen des katalanischen Selbstbehauptungswillens, besonders dann, wenn der Gegner Real Madrid hieß, der vom Franco-Regime gehätschelte große Rivale von *Barça*. Bis heute muß *Barça* mit der schwierigen Aufgabe zurechtkommen, von vielen Bürgern als eine Art Ersatz für eine katalanische Fußballnationalmannschaft angesehen zu werden. Die Wahrnehmung seiner gesellschaftlichen Funktionen wird für den Verein nicht unbedingt dadurch leichter, daß er zu einem riesigen Geschäftsunternehmen geworden ist, das den harten Marktgesetzen des Profi-Fußballs oberste Priorität einräumen muß. Bislang ist es dem Club dennoch weitgehend gelungen, seiner Anbindung an den Katalanismus auf glaubwürdige Weise Kontinuität zu verleihen. Ein entscheidendes Element hierfür ist die erfolgreiche Verklammerung der globalen und lokalen Dimension der Vereinsarbeit. Wenn Spieler aus Brasilien, Argentinien, Kamerun oder den Niederlanden im Trikot von Barcelona aufs Feld laufen, hören sie gewiß nicht auf, Brasilianer, Argentinier, Niederländer oder Kameruner zu sein. In den Mannschaftsfarben werden sie auf dem Rasen für das Publikum nichtsdestoweniger zu Repräsentanten Kataloniens; nicht nur für die heimischen Zuschauer, sondern in ganz Spanien und zunehmend häufig auch im Ausland. Der prominente Soziologe und Theoretiker der Informationsgesellschaft Manuel Castells hat zu Recht hervorgehoben, daß der Katalanismus von *Barça* eine symbolische Identität ausdrückt, in der ethnische Bezüge keine Rolle spielen. In der Tat zeigt der FC Barcelona vielleicht auf exemplarische Weise, wie sehr der Katalanismus auf einer »offenen« Identitätspolitik beruht und seine kulturelle Ausstrahlungskraft einer festen Einbettung in der Zivilgesellschaft verdankt.

Für die 1980 in Angriff genommene Politik des »nationalen Wiederaufbaus« bot die gesellschaftliche Verankerung des Katalanismus eine überaus solide Ausgangsbasis. Maßgeblich für die Entwicklung im autonomen Katalonien war die ideologische Auffächerung eines breiten katalanistischen Spektrums. Tendenzen zur politischen Segmentierung der Bevölkerung nach soziokulturellen Merkmalen sind bislang ausgesprochen schwach geblieben. Von einer parallel zum Gegensatz zwischen Katalanismus und spanischem Nationalismus verlaufenden ethnischen Spaltung der katalanischen Gesellschaft kann nicht die Rede sein. Was das Wechselspiel von politischen und nationalen Loyalitätsmustern angeht, finden wir in Katalonien vielmehr ein nicht immer leicht zu deutendes Nebeneinander von Identitäten vor, die sich zum Teil überschneiden, zum Teil auseinanderlaufen.

Nationalisten wie Pujol haben es sich bereits vor Jahrzehnten zur Devise gemacht, alle Menschen, die in Katalonien leben und arbeiten, als Katalanen zu betrachten. Diese

Sichtweise hat sich auch in den Autonomiebestimmungen von 1979 und 2006 niedergeschlagen, nach denen jene spanischen Staatsbürger als Bürger Kataloniens gelten, die ihren Wohnsitz in Katalonien haben. Im Katalanismus waren immer diejenigen Stimmen tonangebend, die die Inklusion aller Bevölkerungsgruppen in den Prozeß der Konstruktion einer politischen Gemeinschaft anstreben. Das Ziel, die eigene Kultur zu wahren, ist dementsprechend ohne weiteres mit der Aufnahme neuer, exogener Einflüsse vereinbar. Welches Bild haben die Bürger Kataloniens nun von sich selbst, wenn es um die Bestimmung ihrer Identität geht? Aus der Perspektive der in Spanien und Katalonien überaus beliebten soziologischen Identitätsforschung, die sich auf Erhebungsdaten stützt, ergibt sich ein recht komplexes Gesamtbild. Die Ergebnisse regelmäßig durchgeführter Umfragen zeigen zunächst, daß der Anteil der Katalanen, die sich eine duale Identität mit einer katalanischen und einer spanischen Komponente zuschreiben, in den vergangenen zwei Jahrzehnten relativ konstant bei ca. 70 % liegt. Die duale Identität hat allerdings nur bei knapp 40 % der Befragten einen ausgewogenen Charakter (»gleichermaßen katalanisch wie spanisch«). Dies ist insofern signifikant, als der entsprechende Anteil (d. h. »gleichermaßen regional wie spanisch«) in den meisten anderen Autonomen Gemeinschaften deutlich höher liegt. So bringen etwa die Daten für das Jahr 2003 zum Vorschein, daß sich 24 % der Katalanen mit dualen Identitätsmustern mehr Katalonien als Spanien zugehörig fühlen; 8 % sahen wiederum die Kategorie »eher spanisch als katalanisch« als für sie zutreffend an. Für die Identitätsoption »nur katalanisch« entschieden sich im genannten Jahr 16 %; für »nur spanisch« betrug der Wert 12 %.

Der Informationsgehalt derartiger Umfrageergebnisse ist zwangsläufig begrenzt. Hinter den Zahlen verbergen sich veränderliche Größen. Die Konstruktion und der Wandel von Identitätsmustern, nach denen in solchen Erhebungen gefragt wird, unterliegen nicht zuletzt der Dynamik der Konfliktkonjunktur, die in den spanisch-katalanischen Beziehungen zu beobachten ist. Darüber hinaus dokumentieren die Umfragen auch, daß die subjektive nationale Identität nur bedingt Rückschlüsse auf die von den Befragten bevorzugte Option in der Autonomiepolitik erlaubt. Viele Bürger mit einer ausgeprägten »spanischen« Identitätskomponente sind zugleich überzeugte Befürworter der Autonomie. Dennoch wären katalanistische Politiker jeglicher Couleur schlecht beraten, das komplexe Nebeneinander von Zugehörigkeiten in der katalanischen Gesellschaft zu ignorieren.

Daß der Katalanismus nach 1980 seine Hegemonie entfalten konnte, ohne nennenswerte Gegenkräfte zu mobilisieren, war auch einer behutsamen Vorgehensweise zu verdanken, die nicht eine Identitätspolitik mit der Brechstange verfolgte, sondern vielmehr darum bemüht war, keine soziokulturellen Spannungen aufkommen zu lassen. Vor allem die Linksparteien haben in diesem Zusammenhang eine wichtige Brückenfunktion zwischen dem »autochthonen« und dem »zugewanderten« Katalonien eingenommen. Es war keineswegs ohne symbolische Bedeutung, daß im November 2006 der sozialistische Kandidat José Montilla mit den Stimmen von Linksnationalisten und Links-Grünen zum Präsidenten der *Generalitat* gewählt wurde. Der 1955 bei Iznájar in der andalusischen Provinz Córdoba geborene Montilla kam als Sechzehnjähriger mit seinen Eltern und Geschwistern nach Katalonien. Er begann seine politische Karriere 1985 als Bürgermeister des im südlichen Industriegürtel von Barcelona gelegenen Cornellà und wurde im Jahr 2000 Generalsekretär des PSC. Mit Montilla wurde erstmals ein Vertreter der *altres catalans*, der »anderen Katalanen«, wie der Schriftsteller Francesc Candel in den 1960er Jahren die zu Hunderttausenden in Katalonien eintreffenden südspanischen Migranten genannt hatte, Präsident der *Generalitat*. Das große Gewicht multipler Identitäten in der katalanischen Bevölkerung bringt einen soziokulturellen Pluralismus zum Ausdruck, der auch im politischen Diskurs des Katalanismus durchaus reflektiert wird.

Katalanismus und Sprachpolitik

Die Sprache ist das eigentliche Emblem des Katalanismus. Seit der Formierung der Nationalbewegung am Ende des 19. Jahrhunderts steht sie im Mittelpunkt der politischen Debatten in Katalonien. Die Sprache ist für die Katalanen zum einen das kulturelle Substrat, das ihnen als Gemeinschaft Zusammenhalt gibt. Zum anderen bildet sie ein elementares Band zwischen Bürgern und gesellschaftlichen Institutionen. Die Legitimität der Ansprüche auf Autonomie in zentralen Bereichen steht in einem engen Zusammenhang mit der sprachlichen Besonderheit Kataloniens. Katalanistische Mobilisierungen sind häufig auf den Schutz der eigenen Sprache ausgerichtet. Zugleich ist die Existenz der Sprache selbst eine Ressource, die in gewisser Weise die Mobilisierungen überhaupt erst ermöglicht. Auf das Zusammenwirken der expressiv-symbolischen und der instrumentellen Dimensionen von Sprache hatten bereits die Pionierfiguren des politischen Katalanismus ihr Augenmerk gerichtet, so etwa der stark vom deutschen Aufklärungsphilosophen Johann Gottfried Herder beeinflußte Enric Prat de la Riba (1978, S. 84), der in seiner 1906 erschienenen Schrift *La nacionalitat catalana* festhielt: »[D]ie Sprache ist der vollkommenste Ausdruck des nationalen Geistes und das mächtigste Instrument der Nationalisierung.«

Im Anschluß an die *Renaixença* war es zu einer sukzessiven Ausweitung des funktionalen Gebrauchs des Katalanischen gekommen. Diese Entwicklung wurde 1939 jäh unterbrochen. Es war das explizite Ziel des Franco-Regimes, das Katalanische aus allen relevanten Bereichen des öffentlichen Lebens zu verbannen. Die Repression unter Franco brachte eine massive Schwächung der gesellschaftlichen Stellung des Katalanischen mit sich. Für alle in der Tradition des Antifranquismus stehenden politischen Kräfte im autonomen Katalonien stand daher außer Frage, daß die Sprache im Mittelpunkt des »nationalen Wiederaufbaus« stehen mußte. Jordi Pujol unterstrich stets die große Bedeutung, die er der Sprachpolitik im Rahmen seiner Regierungsarbeit einräumte. 1994, auf dem Höhepunkt seiner Macht, erklärte er etwa in einem Zeitungsinterview: »Unsere Sprachpolitik ist der Grundstein unserer gesamten Politik in Katalonien und auch unserer gesamten Politik in Spanien.« Der Sozialist Pasqual Maragall unterschied sich in dieser Hinsicht allenfalls in Nuancen von seinem Vorgänger und vertrat die Auffassung, die Sprache sei als Kataloniens DNA anzusehen. Gerade bei der politischen Regelung der Sprachenfrage hat sich die Konsensorientierung innerhalb des katalanistischen Lagers, das 80 bis 90 Prozent der Wähler repräsentiert, in den 25 Jahren seit der Wiederherstellung der Autonomie als besonders ausgeprägt erwiesen.

Mit der Rückkehr zu Demokratie und Autonomie begann in Katalonien die *normalització lingüística*. Der Prozeß der »sprachlichen Normalisierung« zielte auf die Ausweitung des gesellschaftlichen Gebrauchs des Katalanischen und auf die sukzessive Katalanisierung der öffentlichen Sphäre, insbesondere der Administration und der Bildungseinrichtungen. Wie für die anderen Bereiche, die in die Zuständigkeit der *Generalitat* fallen, gibt auch für die Sprachpolitik die spanische Verfassung den übergeordneten Regelungsrahmen ab. Die Verfassungspräambel proklamiert den Willen der spanischen Nation, die Kulturen,

Traditionen und Sprachen der Spanier und der Völker Spaniens zu schützen. Artikel 3 umreißt dann die sprachpolitischen Leitlinien der parlamentarischen Monarchie. Das Kastilische wird zur offiziellen spanischen Staatssprache erklärt. Alle Spanier haben die Pflicht, sie zu können, und das Recht, sie zu gebrauchen. Gleichzeitig können die übrigen (im Verfassungstext nicht näher benannten) spanischen Sprachen auf der Ebene der Autonomen Gemeinschaften ebenfalls einen offiziellen Status einnehmen, soweit das die Autonomiestatute vorsehen. Das Statut von 1979 definierte auf dieser Basis Katalonien als eine offiziell zweisprachige Autonome Gemeinschaft. Kastilisch und Katalanisch besaßen damit gleichrangigen Status als regionale Amtssprachen. Das Statut enthielt allerdings auch eine im Hinblick auf die künftige Sprachpolitik wichtige Nuancierung, denn es bezeichnete Katalanisch als die »eigene« Sprache Kataloniens. Der *Generalitat* wies es die Aufgabe zu, Bedingungen für eine volle Gleichwertigkeit der zwei offiziellen Sprachen Katalanisch und Spanisch im Hinblick auf die Rechte und Pflichten der Bürger Kataloniens herzustellen. Das 2006 verabschiedete Autonomiestatut, auf das in einem späteren Kapitel noch genauer eingegangen wird, erweitert die 1979 beschlossenen Regelungen um einen wesentlichen Punkt: Es enthält die Aussage, daß alle Bürger Kataloniens das Recht und die Pflicht haben, die zwei offiziellen Sprachen zu »können« (*conèixer*). Die entsprechende Passage im Statut (zu finden unter Artikel 6.2) lautet: »Das Katalanische ist die offizielle Sprache Kataloniens, zusammen mit dem Kastilischen, das die offizielle Sprache des spanischen Staates ist. Alle Personen haben das Recht, die zwei offiziellen Sprachen zu verwenden, und die Bürger Kataloniens haben das Recht und die Pflicht, sie zu können.« Die Formulierung überträgt die Logik der spanischen Verfassung hinsichtlich der politischen Stellung des Kastilischen im spanischen Staat auf den katalanischen Kontext und macht erstmals in der Geschichte Kataloniens die Kenntnis der »eigenen« Sprache offiziell zur Pflicht. Aus dem gegenwärtigen Stand ist nicht abzusehen, welche rechtlichen Konsequenzen sich aus diesem Schritt ergeben werden.

Das Katalanische hatte mit der Autonomie wieder Amtssprachenstatus erlangt. Die 1979 angepeilte Aufwertung seiner öffentlichen Stellung wurde zum Gegenstand eines ambitionierten sprachpolitischen Programms. Ausbuchstabiert wurde dieses Programm zunächst mit dem 1983 vom katalanischen Parlament einstimmig verabschiedeten Gesetz über Sprachnormalisierung (*Llei de Normalització Lingüística*). Im Kern enthielt das Gesetz ein systematisches Inventar von Kriterien zur Auslegung des Begriffs der »eigenen« Sprache durch die Institutionen der *Generalitat*. Die Sprachnormalisierung sollte mit Hilfe folgender Schritte realisiert werden: die sukzessive Katalanisierung des Erziehungs- und Bildungswesens (was in den Schulen nicht nur Unterricht des Katalanischen, sondern Unterricht einer möglichst großen Zahl von Fächern in katalanischer Sprache implizierte); die Verwendung des Katalanischen in der regionalen und kommunalen Verwaltung; und schließlich die Stärkung der Medienpräsenz des Katalanischen. Generell sollten politische Anreize den Gebrauch des Katalanischen in einer Vielzahl gesellschaftlicher und wirtschaftlicher Bereiche fördern. Unterm Strich zielten die auf dem Weg der Gesetzgebung eingeleiteten Maßnahmen darauf ab, die Vormachtstellung des Kastilischen in Katalonien zu brechen und dem Katalanischen mit institutioneller Hilfe Bastionen in Kommunikationsfeldern zu erschließen, zu denen ihm der Zugang versperrt worden war.

Die Einschätzung, im Zuge der Konsolidierung der Autonomie das Potential der *Llei de Normalització Lingüística* ausgeschöpft zu haben, veranlaßte die *Generalitat* in der zweiten Hälfte der 1990er Jahre zu einer zweiten großen Initiative auf dem Terrain der Sprachengesetzgebung,

deren Resultat das im Januar 1998 verabschiedete Sprach-
politikgesetz (*Llei de Política Lingüística*) war. Das Gesetz
präzisierte die Kriterien für die Klärung des Verhältnisses
von »eigener« Sprache und »offizieller« Sprache. Danach
ist Katalanisch als »eigene« Sprache Kataloniens die Sprache, die die öffentliche Verwaltung und das Bildungswesen
im Regelfall benutzen. Diese Sichtweise findet sich auch im
Statut von 2006 wieder. Darüber hinaus enthält das Gesetz
eine Reihe von Bestimmungen zur Förderung des Katalanischen in verschiedenen sozioökonomischen Tätigkeitsfel-
dern und im Kulturbetrieb.

Für das Gros der katalanistischen Kräfte wären die Ziele
des sprachpolitischen Interventionismus dann erfüllt, wenn
Katalanisch als Standardvehikel nicht nur der institutionellen, sondern auch der gesellschaftlichen Kommunikation
diente. Dem Kastilischen fielen dann vor allem die Funktionen einer *Lingua franca* im Austausch mit dem übrigen
Spanien (und der spanischsprachigen Welt) zu. Die sozio-
linguistische und sprachpolitische Position des Katalanischen würde sich so im Prinzip derjenigen der »kleineren«
europäischen Staatssprachen wie Dänisch oder Slowakisch
annähern. In Anbetracht der Situation, in der sich das Katalanische am Ausgang des Franquismus befand, wäre das
Erreichen eines solchen Ziels ein überaus beachtlicher Erfolg.

Wie hat sich der Prozeß der Sprachnormalisierung auf
die Verbreitung der eigenen Sprache im autonomen Katalonien ausgewirkt? Die *Generalitat* läßt in regelmäßigen Abständen Erhebungen durchführen, die über die Verbreitung
des Katalanischen in der Bevölkerung Auskunft geben sollen. Bei der Erfassung der Sprachkenntnisse wird nach
Kompetenzniveaus abgestuft. Für das Jahr 1986 besagten
die Daten, daß 90,6 % der Bürger Katalanisch verstanden;
64,2 % konnten es sprechen; über Lesekompetenz im Katalanischen verfügten 60,7 %; 31,6 % waren in der Lage,

katalanisch zu schreiben. Anderthalb Jahrzehnte später, im Jahr 2001, ergaben sich folgende Werte: 94,5 % (verstehen); 74,5 % (sprechen); 74,4 % (lesen); 49,8 % (schreiben) (Branchadell 2006, S. 161-163). Die Zahlen belegen, daß die Sprachpolitik der *Generalitat* nicht ohne Wirkung geblieben ist. Die Angaben über Kompetenzniveaus sagen allerdings noch nichts über den tatsächlichen Gebrauch der Sprache im sozialen Alltag aus. Hier scheinen laut den Befunden von Soziolinguisten die Entwicklungstendenzen für das Katalanische weniger günstig zu sein: Insbesondere im Wirtschafts- und Arbeitsleben ist das Kastilische weiterhin das dominante Kommunikationsmedium. In Anbetracht des gewaltigen Zustroms von Immigranten, den Katalonien in jüngster Zeit erlebt, dürfte sich diese Dominanz kurzfristig kaum abschwächen lassen.

Der in Katalonien nach 1980 eingeschlagene sprachpolitische Kurs wurde nicht unilateral von den Nationalisten um Pujol festgelegt. Er spiegelte vielmehr durchweg den Konsens der maßgeblichen politischen Kräfte in der Autonomen Gemeinschaft wider. In Fragen der Sprachpolitik und Sprachplanung war die *Generalitat* von Anfang an bestrebt, nationalistische Alleingänge zu vermeiden und der Gefahr einer Spaltung der katalanischen Gesellschaft nach sprachlichen Identitäten entgegenzuarbeiten. Das politische Primat der Sprachnormalisierung steht für CiU, PSC, ERC und IC gleichermaßen außer Zweifel. Unterschiedliche Standpunkte gibt es lediglich im Hinblick auf Ausmaß und Tempo des Prozesses. Manche Nationalisten betrachten die Sprachpolitik als ein Instrument, das eines Tages Katalanisch zur alleinigen offiziellen Sprache Kataloniens machen könnte. Freilich überwiegen auch im nationalistischen Lager die realistischen Stimmen, die es für unumgänglich halten, den Bilingualismus, der die katalanische Gesellschaft prägt, für eine unbestimmte Übergangszeit auch auf der Ebene der Institutionen abzubilden. Auch die

Sozialisten und die Links-Grünen treten in ihren Programmen als entschiedene Befürworter einer umfassenden Katalanisierung des öffentlichen Lebens auf und sehen die Sprache als das Gravitationszentrum der katalanischen Kultur an. Zugleich wenden sie sich gegen sprachpolitische Maßnahmen, die von der immigrierten Bevölkerung als diskriminierend empfunden werden könnten. Die einzige Gruppierung, die den sprachpolitischen Konsens in Katalonien nicht mitgetragen hat, ist die Volkspartei. Sie präsentiert sich als Fürsprecher eines strikten Bilingualismus, der aus ihrer Sicht implizieren müßte, daß dem Katalanischen keinerlei institutionelle Sonderrolle zugestanden wird. In eine ähnliche Kerbe schlägt neuerdings die Gruppierung *Ciutadans de Catalunya* (Bürger Kataloniens), die es bei den Wahlen im November 2006 auf 3 % der Stimmen und drei Abgeordnete im katalanischen Parlament brachte. Die Gruppierung trat primär als antinationalistische Plattform an, die sich vor allem gegen eine »identitäre Obsession« in der katalanischen Politik richtete. Eine solche Obsession glaubten *Ciutadans*-Aktivisten im Katalonien Maragalls in einem ähnlichen Ausmaß auszumachen, wie es vorher unter Pujol der Fall gewesen war.

Ungeachtet solcher Vorwürfe sticht freilich ins Auge, daß es in Katalonien selbst bislang keine nennenswerten gesellschaftlichen Mobilisierungen gegen die von den Institutionen der Autonomen Gemeinschaft verfolgte Sprachpolitik gegeben hat. Die konsequente Ausrichtung des Normalisierungsprogramms an den Geboten des Parteienkonsenses hat den Bemühungen zur Aufwertung des Katalanischen eine sehr hohe Akzeptanz beschert. Darüber hinaus hat die *Generalitat* das Erreichen ihrer Ziele in der Sprachpolitik überwiegend mit einer persuasiven Strategie verklammert und auf die Einführung von Sanktionsmechanismen verzichtet. Im allgemeinen wird bereits in der Phase der Vorbereitung einer konkreten sprachpolitischen Maßnahme versucht, mit allen potentiell davon betroffenen Gruppen Einvernehmen herzustellen, um keine Konflikte aufkeimen zu lassen.

Um so eigenartiger muß die Vehemenz anmuten, mit der außerhalb Kataloniens immer wieder auf die Sprachpolitik der *Generalitat* reagiert wird. Insbesondere die konservativ ausgerichteten Medien in der spanischen Hauptstadt lancieren gerne Kampagnen gegen die »Unterdrückung« der Rechte spanischsprachiger Bürger in Katalonien. So erschien die Madrider Tageszeitung ABC am 12.09.1993 (nicht zufällig genau einen Tag, nachdem die Katalanen ihren Nationalfeiertag begangen hatten) mit der bezeichnenden Titelschlagzeile: »Wie unter Franco, aber umgekehrt: Verfolgung des Kastilischen in Katalonien«. Für den spanischen Nationalismus ist der vermeintliche Drang zur Unterdrückung der kastilischen Sprache in Katalonien stets ein Argument gegen Konzessionen in der Autonomiepolitik gewesen. Auch der Vorsitzende der Volkspartei Mariano Rajoy griff 2006 im Rahmen der Kampagne der spanischen Konservativen gegen das neue katalanische Autonomiestatut darauf zurück.

Ein besonderer Dorn im Auge ist der spanischen Rechten die sprachliche Immersion an den Grundschulen Kataloniens. Die Methode der Immersion, die auch in anderen multilingualen Kontexten (z. B. in Kanada oder Finnland) angewandt wird, zielt darauf, Kindern den zügigen Erwerb einer Zweitsprache durch intensiven Kontakt mit einer schulischen Umgebung zu erleichtern, in der die Zweitsprache eine prominente Rolle spielt. Auf Katalonien bezogen bedeutet das im Klartext, daß Kinder, die nicht katalanische Muttersprachler sind (überwiegend also: spanischsprachige Kinder), möglichst frühzeitig ein hohes Niveau an Sprachkompetenz im Katalanischen erwerben sollen. Es ist aber keineswegs intendiert, daß die Kinder im Rahmen der Immersion das Kastilische »verlernen«, und von einem solchen »Verlernen« kann in der Realität auch nicht die Rede sein: Kastilisch-Unterricht ist an allen Schulen Kataloniens Pflicht. Nach den Daten, die dem *Departament d'Educació* der *Generalitat* – dem katalanischen Kultusministerium – im Jahr 2006 vorlagen, verwendeten in der Primarstufe 10 % bis 20 % und in der Sekundarstufe 30 % bis 40 % der Lehrkräfte Kastilisch in ihrem Unterricht. Eine im Auftrag des spanischen Bildungsministeriums im Jahr 2003 durchgeführte Untersuchung hat wiederum gezeigt, daß zwölfjährige Schüler in Katalonien über dasselbe Kompetenzniveau in Spanisch verfügen wie Schüler im spanischen Durchschnitt. Untersuchungen katalanischer Linguisten deuten schließlich darauf hin, daß trotz sprachlicher Immersion das Katalanisch-Kompetenzniveau eines Fünftels bis eines Viertels der Jugendlichen prekär bleibt. Besonders betroffen sind die 15-30jährigen an den Peripherien der urbanen Ballungsräume.

Die sprachliche Immersion wird von Teilen der spanischen Öffentlichkeit nichtsdestoweniger als Versuch nationalistischer Fanatiker gegeißelt, ganze Kohorten von Kindern kommunikativ ihrer familiären Umgebung zu »entreißen«. Der große katalanische Schriftsteller Manuel Vázquez Montalbán (der im übrigen seine Werke in kastilischer Sprache verfaßte) hat mit beißendem Spott die hysterische Panikmache analysiert, die die Wahnvorstellung aufkommen lassen soll, mit der Immersionsmethode würden spanischsprachige Opfer in Massen von der katalanischen Sprachüberflutung ertränkt.

Das Bild eines von sprachpolitischen Zeloten beherrschten Landes, in dem nichts wichtiger ist als die Verdrängung des Spanischen, geistert gelegentlich auch durch deutsche Zeitungen, deren Korrespondenten dazu neigen, Katalonien primär aus der Perspektive Madrids wahrzunehmen. Die tendenziöse Berichterstattung treibt gelegentlich skurrile Blüten, so etwa in einem am 18.01.2006 im Feuilleton der Frankfurter Allgemeinen Zeitung veröffentlichten Beitrag von Paul Ingendaay, der die Existenz einer die spanischsprachige Bevölkerung schikanierenden »Sprachpolizei« in Katalonien suggeriert. Doch die Vorstellung, das Kastilische sehe sich in Katalonien der politischen Verfolgung ausgesetzt, ist schlichtweg absurd. Jeder, der auch nur ein paar Tage in Barcelona verbringt und die zwei offiziellen Sprachen Kataloniens beherrscht, kann die Probe aufs Exempel machen: Überall in der Stadt ist es problemlos möglich, nur mit dem Spanischen zu leben. Der Versuch, den Alltag primär in katalanischer Sprache zu gestalten, erfordert hingegen oft erhebliche Anstrengungen und allemal viel Geduld. Daß signifikante Sektoren in der spanischen Politik – insbesondere, aber nicht nur, im Lager der Rechten – das »Gespenst« des Katalanischen bemühen, um kollektive Ängste zu schüren, hat oft taktische Ursachen. Mit Warnungen vor den Konsequenzen der Katalanisierung lassen sich, wenn schon nicht in Katalonien selbst, so doch in anderen Teilen Spaniens, durchaus Wählerstimmen gewinnen. Daß dies so ist, zeigt wiederum, daß in den Köpfen nicht weniger Spanier eine Vorstellung fortbesteht, die in der spanischen Öffentlichkeit bereits seit dem Aufkommen des Katalanismus präsent ist und dort eine unvoreingenommene Beurteilung katalanischer Forderungen gegenüber dem Zentralstaat erschwert. Grob vereinfachend läuft die Vorstellung darauf hinaus, das Katalanische sei im Grunde nichts anderes als ein durch politisches Kalkül aufgebauschtes Instrument zur Zersetzung der historisch »vorgegebenen« Einheit aller Spanier. Bereits der Anspruch, Katalanisch als öffentliches Kommunikationsmedium benutzen zu wollen, wird aus diesem Blickwinkel zu einem politischen Ärgernis: Warum sollte man Katalanisch benutzen wollen, wenn man doch Spanisch sprechen kann?

In der sprachpolitischen Auseinandersetzung zwischen »Spanien« und »Katalonien« zeigen sich insofern auf spanischer Seite Einstellungen, die in der einen oder anderen Form auch in anderen Teilen Europas das Verhältnis der »großen« Mehrheitsvölker, die zugleich als Titularnation fungieren, zu den »kleinen« Völkern im selben Staatsgebiet geprägt haben und immer noch prägen. Aus der Mehrheitsperspektive bedeutet die politische Integration von Minderheiten in den Nationalstaat oft, daß die Minderheitenangehörigen ihr Recht auf Differenz verlieren. Die über die Bürgergemeinschaft vermittelte Gleichheit arbeitet zwar der Exklusion von Individuen und Gruppen entgegen: Alle Katalanen »dürfen« Spanier werden. Zugleich wird allerdings übersehen, daß Assimilation denjenigen, die sie zu erbringen haben, als ein Preis erscheinen kann, der kaum geringer ist als derjenige der Exklusion: Die Teilhabe an einer politischen Gemeinschaft, in der ihre Identität nicht oder allenfalls halbherzig anerkannt wird, ist für viele Katalanen keine erstrebenswerte Option.

Die Frage der Països Catalans

Der katalanischsprachige Kulturraum ist größer als das Gebiet des *Principat de Catalunya*, das heute das Gebiet der Autonomen Gemeinschaft Katalonien ist. Katalanisch hat in zwei weiteren Autonomen Gemeinschaften zusammen mit dem Spanischen einen offiziellen Status: auf den Balearen und in Valencia, wo es als Valencianisch (*valencià*) bezeichnet wird. Außerdem wird es in der *Franja d'Aragó* gesprochen, einem an Katalonien grenzenden Streifen im Osten der Autonomen Gemeinschaft Aragonien; dort ist sein Status durch sprachliche Minderheitenschutzbestimmungen geregelt. Im kleinen Pyrenäenstaat Andorra (70000 Einwohner) ist Katalanisch die (einzige) Amtssprache. Schließlich hat sich Katalanisch nördlich der Pyrenäen bislang auch im französischen Departement der *Pyrenées-*

Orientales halten können, dem Gebiet des *Rosselló*, das Spanien nach dem Erbfolgekrieg 1659 an Frankreich abtrat. Eine kleine katalanische Sprachenklave existiert zudem im Städtchen *l'Alguer* (italienisch: Alghero) im Nordwesten Sardiniens. Wie leicht zu erkennen ist, handelt es sich um Gebiete, die zusammengenommen einen beträchtlichen Teil der alten Krone Aragonien ausmachten. Die Ausbreitung des Katalanischen von Norden – dem heutigen Gebiet des *Rosselló* und des *Principat* – nach Süden und Osten verlief parallel zu der territorialen Expansion im Mittelalter.

Nicht alle Menschen, die in diesem Kulturraum leben, sprechen Katalanisch bzw. Valencianisch. Nach realistischen Schätzungen umfaßt die Gruppe der Katalanischsprecher insgesamt aber immerhin ca. 8,4 Millionen Menschen (5,2 Millionen in Katalonien, 2,3 Millionen in Valencia und 0,6 Millionen auf den Balearen). Für den Katalanismus bilden die Gebiete, in denen Katalanisch gesprochen wird, die *Països Catalans*, die »katalanischen Länder«. Mit dem Konzept der *Països Catalans* mehr oder weniger diffus verwoben ist die Idee einer katalanischen Kulturnation. Für Teile des katalanischen Nationalismus leitet sich aus der Existenz der *Països Catalans* darüber hinaus ein politisches Gebot ab: Sie betrachten die Kulturnation als Grundlage eines politischen Einigungsprojekts, das *Principat*, *Rosselló*, Valencia sowie die Balearen umfassen soll.

Ihren Ursprüngen nach reicht die Idee der *Països Catalans* in die Formierungsphase des politischen Katalanismus zurück. So zeigte sich bereits Prat de la Riba Anfang des 20. Jahrhunderts fasziniert von den Potentialen eines, wie er es nannte, »Greater Catalonia«. Größere politische Suggestivkraft entfaltete die Idee aber erst nach 1960, als sie für intellektuelle und studentische Kreise in Katalonien und Valencia sowie auf den Balearen zu einer wichtigen Klammer im gemeinsamen Kampf gegen den Franquismus wurde. Der Drang zur kulturellen Abgrenzung von Franco-Spanien verschaffte dem »pankatalanistischen« Diskurs viele neue Anhänger. Nicht nur in Katalonien selbst, sondern auch auf Mallorca oder in Valencia wurden die *Països Catalans* für große Teile der linken Oppositionsbewegung zum territorialen Mobilisierungsrahmen, in dem es politische, soziale und nationale Emanzipation zu verbinden galt. Vor allem in Valencia entwickelte sich zugleich eine kulturelle Erneuerungsbewegung, die die Rückbesinnung auf eine historisch begründete gemeinsame katalanische Identität zu einem wesentlichen Bezugspunkt ihres Schaffens machte. Figuren wie der aus dem südlich der Stadt Valencia gelegenen Sueca stammende Joan Fuster, einer der größten Essayisten der katalanischsprachigen Literatur der zweiten Hälfte des 20. Jahrhunderts, hatten auf die politisch-kulturelle Dynamik jener Jahre großen Einfluß.

Die kulturelle Aufbruchstimmung, die in der Periode der Krise des Franquismus und des Übergangs zur Demokratie die Hegemonie des Katalanismus manchmal über das *Principat* hinauszutragen schien, hatte, längerfristig betrachtet, nur verhaltene politische Konsequenzen. Der Autonomieprozeß führte jedenfalls nicht zur institutionellen Verbrüderung der drei Autonomen Gemeinschaften, aus denen die *Països Catalans* im wesentlichen bestehen. Eher war das Gegenteil zu beobachten. Außerhalb des *Principat* ist die Verankerung des politischen Katalanismus relativ gering geblieben. Im Parlament der Autonomen Gemeinschaft der Balearen sind die in der Gruppierung *Partit Socialista de Mallorca-Entesa Nacionalista* versammelten Linksnationalisten, die sich offen zur Gemeinschaft der *Països Catalans* bekennen, eine durchaus greifbare und konstante Größe, die aber nichtsdestoweniger nur eine Minderheit der Wähler repräsentiert. Für die tonangebenden politischen Kräfte der Balearen – das sind wie in den meisten anderen Autonomen Gemeinschaften Spaniens die Volkspartei und die Sozialisten – steht eine Föderation der *Països Catalans* nicht zur Debatte. Allerdings sehen sie auch keinen Anlaß, die Einheit der katalanischen Sprache und Kultur in Frage zu stellen. Obwohl das politische Schicksal der Autonomen Gemeinschaft der Balearen über weite Strecken von der konservativen spanischen Volkspartei bestimmt wurde, neigten die Institutionen der Inseln auf dem Terrain der Sprachpolitik im allgemeinen zur pragmatischen Zusammenarbeit mit der *Generalitat*.

Anders sollten sich die Dinge nach dem Übergang zur Autonomie in Valencia entwickeln. Aus historischen Gründen, die u. a. mit der traditionellen Rivalität zwischen der Handelsbourgeoisie Valencias und der Industriebourgeoisie Barcelonas sowie mit der engen Verflechtung von regionalen Wirtschaftseliten mit dem franquistischen Machtapparat zu tun haben, ist der Antikatalanismus ein konstitutives Merkmal wichtiger Strömungen innerhalb der valencianischen Rechten. Diese Strömungen verstehen sich als Beschützer der regionalen Besonderheiten Valencias. Zugleich wenden sie sich vehement gegen das, was sie als katalanische »Usurpierung« der valencianischen Identität betrachten. Ihre Position kommt mithin einem »regionalistischen Antinationalismus« nahe. Der antikatalanische Regionalismus hat in seinen verschiedenen Spielarten erheblichen Druck auf die Politik der autonomen Institutionen ausgeübt. Diesem Druck sind viele der von der katalanistisch orientierten antifranquistischen Opposition in Valencia einst vertretenen Ideale zum Opfer gefallen.

Zu ihrem bevorzugten Schlachtfeld hat die regionale Rechte die Sprachpolitik gemacht. Es hat in Valencia immer wieder intensive Bemühungen gegeben, die sprachliche Einheit von Katalanisch und Valencianisch zu negieren und einen eigenen Standard für das Valencianische zu entwickeln. In Wissenschafts- und Bildungseinrichtungen haben die Sprachsezessionisten nicht viele Anhänger. Ihr politisches Drohpotential auf regionaler Ebene ist dennoch beachtlich. Die nominelle Identität von Valencianisch und Katalanisch zu behaupten, ist in der *Comunitat Valenciana* ein institutionelles Tabu. Gelegentlich macht sich das Tabu auch über Valencia hinaus bemerkbar. Ein Beispiel: Nach dem Wahlsieg des Sozialisten Rodríguez Zapatero kam es im Jahr 2004 zum ersten Mal seit dem Beitritt Spaniens zur Europäischen Union dazu, daß eine spanische Regierung sich darum bemühte, eine amtliche Anerkennung des Baskischen, Galicischen und Katalanischen durch die europäischen Institutionen zu erwirken. Der spanische Außenminister Miguel Ángel Moratinos reichte in diesem Zusammenhang in Brüssel ein Memorandum ein. Er bezieht sich darin auf das Baskische und das Galicische sowie »auf die Sprache, die in der Autonomen Gemeinschaften Katalonien und in derjenigen der Balearen als Katalanisch bezeichnet wird, und in der Autonomen Gemeinschaft Valencia als Valencianisch bezeichnet wird«.

Valencia wird seit 1995 von der konservativen spanischen Volkspartei regiert, die in der Autonomen Gemeinschaft alles andere als einen katalanophilen Kurs verfolgt hat. So haben die Befürworter einer sprachpolitischen Abspaltung Valencias im vergangenen Jahrzehnt ihre Positionen festigen können. Es scheint allerdings zweifelhaft, daß sie sich mit ihrem Anliegen in absehbarer Zeit durchsetzen. Abgesehen von der Frage der Sprachenbezeichnung (Valencianisch versus Katalanisch), ist ihre Gefolgschaft in der valencianischen Öffentlichkeit und insbesondere in sprachpolitisch relevanten Bereichen wie Bildung, Literatur und Medien nicht signifikant genug. Allerdings hat die Zuspitzung sprachpolitischer Gegensätze als Faktor gewirkt, der den Prozeß der Sprachnormalisierung in Valencia behindert. Vor allem in den größeren Städten befindet sich das Valencianische sowohl in der öffentlichen als auch in der privaten Kommunikation offenbar auf dem Rückzug.

Wenn es um die Behauptung der Stellung des Valenciani-schen gegenüber dem Kastilischen geht, entwickeln die An-hänger des antikatalanischen Regionalismus bei weitem nicht den gleichen Eifer, den sie an den Tag legen, wenn sie den eigenständigen Charakter des Valencianischen gegen-über dem Katalanischen betonen wollen.

Pankatalanistische Visionen, aus den geschichtlichen, kulturellen und sprachlichen Verbindungslinien im Kontext der *Països Catalans* ein politisches Integrationsvorhaben herzuleiten, haben nicht die Ausstrahlungskraft entfaltet, die sich manche katalanische Nationalisten zu Beginn des Autonomieprozesses von ihnen erhofften. Einer stattlichen Zahl von Bürgern der Balearen und vor allem Valencias steht Spanien augenscheinlich näher als ein »Greater Catalonia«, und der politische Katalanismus kann nicht umhin, diese Si-tuation zur Kenntnis zu nehmen. Als geteilter symbolischer Raum, als eine von sich überlappenden kulturellen Identitä-ten getragene Gemeinschaft werden die *Països Catalans* hin-gegen für viele Menschen auch außerhalb Kataloniens wei-terhin eine ganz konkrete Bedeutung behalten.

Die neue Einwanderung

Südeuropa ist nach 1990 zu einem Anziehungspol für Im-migranten aus der ganzen Welt geworden. Allein nach Spa-nien sind von 2000 bis 2006 rund vier Millionen Menschen eingewandert, von denen sich knapp ein Viertel in Katalo-nien niedergelassen hat. Eine der gewichtigsten Transfor-mationen, die Katalonien in seiner jüngsten Entwicklung erfahren hat, steht insoweit weniger mit der politischen Dy-namik der spanisch-katalanischen Beziehungen als mit glo-balen Trends in Zusammenhang.

Es hat immer wieder starke Wanderungsbewegungen nach Katalonien gegeben, so etwa im 17. Jahrhundert aus

Frankreich und im 20. Jahrhundert aus Südspanien. Die Ankunft großer Zahlen von Menschen aus anderen Kontinenten ist für das Land jedoch ein neuartiges Phänomen. Es handelt sich zudem um eines mit gewaltigen Ausmaßen, wie die Zahlen verdeutlichen. Anfang 2005 waren 11,4 % (765 825) der erfaßten Bevölkerung Kataloniens (knapp sieben Millionen) Immigranten. In der Stadt Barcelona waren im Januar 2004 rund 202 500 Ausländer registriert (13 % der Stadtbevölkerung); in Bezirken wie der *Ciutat Vella* (Altstadt) lag die Ausländerquote bei 40 %. Ihrer Herkunft nach verteilen sich die neuen Einwanderer zu annähernd gleichen Anteilen, die um die 40 %-Marke oszillieren, auf Lateinamerika (hier vor allem Ecuador, Kolumbien, Peru und Argentinien) und Afrika (Maghreb und Subsaharazone). Eine weitere wichtige Herkunftsregion sind die osteuropäischen Länder (Rumänien, Ukraine).

Ein bemerkenswertes Charakteristikum der neuen Einwanderung ist, daß städtische und ländliche Gebiete mehr oder weniger gleichförmig von ihr betroffen sind. Gerade dort, wo die Beschäftigung in der Landwirtschaft noch eine größere Rolle spielt, schlagen die Anteile ausländischer Beschäftigter besonders stark nach oben aus. So waren Anfang 2006 in Kataloniens nordwestlicher Provinz Lleida nach Presseberichten 53 % der Beschäftigten Immigranten. Hier schlägt nicht zuletzt der Anteil saisonal in der Landwirtschaft tätiger Personen zu Buche. Dennoch wird überall auf dem Land ersichtlich, daß sich das Profil der katalanischen Bevölkerung nachhaltig verändert hat. Auch das »tiefe« Katalonien ist bunter geworden.

Besonders intensiv ist der Wandel an den öffentlichen Schulen Kataloniens zu spüren, die einen wesentlich höheren Anteil an Migrantenkindern aufnehmen als die privaten Schuleinrichtungen. Im öffentlichen Schulsektor war im Schuljahr 2003/04 bereits jeder zehnte Zögling ausländischer Herkunft. Im Grundschulbereich erhöht sich der

Prozentsatz zusätzlich. An Schulen in Stadtteilen von Barcelona, in denen sich die eingewanderte Bevölkerung konzentriert, wie etwa *Sants-Montjuïc*, erreichte der Anteil ausländischer Schüler 2004 bereits 85 %. Ähnlich war die Situation in vielen Schulen im Industriegürtel um Barcelona. Daß Schulanfänger in Katalonien in einem sprunghaft ansteigenden Ausmaß Nicht-Muttersprachler sind, kann bei der Anwendung der Immersionsmethode nicht unberücksichtigt bleiben. So richten die Schulen für Kinder mit Migrationshintergrund eine *aula d'acollida* (Aufnahmeaula) ein, die den Erwerb der katalanischen Sprache komplementär zum regulären Unterricht erleichtern soll.

Gleichsam im Zeitraffer hat Katalonien einen rasanten Wandel seiner Bevölkerungsstruktur erlebt; in nur wenigen Jahren ist es in die Gruppe der europäischen Regionen mit einer überdurchschnittlich hohen Zahl von Ausländern gerückt. Die Dimensionen des Wandels lassen sich klar vor Augen führen, wenn man die katalanische Entwicklung auf Deutschland projiziert: Um es Katalonien gleichzutun, hätte die Bundesrepublik mit ihren 80 Millionen Einwohnern in der Periode von 2000 bis 2006 14 Millionen Migranten aufnehmen müssen.

Wie für Spanien insgesamt, waren die Effekte der Einwanderung auch für Katalonien bisher rundum positiv. Die Immigranten haben maßgeblich zum Wachstum der Wirtschaft und zur Schaffung neuer Arbeitsplätze beigetragen. Im Zeitraum 2003-2005 ist die katalanische Beschäftigungsquote jährlich um rund 4 % gestiegen. Viele Immigranten arbeiten unter prekären Bedingungen in Sektoren, in denen sie nicht mit der einheimischen Bevölkerung konkurrieren. Ökonomen gehen davon aus, daß Kataloniens volkswirtschaftliches Gewicht in Spanien (mit einem Anteil am Bruttoinlandsprodukt, der 2005 bei 19 % lag) in den vergangenen 15 Jahren nicht zuletzt dank der Einwanderung stabil geblieben ist.

So ist es nicht verwunderlich, daß der rasante Anstieg der Einwanderung im gesellschaftlichen und politischen Alltag Kataloniens bisher keine auffälligen xenophoben Reaktionen ausgelöst hat. Doch Katalonien wäre nicht Katalonien, wenn die aktuellen Fragen der Einwanderung und der Einwanderungspolitik nicht mit den Debatten um die kollektive Identität der Katalanen und deren Zukunft verknüpft würden. 2005 bot sich bei der Ausarbeitung eines neuen Statuts die Gelegenheit, die Autonomiebestimmungen an die veränderte Situation im Bereich der Einwanderung anzupassen. Der Entwurf, der von allen parlamentarischen Kräften der Autonomen Gemeinschaft mit Ausnahme der Volkspartei getragen wurde, orientierte sich in der Einwanderungspolitik stark am Beispiel von Quebec: Ähnlich wie die frankophone Provinz Kanadas wollte Katalonien weitgehend selbständig die Einwanderungskontingente festlegen und Migranten bereits in den Herkunftsländern auswählen können. An diesem Punkt mußten die Katalanen in den Verhandlungen mit der spanischen Regierung später Konzessionen machen, denn Madrid wollte die Kontrolle über den Zugang von Ausländern zum Staatsgebiet nicht aus der Hand geben. So sieht die am Ende verabschiedete Fassung des Statuts vor, daß die *Generalitat* im Rahmen einer bilateralen Kommission über die katalanischen Kontingente mitentscheidet. Zugleich fallen der katalanischen Administration die Ausführungskompetenzen bei der Erteilung von Arbeitserlaubnissen für Immigranten zu. Exklusive Kompetenzen übernimmt die *Generalitat* auf dem Feld der Integrationspolitik. Hier sieht das Statut vor, daß das katalanische Parlament ein Integrationsgesetz beschließt, das die Bedingungen der Aufnahme und Eingliederung von Immigranten näher regelt. Besondere Berücksichtigung dürfte in einem solchen Gesetz auch die Sprachenfrage finden.

In den Parteidiskussionen, die im Sommer und Herbst 2006 den vorgezogenen Neuwahlen zum katalanischen

Parlament vorausgingen, hatte das Thema der Immigration großes Gewicht. Aus nationalistischer Perspektive war es vor allem wichtig, die Integration als Eingliederung in eine gemeinsame öffentliche Kultur zu begreifen und die sprachlichen Aspekte dieses Prozesses hervorzuheben. Bei der Eingliederung von Neuankömmlingen in Katalonien sollte demnach neben spezifischen sozialpolitischen Unterstützungsmaßnahmen die Vermittlung der katalanischen Sprache und Kultur im Vordergrund stehen. Generell wird die Einwanderungsdebatte in Katalonien heute von Tendenzen bestimmt, wie man sie auch aus anderen Einwanderungsgesellschaften kennt. Parallel zur rigideren Kontrolle der illegalen Zuwanderung sollen gezielte Maßnahmen in der Integrationspolitik den Zusammenhalt eines nun noch vielfältiger gewordenen Landes gewährleisten.

Modell Katalonien?

Mit der Ablösung von Jordi Pujol durch Pasqual Maragall begann Ende 2003 eine äußerst bewegte Periode in der politischen Entwicklung Kataloniens. Maragall konnte seine Amtszeit nicht voll ausschöpfen. Nach Beendigung der Dreiparteien-Koalition von PSC, ERC und IC, auf die er sich als Präsident der *Generalitat* gestützt hatte, kam es am 01.11.2006 zu vorgezogenen Neuwahlen. Die Wahlergebnisse führten zwar zu einer Neuauflage des Bündnisses von Sozialisten, Linksnationalisten und Links-Grünen, jedoch ohne Beteiligung von Maragall, den seine Partei nicht mehr als Spitzenkandidaten nominiert hatte. Ungeachtet der relativ kurzen Dauer seiner Präsidentschaft leitete Maragall ein neues Kapitel der spanisch-katalanischen Beziehungen ein. Als er die Amtsgeschäfte an seinen Nachfolger José Montilla übergab, verfügte Katalonien über ein neues Autonomiestatut. Die ursprüngliche Fassung des Statuts hatte im katalanischen Parlament das Votum aller Parteien außer der Volkspartei erhalten; das entsprach 90 % der Stimmen der katalanischen Volksvertreter. Gleichzeitig löste das katalanische Vorhaben in der spanischen Politik aber heftigste Kontroversen aus und polarisierte die öffentliche Meinung in einem unvorhergesehenen Ausmaß. Im Zuge der Verhandlungen über das Statut in Madrid brach schließlich auch Dissens im katalanistischen Lager auf.

Gegen Ende seiner Amtszeit, im August 2006, als bereits feststand, daß Maragall nicht mehr für das Amt des Präsidenten der *Generalitat* kandidieren würde, verwirklichte der Politiker einen alten Plan und stattete Sant Jaume de Frontanyà, dem kleinsten Dorf des *Principat*, einen offiziellen Besuch ab. Das Ereignis kondensierte auf bezeichnende Weise vieles von dem, was die jüngsten politischen Entwicklungen in Katalonien charakterisiert hatte: Maragall bezeichnete das neue Statut in seiner Ansprache als ein Instrument, das Katalonien in die Nähe eines Staates rückt; der spanische Staat würde in der Autonomen Gemeinschaft künftig nur noch eine »praktisch residuale« Rolle spielen. Gleichzeitig wurde die Ansprache von einer kleinen Gruppe nationalistischer Jugendlicher gestört, die ein Transparent mitgebracht hatten, auf dem Maragall eine »Marionette der Zentralregierung« genannt wurde. Es spricht immerhin für Kataloniens politische Kultur, daß Maragall am Ende der Veranstaltung zu den Protestierenden ging und mit ihnen über die unterschiedlichen Standpunkte diskutierte.

Wie ist Kataloniens Stellung im Autonomiestaat nach der stürmischen Amtszeit Maragalls nun zu bewerten? In welchem Maße hat sich das Verhältnis zwischen Katalonien und Spanien unter Maragall und Zapatero verändert? Hat die Autonome Gemeinschaft sich tatsächlich eine Souveränitätsquote erkämpft, die sie der Eigenstaatlichkeit annähert? Bedeutet das Statut aus spanischer Sicht eine nationale Implosion, wie die Zeitung ABC einen Leitartikel betitelte, nachdem im Januar 2006 in Madrid eine Grundübereinkunft über das Statut erzielt worden war? Oder bleibt Katalonien letztlich weiterhin von der politischen Konjunktur und von der Konzessionsbereitschaft Madrids abhängig, wenn es Spielraum zur Selbstregierung ausschöpfen möchte?

Die neue Phase des Autonomieprozesses, in die Katalonien mit der Verabschiedung des Statuts 2006 getreten ist, ist noch nicht weit genug fortgeschritten, um eine Bewertung abzugeben, die alle diese Fragen qualifiziert beantwortet. Wie schon 1979, wird auch diesmal erst die Umsetzung der auf dem Kompromißweg ausgehandelten und in den Details nicht immer Klarheit schaffenden Autonomiebestimmungen Aufschluß über deren faktische Reichweite geben. Die abschließenden Kapitel dieses Beitrags konzentrieren sich daher darauf, den Kontext zu erläutern, in dem die Reform des Autonomiestatuts stattfand, und die Hauptdimensionen der Reform zu umreißen. Zum Schluß wird aber dennoch zu fragen sein, welche Perspektiven sich aus dem neuen politischen Rahmen für Katalonien ergeben.

Der Katalanismus und das »plurale Spanien«

In der Geschichte des katalanischen Autonomiestatuts von 2006 fallen zwei Dynamiken zusammen: Während mit dem Regierungswechsel in Barcelona Ende 2003 auch ein Strategiewechsel im Katalanismus einherging, veränderte sich mit dem Sieg von Zapateros Sozialisten über die Volkspartei Anfang 2004 auch die politische Konstellation in Madrid. Nach Jahrzehnten mit nur wenig Bewegung in der Territorialpolitik gab es nun auf einmal Spielraum für eine »Generalüberholung« des Autonomiemodells, die von Katalonien aus ihren Lauf nahm.

Bei den Wahlen zum katalanischen Parlament im Herbst 2003 hatte der PSC zwar die meisten Stimmen erhalten, die gemäßigten Nationalisten von CiU stellten jedoch aufgrund eines Wahlrechts, das ländliche Kreise begünstigt, weiterhin die stärkste Parlamentsfraktion. Nach komplizierten Verhandlungen kam es schließlich zur Bildung einer Linkskoalition von Sozialisten, Linksnationalisten und Links-Grünen. Im Wahlkampf hatten alle Kräfte des katalanistischen Lagers lautstark die Forderung nach einem neuen Statut erhoben. Als Vorsitzender der spanischen Sozialisten hatte Rodríguez Zapatero die Kampagne des PSC unterstützt und für den Fall einer Übernahme der Regierungsgeschäfte in Madrid durch seine Partei versprochen, einem vom katalanischen Parlament verabschiedeten Entwurf seinen Segen zu geben.

Tatsächlich wurde der Auftrag, ein neues Statut auszuarbeiten, nicht zuletzt auf Drängen der Linksnationalisten von ERC zu einem zentralen Bestandteil der katalanischen Koalitionsvereinbarungen. Da für eine Reform des Statuts eine Zweidrittelmehrheit der Stimmen im katalanischen Parlament notwendig ist, war zugleich klar, daß über die Parteien des Linksbündnisses hinaus zumindest auch CiU in das Vorhaben eingebunden werden mußte. Als im Januar 2004 eine Parlamentskommission ihre Arbeit an einer Neufassung des Statuts aufnahm, war freilich die Zukunft des ganzen Unternehmens überaus ungewiß, denn in Madrid regierte noch die Volkspartei, die den katalanischen Forderungen nach einem neuen Statut ablehnend gegenüberstand, und kaum jemand erwartete, daß die Konservativen bei den im März abzuhaltenden spanischen Wahlen an der Regierung von den Sozialisten abgelöst werden würden. Doch die Wahlen brachten den unerwarteten Wechsel in Madrid. Mit dem überraschenden Sieg Zapateros war die Redaktion eines neuen Statuts keine Aktivität mehr, die dazu verurteilt schien, am Ende weitgehend symbolische Politik ohne handfeste Konsequenzen zu bleiben. Für das Projekt der Autonomiereform hatte sich ein ganz reales Zeitfenster der Möglichkeiten geöffnet.

Darüber hinaus bestand auf katalanischer Seite die Hoffnung, daß Zapateros Wahlsieg auch jenseits der in Barcelona und Madrid angestellten konjunkturellen Opportunitätskalküle einen neuen Zyklus der katalanisch-spanischen Beziehungen einleiten würde. Zapatero stand nämlich für einen politischen Diskurs, in dem das »plurale Spanien« (spanisch: *España plural*, katalanisch: *Espanya plural*) eine gewichtige Rolle spielte. Zapatero versah den Topos mit einer relativ schillernden Bedeutung. Wenn er vom »pluralen Spanien« sprach, ging es zunächst einmal um eine Abkehr von dem Autonomieverständnis der Volkspartei, das durch einen weitgehend ungebrochenen Unitarismus geprägt war.

Außerdem ließ sich mit dem Konzept eine stärkere Verklammerung von Autonomiemodell und Föderalismus assoziieren. Als ganz wesentlich galt Zapatero schließlich eine bessere Einbindung Kataloniens und des Baskenlands in den Autonomiestaat; sie war durch die Anerkennung der Besonderheiten der historischen Gemeinschaften zu erreichen.

Die Idee der *Espanya plural* war schon seit längerem von Pasqual Maragall offensiv vertreten worden. Maragall hatte daraus den Kern seines politischen Programms gemacht. Dementsprechend hatte die Idee bei ihm auch einen handfesteren Charakter als bei Zapatero: Sie lief im Prinzip auf eine Neugründung Spaniens als Vielvölkerstaat unter aktiver Beteiligung Kataloniens hinaus. Daraus ergaben sich zwei Implikationen: zum einen die vorbehaltlose Anerkennung von Katalonien als Nation durch Spanien; zum anderen eine stärkere Präsenz Kataloniens im Institutionengefüge des spanischen Staates und eine aktivere Beteiligung der Nationalität an der spanischen Politik. Was Maragall vorschwebte, war in gewissem Sinne also eine Katalanisierung Spaniens. In diesem Prozeß war zugleich die Überwindung des *peix-al-cove*-Ansatzes und des Autonomismus à la Pujol angelegt. Aus Maragalls Warte erforderte das »plurale Spanien« den Übergang zu einem neuen Staatsmodell, in dem die politische Organisation Spaniens von der Peripherie aus erfolgen würde. Ein dauerhafter Pakt unter souverän agierenden Gleichen sollte wechselseitige Loyalität garantieren und das permanente Verhandeln über Autonomiequoten ersetzen.

Wenn er sich auf das »plurale Spanien« bezog, sprach Maragall selbst von einem mit seiner Vielfalt versöhnten Spanien. Spanien war als »freie Union seiner Völker« neu zu konstituieren. In dieser Union waren Nationalitäten als Nationalitäten und Regionen als Regionen anzusehen. Es sollte mithin nicht mehr »Kaffee für alle« geben, sondern einen abgestuften, asymmetrischen Föderalismus, in dem die Sonderstellung der historischen Nationalitäten Anerkennung fände. Zugleich bildete das »plurale Spanien« aus Maragalls Sicht eine stabile Basis für die Solidarität zwischen Autonomen Gemeinschaften. Der Gegensatz von spanischem und katalanischem Nationalismus würde sich im Zuge von Föderalismus und Europäisierung überwinden lassen. Maragall sah sich als Wortführer eines Katalonien, das Spanien verändern möchte. Mit dem Regierungswechsel in Madrid sah Maragall einen »historischen Moment« gekommen, um dieses Ziel in Eilschritten voranzutreiben.

Der politische Katalanismus oszilliert seit jeher zwischen zwei Polen, deren jeweilige Bedeutung mit dem historischen Kontext variiert: Die aktive Mitgestaltung der spanischen Politik steht auf der einen, der Rückzug in das eigene Stammrevier auf der anderen Seite. Seit den Zeiten Cambós und der *Lliga* hat es immer wieder Anläufe gegeben, Katalonien auf gleichberechtigter Grundlage mit dem kastilischen Zentrum zu einem zweiten Stützbein der spanischen Politik zu machen. Das wiederholte Scheitern solcher Anläufe hat die Position derjenigen gestärkt, die dafür plädierten, die Kräfte auf Katalonien allein zu konzentrieren, um sich im Dauerkonflikt mit Madrid wenigstens »zu Hause« auf sicherem Boden zu bewegen. Maragall stand für den erneuten Versuch einer offensiven Öffnung des Katalanismus nach außen hin.

Innerhalb seiner Koalition stieß Maragall mit solchen Zielen kaum auf Widerstand. Maragalls »spanische« Orientierung brachte zwar ein Spannungsmoment mit der *Esquerra Republicana* mit sich, einer Formation, die erklärtermaßen in ihrem Programm die politische Unabhängigkeit Kataloniens anstrebt. Dies war für die Partei jedoch kein Nahziel, und Maragalls Vision einer »minimalen Souveränität«, die an die Stelle einer »maximalen Autonomie«

treten sollte, um es in den Worten des katalanischen Philosophen und Quergeists Xavier Rubert de Ventós zu formulieren, war auch für die *Esquerra* eine durchaus attraktive mittelfristige Perspektive. Dementsprechend verstand sich das Linksbündnis keineswegs als Übergangsphänomen, sondern als strategische Allianz, die über mehrere Legislaturperioden währen sollte. In Zapateros Bereitschaft zum Dialog sah das Bündnis eine einmalige Chance, sich mit einem guten Startkapital auszustatten. Die katalanischen Politiker konnten schließlich in Rechnung stellen, daß Zapatero, wie es auch bei seinen Vorgängern häufig der Fall gewesen war, zum Regieren die Stimmen der kleineren nationalistischen Gruppierungen im Madrider Parlament benötigte.

Was Maragall und seine Mitstreiter aber möglicherweise unterschätzten, war die Heftigkeit, mit der Teile der spanischen Öffentlichkeit auf die katalanische Autonomieinitiative reagieren würden. Nachdem das spanische Parlament den katalanischen Entwurf im November 2005 gegen die Stimmen der Volkspartei zur Beratung annahm, starteten die Konservativen eine äußerst intensive Kampagne zur »Verteidigung der Einheit« der spanischen Nation. Insbesondere Medien, die der Volkspartei nahestehen, wie der Radiosender COPE, heizten die Stimmung auf und warnten die Hörer vor der katalanischen Bedrohung. Auf dem Höhepunkt der antikatalanischen Stimmungsmache kam es in Spanien zum symbolträchtigen Boykott von katalanischen Erzeugnissen, an erster Stelle von *cava*, dem katalanischen Sekt. Aus katalanischer Sicht hatte die Debatte über das Statut eine ungeahnte Welle der »Katalanophobie« ausgelöst. Im Januar 2006 trieb schließlich der General der spanischen Landstreitkräfte José Mena Aguado die diskursive Konfrontation mit einer Rede auf die Spitze, in der er daran erinnerte, es sei die verfassungsmäßige Aufgabe der Streitkräfte, die Integrität Spaniens zu schützen, nötigenfalls auch gegen solche Kräfte, wie sie in Katalonien am Werk seien.

Die Regierung versetzte den General unverzüglich in den Ruhestand, ohne damit weitere Proteste von Militärs auszulösen. Es war aber nicht zu übersehen, welch massive Gegenreaktionen die Verhandlungen über das neue Statut für Katalonien in weiten Teilen Spaniens hervorgerufen hatten. Im Diskurs eines Teils der Rechten gegen Maragall und Zapatero lebte eine Reihe von Motiven wieder auf, die an die Anfänge der Franco-Ära erinnerten, als der Bürgerkrieg als Kreuzzug gegen das von »Roten« und »Separatisten« repräsentierte Anti-Spanien gerechtfertigt wurde. Im nachhinein ist die Diagnose, die Volkspartei habe die antikatalanistische Karte – die sich schon bald in eine pauschal antikatalanische Karte zu verwandeln schien – in erster Linie aus taktischen Gründen gespielt, sicherlich nicht ganz unzutreffend. Die Konservativen sahen darin vor allem ein Instrument, um den politischen Verschleiß Zapateros zu beschleunigen und selbst neuen Zulauf zu gewinnen. Aufgrund der notorischen Schwäche der Partei in Katalonien warf eine solche Strategie dort wiederum keine großen Risiken auf. Es gab ohnehin nicht viel zu verlieren.

Es griffe allerdings zu kurz, den Konfrontationskurs der Volkspartei in der Frage der katalanischen Autonomie auf rein taktische Motive verkürzen zu wollen. Die Partei hatte nach 1990 systematisch daran gearbeitet, den durch das Franco-Regime ramponierten Ruf des spanischen Nationalismus zu verbessern. In der Regierungszeit Aznars (1996-2004) gab es mehrere Anläufe, um von offizieller Seite die Bürger zu ermutigen, sich mit einem Spanien zu identifizieren, das überwiegend nach altbekannten Mustern gestrickt war. Dazu gehörten etwa Zeremonien zur öffentlichen Würdigung der spanischen Fahne, die Rückkehr zu einem unvoreingenommenen Zelebrieren von Spaniens großer imperialer Vergangenheit und nicht zuletzt die dezidierte

Verteidigung der Doktrin, die Einheit der spanischen Staatsnation sei allen anderen Beständen kollektiver Identität innerhalb der Bürgerschaft historisch wie normativ übergeordnet. In diesem Zusammenhang kam es auch zu einer eigentümlichen Initiative, die Idee der nationalen Einheit Spaniens mit dem Begriff des Verfassungspatriotismus zu verknüpfen und den spanischen Nationalismus so von den »Partikularismen« der Peripherien abzuheben. Wie wir bereits im Hinblick auf die Sprachenfrage gesehen haben, beansprucht ein solcher Diskurs im Kern für das eigene nationale Projekt eine Normalität, die es dem baskischen oder dem katalanischen Nationalismus abspricht. Daß diese Normalität von signifikanten Segmenten der spanischen Bevölkerung als artifiziell oder gar zwanghaft empfunden wird, tut der Überzeugung der Anhänger des *einen* Spanien, auf der richtigen Seite der Geschichte zu stehen, nur wenig Abbruch.

Insofern steht zu vermuten, daß die Kampagne der spanischen Konservativen gegen das katalanische Autonomiestatut und Maragalls Perspektive einer *Espanya plural* keineswegs nur von taktischen Erwägungen getragen war, und daß sich in ihr durchaus »authentische« Affekte entluden. Während sich mit Pujols Taktik des *peix al cove* insofern leben ließ, als sie alte Stereotype eines katalanischen Regionalismus bediente, dem vom Zentrum mit temporären Kompromissen gut beizukommen war, ging der Diskurs des »pluralen Spanien« ins Grundsätzliche. Das Akzeptieren einer übergeordneten spanischen Identität von katalanischer Seite hätte mit einer umfassenden Veränderung des eigenen Identitätsverständnisses auf spanischer Seite einhergehen müssen. Um noch einmal Rubert de Ventós zu bemühen: Während Jordi Pujol in Madrid letztlich gleichermaßen als Gegner wie als Komplize angesehen werden konnte, agierte Maragall, indem er beanspruchte, nicht nur katalanische Interessen zu vertreten, sondern *ganz Spanien* umzugestalten, wie ein Freund, der zugleich als Konkurrent in Erscheinung tritt.

Der von Maragalls Exekutive ausgehende Versuch, die Idee eines »pluralen Spanien« mit einer umfassenden Anerkennung Kataloniens als Nation zu verbinden, sorgte in der spanischen Politik für große Irritationen. Das Projekt, mit dem katalanischen Statut den Übergang zu einem neuartigen Typ von Föderalismus einzuleiten, stieß nicht nur auf den erbitterten Widerstand der spanischen Konservativen. Es war auch in den Reihen der spanischen Sozialisten keineswegs unumstritten. Entgegen den Hoffnungen, die manche auf die Gunst des »historischen Moments« gesetzt hatten, wurde nach der Aufnahme der Beratungen über den katalanischen Entwurf im spanischen Parlament schon bald klar, daß auf dem Weg zur »minimalen Souveränität« noch viele Hindernisse zu beseitigen waren. Die Befürworter einer Katalanisierung Spaniens in den Reihen der spanischen Exekutive schienen, wenn es sie denn gegeben hatte, den Rückzug angetreten zu haben. Nachdem das Statut zunächst zu einer Polarisierung zwischen Katalonien und großen Teilen des »übrigen« Spanien geführt hatte, verschärfte sich nun auch der Ton innerhalb des katalanistischen Lagers.

Das neue Autonomiestatut

So wie bereits die Vorbereitung der Reform des katalanischen Autonomiestatuts mit unerwarteten Wendungen (wie Zapateros Wahlsieg) verbunden gewesen war, fehlten auch in der Dramaturgie der Endphase des Prozesses die politischen Überraschungsmomente nicht. Angesichts der Stoßrichtung des Entwurfs, den das katalanische Parlament verabschiedet hatte, und der Heftigkeit, mit der große Teile der spanischen Öffentlichkeit auf das neue Autonomieprojekt reagierten, war bei Zapatero die Begeisterung über eine Neuregelung der spanisch-katalanischen Beziehungen verflogen. Maragall wurde von Zapateros Regierung sowie von wichtigen Führungspersönlichkeiten der spanischen Sozialisten vorgehalten, den Maximalismus katalanischer Autonomieaspirationen nicht gebremst zu haben. Der spanische Regierungschef sah sich von seinem Parteifreund an der Spitze der *Generalitat* in die Bredouille gebracht. Zugleich war Zapatero in Sorge, mit dem Eindruck einer zu großen Konzessionsbereitschaft an die Katalanen die Teile seiner Wählerschaft mit einer ausgeprägt spanisch-nationalen Identifikation dauerhaft zu brüskieren.

So kamen die Verhandlungen über das Statut in Madrid zunächst nur schleppend voran. Ein Überraschungsmanöver von Zapatero brachte die plötzliche Wende. Zapatero handelte in einem Treffen mit dem Chef der katalanischen Opposition, dem CiU-Politiker Artur Mas, ein Kompromißpaket zur Ratifizierung des Statuts aus. Der Kompromiß bediente beide Seiten: Er brachte CiU wieder als »federführende« politische Kraft Kataloniens ins Spiel, während es Zapatero gelang, die katalanischen Forderungen auf ein recht moderates Niveau zurechtzustutzen. Maragall sah sich bloßgestellt, konnte aber nicht umhin, den Kompromiß zu akzeptieren. Die Linksnationalisten von ERC allerdings wähnten sich durch das Manöver von Zapatero übergangen und scherten aus dem Konsens über das Statut aus. Maragall sah sich gezwungen, die Koalition mit ERC zu beenden, um nicht den Eindruck zu vermitteln, die Regierung der *Generalitat* trete vor dem Referendum über das Statut nicht geschlossen auf. Die anfängliche *Espanya-plural*-Euphorie schien in einem katalanischen Katzenjammer zu enden. Die Reaktion der katalanischen Bürger auf das Statut fiel dementsprechend eher verhalten aus. Nur 49 % der Wähler beteiligten sich am Referendum. 73 %

stimmten für die Vorlage. Der Anteil der Nein-Stimmen lag bei knapp 21 %. Volkspartei und ERC hatten aus konträren Gründen dazu aufgefordert, gegen das Statut zu votieren.

Was sind nun die wesentlichen Veränderungen, die das neue Statut mit sich bringt, und wie sind diese Veränderungen zu bewerten? Zunächst fällt auf, daß das neue Statut viel umfangreicher ist als das Vorgängerdokument. Während das Statut von 1979 57 Artikel zählte, sind es im Statut von 2006 223. Das hat dem neuen Statut den Vorwurf eingebracht, zu viele gesellschaftliche Bereiche regulieren zu wollen. In der Tat verfolgt das Statut den Anspruch, ein katalanisches »Grundgesetz« abzugeben. Es bleibt freilich in einem komplementären Verhältnis zur Verfassung des spanischen Staates. Ein wichtiges Ziel des Statuts bestand zudem darin, die Kompetenzen der *Generalitat* gegen Eingriffe der spanischen Regierung zu »panzern«. Anders als beim alten Statut wurden die katalanischen Kompetenzen deswegen diesmal nicht nur in knapper Form aufgelistet, sondern detailliert dargestellt. Unter der entsprechenden Rubrik finden wir mit allein 62 Artikeln einen der längsten thematischen Abschnitte des Dokuments. Für die Volkspartei läßt sich aus der minutiösen Auflistung von Kompetenzen ein exzessiver Hang zu einem politischen Interventionismus linker Couleur ablesen.

Eine viel diskutierte symbolische Konzession Madrids war, daß die Präambel des Statuts darauf verweist, daß das katalanische Parlament Katalonien als Nation definiert hat. Rechtliche Konsequenzen lassen sich daraus kaum ziehen. Im Haupttext ist von Katalonien als Nationalität bzw. als Autonomer Gemeinschaft die Rede. Dennoch ist festzuhalten, daß die »nationale Realität« Kataloniens, wie es in der Präambel weiter heißt, niemals zuvor vom spanischen Staat auf ähnlich explizite Weise anerkannt worden ist. Was Rechte und Pflichten der Bürger Kataloniens angeht, ist die bereits erwähnte Pflicht zur Kenntnis des Katalanischen ein neues Element. Auch hier ist aber zweifelhaft, daß sich aus der gewählten Terminologie in der Praxis weitreichende juristische Folgen ergeben. Ein weiteres Novum ist die Herleitung der Autonomie aus den »historischen Rechten des katalanischen Volkes« (Artikel 5). Diese Rechte verstärken den normativen Stellenwert der Autonomie, doch bleibt abermals umstritten, ob sie konkrete verfassungspolitische Implikationen haben könnten. Eine der zentralen Forderungen der Katalanen im Bereich der politischen Symbolik, nämlich das Recht, mit eigenen Nationalteams an internationalen Sportwettbewerben teilnehmen zu können, ließ sich im Statut nicht durchsetzen.

Die Justiz ist die einzige Gewalt, die aufgrund der Bestimmungen der spanischen Verfassung weiterhin auf einheitsstaatlicher Basis organisiert bleibt. Nichtsdestoweniger hat es auch hier kleinere Zugeständnisse gegeben. So wird von Richtern und Staatsanwälten, die ihre Tätigkeit in Katalonien ausüben wollen, in Zukunft erwartet, daß sie eine »angemessene und hinreichende Kenntnis« der katalanischen Sprache nachweisen. In den Bereichen, in denen die *Generalitat* über exklusive Kompetenzen verfügt, wird der Vorrang des katalanischen Rechts gegenüber allen anderen Rechtsformen festgeschrieben.

Bei den Kompetenzen summieren sich zahlreiche kleine Veränderungen zu einem beachtlichen Gesamteffekt. Der *Generalitat* werden Zuständigkeiten in einer Reihe neuer Felder, so etwa der Einwanderung, übertragen. Darüber hinaus werden in Bereichen wie demjenigen der Gesundheit viele bislang nur exekutive zu legislativen Kompetenzen erweitert. Das neue Statut sieht auch erstmals die Einrichtung einer bilateralen Kommission vor, die der katalanischen Regierung die Möglichkeit geben soll, dort auf die staatliche Politik einzuwirken, wo Materien berührt werden, die für die Gestaltung der katalanischen Autonomie von Belang sind. Darunter fallen etwa Teilbereiche der Wirtschafts- und insbesondere auch der Europapolitik.

Erwartungsgemäß erwies sich die Finanzierung als eines der heikelsten Themen in den Verhandlungen über das neue Statut. Das von Zapatero und Mas geschnürte Kompromißpaket verhilft Katalonien zu einer größeren Finanzautonomie, indem es die Anteile an den Einnahmen erhöht, die der Autonomen Gemeinschaft aus verschiedenen Steuerquellen zufallen: Der Anteil an der Lohn- und Einkommenssteuer steigt von 33 % auf 50 %, der Anteil an der Mehrwertsteuer von 35 % auf 50 %, der Anteil an Sondersteuern (auf Tabak, Alkohol oder Kraftstoffe) von 40 % auf 58 %. Noch bedeutsamer ist, daß Katalonien in Zukunft über hinreichende Ressourcen verfügen soll, um seinen Bürgern öffentliche Dienstleistungen auf einem Niveau zu bieten, das seinem Finanzaufkommen in einem stärkeren Maße entspricht, als es bisher der Fall war. Katalonien hat in der Vergangenheit ein chronisches Finanzdefizit im Verhältnis zum spanischen Staat aufgewiesen. Der Finanzausgleich zwischen wohlhabenden und weniger wohlhabenden Autonomen Gemeinschaften machte Katalonien nicht nur zum »Nettozahler«, sondern führte auch dazu, daß die *Generalitat* für Bildung oder Gesundheit pro Kopf deutlich weniger Geld zur Verfügung hatte als die Administrationen ärmerer Regionen. Das mit dem neuen Statut eingerichtete Finanzierungssystem führt deswegen das »Ordinalprinzip« (*principi d'ordinalitat*) ein: Es soll bewirken, daß Katalonien *nach* dem Finanzausgleich im Ranking der Autonomen Gemeinschaften nach Pro-Kopf-Einkommen nicht mehr von Autonomen Gemeinschaften abgehängt wird, die *vor* der Anwendung der Finanzausgleichmechanismen hinter Katalonien lagen. Aus katalanischer Sicht impliziert dies ein gerechteres Verhältnis zwischen Solidaritätsleistungen und öffentlichen Infrastrukturleistungen im Staatsgebiet.

In eine ähnliche Richtung zielt die Vereinbarung, das Volumen der staatlichen Investitionen in Katalonien über einen Zeitraum von sieben Jahren dem relativen Anteil der Autonomen Gemeinschaft am spanischen Bruttoinlandprodukt anzugleichen. Dazu muß man wissen, daß von 1991 bis 2005 der durchschnittliche Anteil Kataloniens an den staatlichen Investitionen bei 12 % lag, während der Anteil der Autonomen Gemeinschaft an der spanischen Bevölkerung im selben Zeitraum 17 % war und ihr Anteil am spanischen Bruttoinlandprodukt 19 % betrug. Unterm Strich verbessert sich mit dem Statut Kataloniens Finanzlage also deutlich. Es besteht die Erwartung, daß sich damit auch die Versorgung der katalanischen Bürger mit öffentlichen Dienstleistungen spürbar verbessern wird.

Wie ist das Statut vor diesem Hintergrund in einer notgedrungen noch sehr vorläufigen Bilanz zu bewerten? In Anbetracht der Ergebnisse der spanisch-katalanischen Verhandlungsrunde muß es verblüffen, daß das von Maragall eingeleitete Autonomieprojekt so heftige Reaktionen auslösen konnte. Ein radikaler Wandel der 1978 etablierten Territorialordnung ist im Statut nicht angelegt. Schon gar nicht kann von einem Fundamentalangriff auf die Einheit Spaniens die Rede sein. Das neue Statut läßt sich durchaus als weitgehende Reform betrachten. Sie impliziert aber keinen Bruch mit der Architektur des Autonomiestaats. Dafür wäre eine Verfassungsänderung notwendig gewesen, die mit der Volkspartei unter den gegebenen Bedingungen nicht realisierbar war. Im Grunde führt das Statut von 2006 die Logik weiter, die bereits im Statut von 1979 angelegt war: Es stellt einerseits einen qualitativ wichtigen weiteren Schritt auf dem Weg zur politischen Dezentralisierung dar. Andererseits verknüpft es spezifische Regelungen mit allgemeinen Absichtserklärungen und läßt damit viele Fragen offen, über die erst die politischen Kräfteverhältnisse in der Zukunft entscheiden werden.

Die Debatte um das neue Statut hat gezeigt, daß eine Strategie, die die Ziele des Katalanismus mit der *Espanya-plural*-Perspektive verklammern möchte, sich innerhalb eines sehr engen politischen Korridors bewegen muß. Katalonien hat am Ende ein Statut erhalten, das die ursprünglichen Erwartungen zwar nicht erfüllt, aber aus der Sicht der meisten katalanischen Bürger doch einen klaren Schritt nach vorn darstellt. Was in den heftigen Kontroversen, die den Prozeß der Reform des Autonomiestatuts begleiteten, freilich weitgehend auf der Strecke geblieben ist, ist der Versuch, die katalanische Dynamik für eine grundlegende Erneuerung der Zentrum-Peripherie-Beziehungen in Spanien fruchtbar zu machen. Maragall ist mit seiner politischen Pädagogik des »pluralen Spanien« letztlich gescheitert. Dem Mehrheitsverständnis nach bleibt Spanien weiterhin *eine* Einheit. Es kann sich zwar mit der einen oder anderen Abweichung vom Einheitsstandard an seiner Peripherie arrangieren, nicht jedoch den Standard selbst in Frage stellen.

Dieses Mehrheitsverständnis ist auch weiterhin ein maßgeblicher Faktor in der spanischen Politik. Für die Volkspartei kann der Autonomiestaat nicht mehr sein als ein dezentralisierter Einheitsstaat. Mit ihrer vehementen Kampagne gegen das katalanische Statut und der Satanisierung des katalanischen Linksbündnisses unter Maragall haben die Konservativen ihren spanisch-nationalen Diskurs noch einmal verschärft. Daß sie damit weitere Brücken nach Katalonien (und ins Baskenland) abreißen, scheinen sie durchaus in Kauf zu nehmen. Die Volkspartei läßt sich in ihrer Autonomiepolitik in hohem Maße von wahltaktischen Kalkülen leiten. So hat sie nur wenige Monate nach der Verabschiedung des katalanischen Statuts, das sie so heftig bekämpft hat, einer Reform des Autonomiestatuts für Andalusien zugestimmt, die sich in wesentlichen Punkten mit der Reform des katalanischen Statuts überlappt. Der PSOE, die Partei der spanischen Sozialisten, verhält sich in der Frage des Staatsaufbaus wiederum unentschieden und ambivalent. Zapateros Zugeständnisse an die Katalanen weckten in bedeutenden Sektoren der Partei erhebliches Mißtrauen. Das Gros der Befürworter des Föderalismus in den Reihen der Sozialisten plädiert für ein Modell mit gleichförmig angelegten territorialen Einheiten, das an der politischen Logik des »Kaffee für alle« grundsätzlich festhält. Eine solche Logik ist wiederum nur schwer mit der Idee eines »pluralen Spanien« kompatibel, in dem die spezifischen kulturellen Differenzierungsmerkmale historischer Gemeinschaften institutionelle Berücksichtigung finden.

Vor diesem Hintergrund wird deutlich, wie schwierig es ist, Katalonien auf eine Weise in Spanien »einzubinden«, die die Präferenzen der auf der gesamtstaatlichen Ebene tonangebenden politischen Kräfte zur Geltung bringt, ohne zugleich einen Großteil der relevanten Kräfte im katalanistischen Lager vor den Kopf zu stoßen. Im Prozeß der Ausarbeitung eines neuen Statuts durch das katalanische Parlament kam nicht zuletzt auch zum Ausdruck, daß innerhalb des Katalanismus die Übergänge zwischen den bevorzugten territorialpolitischen Optionen recht fließend sind. Entsprechend groß ist hier dadurch auch der Spielraum für breite Kompromisse, die mehr als nur konjunkturellen Charakter haben. Die gemäßigten Nationalisten von CiU verweisen gerne auf die historischen Sonderrechte, die Katalonien einst gegenüber der Krone besaß, um damit heute den Anspruch zu rechtfertigen, daß die *Generalitat* dem spanischen Staat in einem bilateralen Verhältnis auf gleicher Augenhöhe gegenübertritt. Der katalanische Sozialismus, wie ihn Maragall repräsentierte, plädiert dafür, die Staatsgewalt in Spanien nach österreichisch-ungarischem Vorbild institutionell aufzufächern und das *eine* Zentrum durch mehrere Zentren zu ersetzen. Im Grunde dürfte es zwischen den beiden Positionen mehr Gemeinsamkeiten als Unterschiede geben, allemal dann, wenn man sie im Licht des politischen Mainstream in Spanien betrachtet.

Für den Katalanismus ist die Legitimität des Autonomiesystems daran gekoppelt, daß es Vielfalt nicht automatisch in Einheit transformiert, sondern »Vielfalt in der Vielfalt« zuläßt. Eine Mehrheit der katalanistischen Kräfte plädiert daher für Ansätze, die man unter der Kategorie eines Föderalismus der Differenz subsumieren könnte: Demnach gilt es bei der Gestaltung der Beziehungen zwischen spanischem Staat und Autonomen Gemeinschaften vor Augen zu haben, daß die vertikale Gewaltenteilung nicht nur die Beziehungen zwischen politisch-administrativen Einheiten ähnlichen Zuschnitts, sondern auch die Beziehungen zwischen Völkern regelt. Im Staatsaufbau ist daher in Ergänzung zur Gleichheit aller Bürger auch das Kriterium der gleichberechtigten Anerkennung dieser Völker in Anschlag zu bringen, so daß mit der Vielfalt kollektiver Zugehörigkeiten auch differenzierte Formen der Integration in den Staatsverband korrespondieren können. Im Ansatz war mit dem ursprünglichen Entwurf des neuen katalanischen Autonomiestatuts der Versuch verbunden, das Autonomiemodell stärker mit Elementen eines »multinationalen« oder »asymmetrischen« Föderalismus zu verknüpfen. Diese Elemente müßten vor allem auf der symbolischen und sprachpolitischen Ebene stärker zum Tragen kommen, um eine Union gleichberechtigter Völker in einem »pluralen Spanien« zu begründen.

Selbst manche erklärten *independentistes* würden hinter vorgehaltener Hand zugestehen, daß auch für sie mit der Umwandlung des Autonomiestaats in eine Vielvölkerföderation mit einer asymmetrischen institutionellen Anlage der große Durchbruch erreicht wäre. Der asymmetrische Föderalismus bleibt für die Katalanen allerdings eine weitgehend theoretische Option, solange es keine umfassenden Konzessionen auf zentralstaatlicher Seite gibt, die nicht zuletzt in einer Verfassungsreform ihren Niederschlag finden müßten. Wie wir gesehen haben, sind die Vorzeichen für ein solches Vorhaben unter den aktuellen Bedingungen der spanischen Tagespolitik nicht gerade günstig. Trotz des neuen Statuts sind die meisten Katalanen daher darauf eingestellt, daß das Tauziehen um Kompetenzen und symbolische Anerkennungsquoten noch längere Zeit anhält.

Die Katalanen sind sich ihres relativ eingeschränkten Handlungsspielraums in der spanischen Politik bewußt. Es ist kein Zufall, daß angesichts der oft festgefahrenen Fronten zwischen Barcelona und Madrid Europa zu einem enorm wichtigen politischen Fluchtpunkt für den Katalanismus wurde. Das ist bis heute so geblieben. Sowohl in politischen als auch in akademischen Diskussionen, die sich um Europa drehen, fällt in Katalonien regelmäßig der Hinweis, daß auch die ältesten und mächtigsten Nationalstaaten als Mitglieder der Europäischen Union nur noch als teilsouveräne Gebilde agieren. Im selben Atemzug wird der Standpunkt vertreten, daß substaatliche Einheiten aufgrund ihrer Bürgernähe demgegenüber bei der Aufgliederung politischer Zuständigkeiten nach den Kriterien der Subsidiarität an Gewicht gewönnen. Im gleichen Zusammenhang wird auch argumentiert, die Unterschiede zwischen formal unabhängigen kleinen Staaten wie Lettland, Slowenien oder Luxemburg und politisch autonomen Regionen wie Katalonien, Schottland oder Flandern seien zunehmend gradueller Art, wenn es darum ginge, faktische Souveränität auszuüben. Freilich überlagern sich in diesen Fragen häufig konkrete Analysen und normative Projektionen. Als selbständiger Akteur hat sich Katalonien im europäischen Institutionengefüge bisher kaum profilieren können. Um in Brüssel größere reale Mitsprachemöglichkeiten zu bekommen, wird die *Generalitat* noch manche harte und langwierige bilaterale Verhandlung mit der Madrider Zentralgewalt führen müssen.

Es steht außer Zweifel, daß sich die Stellung Kataloniens in den 25 Jahren seit der Wiedererlangung der Autonomie gegenüber dem spanischen Staat sowie auf dem internationalen Parkett nachhaltig verbessert hat. Auch wenn es auf der politischen Landkarte Europas über keine »eigene Farbe« verfügt, ist Katalonien heute nahezu überall auf dem Kontinent doch zu einer festumrissenen Größe geworden. Das ist die eine Seite der katalanischen Autonomie. Auf der anderen Seite ist offensichtlich, daß vorerst die vorhandenen institutionellen Kanäle den Drang vieler Katalanen nach einem Minimum an Souveränität weder im spanischen noch im europäischen Kontext vollauf befriedigen werden. Die katalanische Frage wird in Madrid, aber auch in Brüssel, noch für einige Zeit nicht von der politischen Agenda verschwinden. Solange Katalonien im Verbund der Völker Europas nicht als gleichberechtigter Akteur auftreten kann, wird der Nationalismus ein bestimmendes Merkmal der katalanischen Politik bleiben.

Doch das Interesse, das die katalanische Frage über Katalonien und Spanien hinaus weckt, hat auch tiefere Ursachen. Hinter dem, was katalanische Nationalisten oft als Defizit empfinden, verbergen sich möglicherweise auch Stärken. Wer sich diese Stärken vor Augen führt, könnte zu dem Schluß gelangen, daß es um die Identität Kataloniens in der Zukunft weniger kritisch bestellt ist als um die Identität mancher Nationalstaaten. Ihre Geschichte hat die Katalanen gelehrt, aus der Not eine Tugend zu machen. Sie haben schwierige Zeiten ohne jeglichen institutionellen Rückhalt überstehen müssen und sind kein staatsfixiertes Volk. Die Sogkraft des Katalanismus resultiert nicht zuletzt aus einer spezifischen Verbindung des Strebens nach politischer Autonomie und Selbstbestimmung mit den Strategien der gesellschaftlichen Selbstorganisation. Die Bürger Kataloniens haben gelernt, ihre kollektive Identität »am Staat vorbei« zu behaupten. Sie haben so einen Kreislauf in Gang gesetzt, in dem ein reges Assoziationswesen als Sozialkapital dient, das die Sache des Katalanismus befördert, während der Katalanismus wiederum das Motiv abgibt, die bestehenden assoziativen Bande zu festigen und auszubauen. Den bitteren Beigeschmack des Ethnischen wird man im Katalanismus vergeblich suchen. Der Hang zur Volkstümelei ist ihm weitgehend fremd geblieben. Das Gros der im katalanistischen Spektrum angesiedelten Kräfte verfolgt eine von Folklore und Chauvinismus befreite Identitätspolitik. Als Heimat eines stark mit der Zivilgesellschaft verwobenen politischen Nationalismus weist Katalonien Gemeinsamkeiten mit Schottland auf. Die Verquickung ziviler und kultureller Motive in der Artikulation kollektiver Identität erinnert wiederum manchmal an Quebec.

Katalonien hat es möglicherweise versäumt, zum »richtigen« historischen Zeitpunkt den Weg der Eigenstaatlichkeit zu beschreiten. Doch die Artikulation der kollektiven Identität mit einem Programm der nachholenden Nationalstaatsbildung verbinden zu wollen, scheint aus heutiger Sicht ein wenig produktiver Ansatz. Wo es um die Regelung zentraler Bereiche unseres Zusammenlebens geht, wirkt die politische Organisationsform des Nationalstaats zunehmend obsolet. Zugleich zeigen die aktuellen Entwicklungen freilich auch, wie stark die Identitätsperspektive die Politik in unserem globalen Dorf beherrscht und wie sehr nationale und religiöse Identitäten überall auf der Welt weiterhin die Basis für kollektive Mobilisierungen abgeben.

So betrachtet, könnte Katalonien am Ende sogar als »Modell« für eine kollektive Identität stehen, die nicht auf Staatlichkeit angewiesen ist, um sich bestätigt zu sehen, und die sich aufgrund ihres vorrangig zivilen Charakters nicht krampfhaft gegen die Dynamik kultureller Hybridisierung zu sperren braucht. Katalonien hat die Chance, den Herausforderungen der Zusammengehörigkeit und Integration im Kontext von Vielfalt gelassener und kreativer zu

begegnen, als es die klassischen europäischen Nationalstaaten mit ihrer rigiden Kopplung von kulturellen, gesellschaftlichen und politischen Identitäten getan haben.

III.

Jordi gegen Goliath – 1000 Jahre Kampf um die katalanische Kultur und Sprache

Von Torsten Eßer

Wo liegt Katalonien?

»Wo liegt Katalonien?« Diese Frage schaltete die katalanische Regionalregierung 1992 als Anzeige in der internationalen Presse, um für die Olympischen Spiele in Barcelona zu werben. Damals war vielen Reisenden nicht bewußt, daß sie sich in einer Region befanden, die sich kulturell vom übrigen Spanien unterschied. Das hat sich geändert: Heute wissen viele – längst noch nicht alle – Touristen, z. B. an der Costa Brava, daß ihre Reiseziele in Spanien *und* in Katalonien liegen. Katalanische Kultur und Sprache dringen immer stärker als eigenständige nationale Merkmale in die Wahrnehmung der Reisenden, da seit der Rückkehr zur Demokratie nicht nur »neue« Orts- und Straßennamen eingeführt wurden, sondern das Katalanische im Alltag wieder benutzt wird und die Traditionen auf Dorf- und Stadtfesten mit Stolz präsentiert werden.

Aber was unterscheidet nun die katalanische Kultur im wesentlichen von der spanischen? Wie bei allen historisch gewachsenen politischen Gemeinschaften besteht das Hauptmerkmal der kollektiven Identität in der Sprache; nicht umsonst bezeichnete der ehemalige Regierungschef Pasqual Maragall sie als »DNA der Katalanen«. Sie darf nach Artikel 3 der spanischen Verfassung von 1978 neben dem Spanischen in den Autonomen Gemeinschaften, die es wünschen, Amtssprache sein. Im Gebiet der heutigen Autonomen Gemeinschaft Katalonien (~32 000 qkm) ist sie das. Dort leben rund 4,6 Millionen Katalanisch-Sprecher bei einer Gesamtbevölkerung von 6,9 Millionen (2005). Katalanisch schreiben können allerdings nur etwa 3,1 Millionen Personen (Institut d'Estadística de Catalunya 2006, S. 594 ff.). Eine Diglossie-Situation, in der das Spanische dem Katalanischen gegenüber als die »Hochsprache« gilt, ist häufig noch der Normalfall, auch das eine Folge der 40jährigen Unterdrückung des Katalanischen durch das Franco-Regime. Sogar in vielen höheren Katalanisch-Sprachkursen des »linguistischen Normalisierungsprogramms« (*normalització lingüística*) sitzen noch heute ältere Katalanen, die ihre Muttersprache zwar fließend sprechen, aber kaum schreiben können.

Die meisten Katalanen befürworten deshalb über parteipolitische Grenzen hinweg einen stärkeren Schutz ihrer Muttersprache, können mit der Zweisprachigkeit aber gut leben. Die Nationalisten unter ihnen vertreten jedoch die Meinung, daß das Spanische ein Fremdkörper und die Muttersprache »ein unverzichtbares Wesensmerkmal« der katalanischen Kultur und Literatur sei. Der Sprachenkonflikt spiegelte sich einmal mehr in der mit harten Bandagen geführten Diskussion um die offizielle Präsenz katalanischer, spanischschreibender Schriftsteller wie Eduardo Mendoza oder Carlos Ruiz Zafón auf der Buchmesse in Frankfurt, die im Jahr 2007 die »Katalanische Kultur« als Ehrengast geladen hat. Im Gegensatz zu den Politikern sahen die Verleger, die abseits des offiziellen Programms alle Autoren präsentieren, die Angelegenheit realistisch: »Die spanischschreibenden Schriftsteller sind Teil der katalanischen Kultur«, meinte Ernest Folch vom angesehenen Verlag »Edicions 62« (zit. n. *El País*, 05.10.2006). Solange jedoch in Katalonien das Selbstverständnis einer »Nation ohne Staatsgebiet« vorherrscht und Attacken spanischer Nationalisten aus Madrid dies immer wieder bestärken, wird diese Diskussion andauern. Zumal die Sprache trotz der Erfolge des Normalisierungsprogramms, welches neben den Sprachkursen z. B. auch die Förderung muttersprachlicher Publikationen oder Theaterstücke umfaßt, von der schieren Zahl der innerspanischen Zuwanderer und Immigranten aus Afrika, Europa und Lateinamerika in die prosperierende Region bedroht bleibt, auch wenn viele von ihnen bereit sind, Katalanisch zu lernen.

Auch in ihrer Mentalität unterscheiden sich die Katalanen von den anderen Bevölkerungsgruppen Spaniens. Ob nun mehr der Eigen- oder Fremdwahrnehmung geschuldet, ob Zuschreibung oder Tatsache: Sie gelten als fleißig und geschäftstüchtig, aber auch als ernst und geizig. Die Spanier halten Katalonien für ein Anhängsel Nordeuropas, eine Einschätzung, die sicherlich einige Berechtigung hat, war doch der Einfluß der Franken in diesem Landesteil eine Zeitlang sehr groß.

Eine weitere Charaktereigenschaft der Katalanen formulierte schon der Philosoph Ramon Llull mit seinem Leitsatz »Debatre, no combatre!« (Debattieren, nicht kämpfen!). Diese Dialogbereitschaft ebenso wie ihre Bündnismentalität verdanken sie ihrer geographischen Lage und der daraus resultierenden Vermittlerrolle zwischen den Kulturen, sowohl auf der Nord-Süd-Achse (Frankenreich – arabische Fürstentümer) als auch auf der Ost-West-Achse (Mittelmeerstaaten – Madrid), was nebenbei auch dem Handel und der regionalen Küche sehr zuträglich war. Die Katalanen sind ein Volk, das versucht, sein Gleichgewicht zu wahren, auch das zwischen Tradition und Moderne. Diese pragmatische Vernunft wird als *seny* bezeichnet. Der Gegenpol nennt sich *rauxa*, ein Begriff, der jede Art von starken Gefühlswallungen beinhaltet, die aber – ähnlich wie bei Deutschen – selten zum Ausbruch kommen.

Den langen Zeiten der Unterdrückung ihrer Kultur verdanken die Katalanen die Stärke ihrer Zivilgesellschaft, die sich u. a. in der weitverbreiteten Vereinskultur zeigt. Auch einige volkstümliche Aktivitäten spiegeln ihren Gemeinschaftsgeist wider: sowohl der Nationaltanz *Sardana*, aber vor allem der Volkssport der *castells*, bei dem aus Menschen Türme »gebaut« werden, erfordern Zusammenarbeit und Disziplin. Eine Aussage des Historikers Fernand

Braudel trifft auf die Katalanen genau zu: »In Wahrheit un-
terwirft sich jede gefestigte Zivilisation nur scheinbar, wird
sich dabei nur um so schärfer ihrer selbst bewußt und entwickelt einen unbeugsamen kulturellen Nationalismus«
(Braudel 2006, S. 103).

In der folgenden Abhandlung zur über 1000jährigen
Kulturgeschichte Kataloniens müssen aufgrund der kom-
primierten Form einige Einschränkungen vorgenommen
werden:

– Nicht die gesamte katalanische Kultur, deren Gebiet der
  französische Geograph Pierre Deffontaines als »das katalanische Mittelmeer« umreißt, ist Gegenstand der Betrachtung, sondern nur die kulturelle Entwicklung im
  Gebiet der heutigen »Autonomen Gemeinschaft Katalonien« (historisch auch *Principat* genannt). Ereignisse in
  und Personen aus den anderen katalanischsprachigen
  Gebieten (*Països Catalans*), u. a. Andorra, die Autonome
  Gemeinschaft València, die Balearen und das südfranzösische Roussillon, finden nur Erwähnung, sofern sie für
  die Entwicklung dort sehr bedeutsam sind.

– Zusätzlich zur geographischen Begrenzung sind weitere
  Einschränkungen notwendig, um nicht in pure Aufzähle-
  rei zu verfallen: In den verschiedenen Epochen fokussiert
  sich die Darstellung auf autochthone Entwicklungen der
  Region, besondere Leistungen einzelner Persönlichkeiten
  sowie auf wichtige Ereignisse, die der katalanischen Kultur neue – positive oder negative – Impulse gegeben haben. So wird z. B. die Kunst des 16.-18. Jahrhunderts, die
  kaum regionale Eigenheiten hervorgebracht hat, nur
  kurz gestreift. Auch Entwicklungen in Wissenschaft und
  Technik bleiben generell außen vor.

Im Gegensatz zu vielen von Katalanen verfaßten Ab-
handlungen über die eigene Kultur finden hier auch spa-
nischschreibende oder -singende Künstler katalanischer
Herkunft ihren Platz, unabhängig davon, warum sie diese

(oder eine andere) Sprache benutzen. Schon der valencianische Schriftsteller Joan Fuster schrieb in einem Kommentar zur Literatur der Renaissance: »Nur in der Literatur ruft die Aufgabe der Sprache Ratlosigkeit und Befürchtungen hervor: der verhältnismäßig systematische Gebrauch des Spanischen durch Dichter, Schriftsteller und Dramaturgen. Wie auch immer, die Werke dieser Leute – oft sehr an die lokalen Gegebenheiten gebunden – sind Teil der katalanischen Kultur« (zit. n. Casals et al. 1982, S. 119).

Im Unterschied zu der aus der Romantik stammenden, rein ideologisch begründeten These, daß eine Nation (in diesem Fall ohne Staatsgebiet) nur *eine* Nationalliteratur und *eine* Nationalsprache haben dürfe – eine unglückliche, literarisch nicht fundierte und trotz jahrhundertlangem Gebrauch wenig durchdachte Zuordnung (Schönberger 2006, S. 96) –, wird in diesem Beitrag derjenige als der katalanischen Kultur zugehörig betrachtet, der seine gesamte Sozialisation in Katalonien erfahren hat, unabhängig davon, in welcher Sprache er sich äußert, denn er wird sich dabei immer wieder der Metaphern seiner Heimat bedienen. Entscheidend ist – und das wird von offizieller Seite ignoriert –, ob ein solcher Mensch sich selbst als Katalane fühlt, definiert und sich dieser Kultur zurechnet.

Die Herausbildung der katalanischen Kultur
(9.-12. Jahrhundert)

Die kulturellen Substrate:
Iberer, Griechen, Römer, Franken, Mauren

Lange bevor sich der erste unabhängige Staat dieses Namens herausbildete (986-988) und die Begriffe »katalanisch« und »Katalonien« zum ersten Mal in Urkunden erwähnt wurden (1107 bzw. 1114), legten andere Völker die Grundlage für die heutige Kultur: In den mediterranen Pyrenäen gefundene Überreste des Homo erectus belegen, daß das Gebiet schon vor rund 455 000 Jahren besiedelt war. Aus dem Neolithikum finden sich beeindruckende Zeugnisse in der Serra d'Albera: Besucher können dort auf der *Ruta megalítica i preromànica* eine Vielzahl von Dolmen und Menhiren aus der Zeit von 4000-2000 v. Chr. besichtigen. Die Menschen der Bronzezeit hinterließen Wandmalereien in den Höhlen von Roca dels Moros in Cogul, in der Provinz Lleida.

Etwa im 8. Jahrhundert v. Chr. gelangten verschiedene Völker, später als Iberer bezeichnet, ins heutige Katalonien. Sie bildeten zwar eine gemeinsame Kultur mit einem von den Phöniziern übernommenen Alphabet aus 28 Zeichen, aber nie eine politische Einheit, so daß sie aufgrund ständiger nachbarschaftlicher Konflikte ihre Siedlungen grundsätzlich an strategisch günstigen Orten errichteten: So liegen die Ruinen von Ullastret (6. Jahrhundert v. Chr.) auf einem 54 Meter hohen Hügel. Fast zeitgleich mit den Iberern drangen Phönizier, die schon das heutige Ibiza besiedelt hatten, und Griechen von See aus in die Region vor. Letztere gründeten die bedeutenden Siedlungen Rhodes (776 v. Chr.), heute Roses, und Emporion (600 v. Chr.), von dem die heutigen Ruinen von Empúries zeugen. Den Griechen haben die Katalanen den ökonomisch so bedeutsamen Oliven- und Weinanbau zu verdanken.

Die Römer gelangten zum ersten Mal 218 v.Chr., während des 2. Punischen Krieges, auf die Iberische Halbinsel und gründeten an der Mittelmeerküste und im Tal des Ebro Städte, u.a. Barcelona an der Stelle der ehemaligen Iberersiedlung Barcino und 210 v.Chr. Tarraco (Tarragona), das 27 v.Chr. zur Hauptstadt von »Hispania Citerior« aufstieg, wovon noch heute viele bedeutende Monumente (Amphitheater, Aquädukt etc.) zeugen. Die iberischen Völker profitierten von der Romanisierung – und somit auch Internationalisierung – ihrer Kultur: Über römische Straßen (Via Augusta) gelangten Waren aus aller Welt bis ins kleinste Dorf, aber auch ein fortschrittliches Rechtssystem, eine entwickelte Verwaltung sowie gegen Ende der römischen Herrschaft das Christentum. Von der noch-römischen, aber schon christlich geprägten Epoche (4. Jahrhundert) zeugt die Mosaikkuppel des Mausoleums von Centcelles, das als frühestes christliches Bauwerk dieser Art im Römischen Reich gilt. Die Römer bauten außerdem technisch ausgezeichnete Bewässerungsanlagen (Vilar 1990, S. 14). Ihre nachhaltigste Hinterlassenschaft ist jedoch die Sprache: Rund 80 % des Katalanischen stammen aus dem Latein bzw. Vulgärlatein, nur 2,5 % des heutigen Wortschatzes aus vorrömischer Zeit.

Die weitgehend romanisierten Westgoten, die im 5. Jahrhundert die Iberische Halbinsel eroberten, hinterließen wenige Spuren: Außer daß sie Barcelona für kurze Zeit zu ihrer Hauptstadt machten und – einer von vielen Entstehungstheorien zufolge – der Name Katalonien auf sie zurückgehen soll (»Gotalania«, von Goten und Alanen), hinterließen sie noch Spuren im Wortschatz, dem rund 3 % der Sprache entstammen. Ab 711 eroberten die Mauren die Iberische Halbinsel und verbreiteten ihre Kultur. Die Veränderungen waren um so deutlicher zu spüren, je länger die arabische Präsenz in einem Gebiet währte. In Girona und Barcelona hielten sich die Mauren bis zu ihrer Zurückdrängung durch die Franken keine hundert Jahre (bis 785 bzw. 801), weshalb hier der Ursprung der katalanischen Kulturgemeinschaft verortet wird (*Catalunya Vella*). Im Süden des heutigen Katalonien, im Gebiet von Lleida und Tarragona, dauerte ihre Herrschaft hingegen vier Jahrhunderte (*Catalunya Nova*). Während dieser Zeit gelangten nicht nur Philosophie, Literatur und Wissenschaft zur Blüte, auch auf handwerklichem und landwirtschaftlichem Gebiet hinterließen die Araber der einheimischen Bevölkerung ein wertvolles Erbe: neue Bewässerungs- und Anbaumethoden, edlere Stoffe, eine ausgefeiltere Keramiktechnik und manch andere Neuerung.

Während der *Reconquista,* der christlichen Rückeroberung arabisch beherrschter Gebiete, lag in der Vielfalt der christlichen Widerstandszentren bereits jener Keim der Ausdifferenzierung verborgen, der zum heutigen Spanien in seiner »vielfältigen Einheit« führen sollte (Marí i Mayans 2003, S. 26). In der von den Franken abhängigen »Spanischen Mark« vereinte Wifred (*Guifré*) der Behaarte (*el Pelós*) die Grafschaften und legte so den Grundstein für die Herrschaft des späteren katalanischen Königshauses. Kulturell lehnte man sich an das Karolingerreich an und übernahm u. a. dessen Schrift. Katalanische Linguisten sehen in der Ausrichtung auf das fränkische Reich ein kaum zu überschätzendes Moment für die Herausbildung der eigenen Sprache. Ein Gedanke, der von heutigen Politikern mit großer Zustimmung aufgegriffen wird: Jordi Pujol, Ex-Präsident der Regionalregierung (*Generalitat*), weist gerne darauf hin, daß zu jener Zeit »unsere Hauptstadt nicht in Spanien lag, da es sich um Aachen handelte« (Pujol 2006).

Man unterhielt diplomatische Kontakte nach Al-Andalus und zum Papst und unterstrich so die Brückenfunktion der Mark. In den Klöstern von Ripoll und Cuixà wurden in ganz Europa anerkannte Gelehrte und Übersetzer ausgebildet, die den anderen Ländern das arabische Wissen zugänglich machten, so auch Gerbert von Aurillac. Wohl über ihn gelangte die arabische Zählweise und mit ihr die Zahl Null, die die abendländische Mathematik revolutionierte, erstmals nach Europa, ebenso das Astrolabium.

Einen bedeutenden technischen Beitrag zur abendländischen Kultur stellte vom 10. Jahrhundert an die katalanische Schmiedekunst (*farga catalana*) dar. Sie beruhte auf einem metallurgischen Verfahren, welches die Herstellung von qualitativ hochwertigem Eisen in nur einem Arbeitsgang erlaubte. Im Reduktionsverfahren wurde der Stahl direkt aus den Erzen gewonnen. Das Verfahren wurde im 14. Jahrhundert perfektioniert und bewährte sich bis ins 19. Jahrhundert. Erst 1891 schloß in Andorra die letzte Anlage (eine solche kann heute im ethnographischen Museum von Ripoll besichtigt werden).

985 unternahmen die Araber unter Al-Mansur erneut einen Angriff auf Barcelona. Die Franken verweigerten den lokalen Fürsten ihre Hilfe, so daß es zwischen 986 und 988 zum Bruch mit ihnen und zur Gründung der »katalanischen« Nation kam. Ab diesem Zeitraum bezeichnet der Kunsthistoriker Joan-Ramon Triadó auch die in dieser Region entstehende Kunst als »katalanisch« (Triadó 1994, S. 13).

Romanische Kunst

Nachdem im 10. Jahrhundert kurze Zeit arabische Formen in der Baukunst vorherrschend waren, mitgebracht von Steinmetzen aus dem Kalifat Córdoba, gewannen lombardische Einflüsse (Blendarkaden, Rundbogenfenster, Dekorationsbänder) bald die Oberhand und leiteten die romanische Epoche ein. Zum ersten Mal wurden die bis dahin üblichen Holzbedachungen durch Steingewölbe ersetzt, vor allem zum Schutz vor Bränden, die die häufig einfallenden Normannen legten (Cirici 1980, S. 111 f.).

Die Burgkirche St. Vincenç in Cardona, 1029-1040 erbaut, ist in ihrer bis dahin ungekannten Regelmäßigkeit und Klarheit eines der besten Beispiele frühromanischer Architektur in Katalonien. Typische Elemente der Romanik – Seitenschiffe, Kreuzgratgewölbe – vermischen sich hier mit regionalen Eigenarten, wie z. B. dem von Gurtbögen gestützten Tonnengewölbe. St. Vincenç stellt gleichzeitig das älteste Beispiel in Europa für die Synthese einer vollständig überwölbten Basilika und eines Querschiffs mit Kuppel dar (Borngässer 2000, S. 287 ff.). Auch bei der Gestaltung der Fresken leisteten die Künstler der Romanik Außerordentliches und schufen ein an Ornamenten und Farben reiches Werk. Einige bedeutende Fresken aus Kirchen in den Pyrenäen – so die Apsisfresken der beiden im Tal von Boí gelegenen Kirchen St. Climent de Taüll und Sta. Maria – sind heute im *Museu Nacional d'Art de Catalunya* (MNAC) in Barcelona zu sehen, wohin sie zu Beginn des 20. Jahrhunderts geschafft wurden, teils auf Packeseln und unter anderen abenteuerlichen Bedingungen (Borngässer 2004, S. 19 ff.).

Weitere beachtenswerte Beispiele für regionale Besonderheiten der romanischen Epoche stellen das ehemalige Benediktinerkloster St. Pere de Rodes, die lombardisch beeinflußte Kathedrale in La Seu d'Urgell sowie die Säulen-Kreuzgänge der Kathedrale von Girona und der Kirche St. Cugat del Vallès mit ihren figuralen Kapitellen dar. Weit über 2 000 romanische Gebäude und Gebäudeteile sind in Katalonien erfaßt, die zum erstenmal eine eigenständige Entwicklung der – vornehmlich sakralen – Kunst dieses Gebietes zeigen. So ist es gut nachzuvollziehen, daß sie »eine entscheidende Rolle im Konstruktionsprozeß des katalanischen Nationalcharakters« spielen (Borngässer 2004, S. 1), zumal ihre Errichtung in die Epoche der politischen und sprachlichen Emanzipierung des Gebietes fällt. Zur »Nationalkunst« erhob man die Romanik allerdings erst später, während der *Renaixença* (Triadó 1994, S. 125).

Der romanische Einfluß beschränkte sich nicht nur auf die Bauwerke: Der Bildhauer Meister Gilabert schnitzte die berühmte Muttergottesfigur der Kathedrale von Solsona, seine Kollegen der sogenannten »Schule von Ripoll« schufen das mit Figuren fast überladene Portal ihrer Klosterkirche und viele anonyme Künstler die für die Hochromanik typischen polychromen Kruzifixe sowie Altarverzierungen und andere Holzskulpturen. Die Miniaturen der beiden berühmten Bibeln von St. Pere de Rodes und von Ripoll stellen Kleinode der romanischen Buchmalerei dar. Der im Museum der Kathedrale von Girona ausgestellte Schöpfungsteppich (*Tapís de la creació*) vom Ende des 11. Jahrhunderts, ein Meisterwerk der Handwerkskunst, kann als Ausdruck des wachsenden kulturellen Bewußtseins und der wirtschaftlichen Blüte der Region unter den Herrschern von Raimund Berengar (*Ramon Berenguer*) I. (1035-1076) bis Raimund Berengar III. (1097-1131) betrachtet werden.

Kultur und Sprache im goldenen Zeitalter
(13.-15. Jahrhundert)

Schon während des 10. Jahrhunderts tauchen in lateinischen Schriftstücken erste volkssprachliche Formen und Ausdrücke auf. Die ersten vollständigen Texte auf katalanisch stammen dann aus dem 12. Jahrhundert. Es handelt sich um die Übersetzung eines Teils der westgotischen Gesetzessammlung *Forum Iudicum* sowie die *Homilies d'Organyà*, eine Sammlung von Predigten.

1137 vereinigten sich die Königshäuser von Aragonien und Katalonien durch die Heirat Petronilas von Aragonien mit Raimund Berengar (*Ramon Berenguer*) IV., der das katalanische Herrschaftsgebiet bis nach Tortosa ausdehnte. Er und seine Nachfolger, Jakob (*Jaume*) I., der 1229 Mallorca und 1238 València eroberte, Peter (*Pere*) II., der Sizilien besetzte, und Jakob (*Jaume*) II., der Sardinien annektierte (1324), festigten die katalanische Handelsmacht im Mittelmeer. Sogar einige Regionen Griechenlands und Kleinasiens sowie Neapel wurden zeitweise vom aragonesisch-katalanischen Herrscherhaus regiert. Die politische und wirtschaftliche Expansion des Reiches wirkte sich auch auf die Verbreitung und Konsolidierung der Sprache und der Kultur aus. Allerdings zerbrach gleichzeitig der Traum der katalanischen Könige von der Vereinigung Kataloniens und Okzitaniens. Dessen Ende besiegelten der Vertrag von Milhau (1204) und der Tod Peters (*Pere*) I. (1213) im Kampf gegen den König von Frankreich, der Südfrankreich annektierte (vgl. hierzu S. 12-30 in diesem Band).

Seit dem Ende des 11. Jahrhunderts entwickelte sich in Europa die Troubadourdichtung als eine sprachlich, formal und inhaltlich hochentwickelte Liedkunst. Dabei spielten sowohl Einflüsse der Musikkultur südfranzösischer Klöster als auch der hispano-arabischen Dichtung der Höfe Andalusiens eine Rolle. Rund 2 500 Lieder von etwa 450 Troubadouren sind überliefert. Etwa 200 stammen aus der Feder katalanischer Autoren, allein 120 von Cerverí de Girona (Guillem de Cervera) und 31 von Guillem de Berguedà, die zu den berühmtesten Minnesängern zählen.

Die Katalanen benutzten das Okzitanische – genauer gesagt, eine daraus entwickelte literarisch-poetische Kunstsprache – für ihre Dichtung, die eine hochartifizielle Reim- und Strophentechnik aufwies. In einigen Texten wurden schon katalanische Begriffe verwendet. Ramon Vidal de Besalú verfaßte zu Beginn des 13. Jahrhunderts eine der ersten Verslehren zur Troubadourlyrik, die *Rasós de trobar* – ebenfalls in Okzitanisch, einer Sprache, die mit dem Katalanischen eine so hohe Wortschatzübereinstimmung besitzt (etwa 75 %), daß eine Verständigung untereinander auch heute noch leichtfällt (Marí i Mayans 2003, S. 42).

Im 13. Jahrhundert kam es dann zu einer Blüte der Troubadourdichtung, verursacht auch durch den gesellschaftlichen Umbruch während der Gotik, nämlich den Übergang der Vormachtstellung vom Rittertum zum Bürgertum, der seine Parallele in der Entwicklung vom Minnesang zum Meistersang fand. Wie im übrigen Europa auch bildet die Troubadourlyrik in Katalonien eine wichtige Basis für die nationale Dichtung. Im 14. und 15. Jahrhundert erschienen die ersten katalanischsprachigen Dichtwerke, wie das *Llibre de Concordances* (1371) von Jaume March. Sein Neffe Ausiàs March (1397-1459) führte mit seinem Werk die nun auch ohne musikalische Begleitung auskommende Dichtung im 15. Jahrhundert zu ihrem vorläufigen Höhepunkt, indem er als erster seine persönlichen Leidenserfahrungen in Verse goß:

»Es wäre besser, ich ertrüg' mein Leid,
als daß ich etwas Glück hinein noch mengte,
in jene Pein, die den Verstand mir raubt,
wenn ich vergangne Freuden lassen muß.
Oh weh! Mein Glück verwandelt sich in Leid,
mit doppelt großer Wut, nach kurzer Rast;
wie bei dem Kranken, der um eines Bissens
Genuß in Schmerzen daraufhin sich nährt.«

(zit. n. Radatz 1993a)

Seit 1394 wurden in Barcelona die Blumenspiele (*jocs florals*) ausgerichtet, ein berühmter Dichterwettstreit: Der Drittplazierte erhielt dort ein Veilchen aus Silber, der Zweite eine Rose aus Gold. Der Sieger hingegen bekam eine echte Rose überreicht, die verblühte; sein Gedicht aber lebte fort.

Verbreitung des Katalanischen und seiner Literatur: von Ramon Llull bis zum Tirant

Das Katalanische verbreitete sich schnell in den neu eroberten Gebieten (noch heute wird es in Alghero auf Sardinien gesprochen), nicht zuletzt durch den *Consolat de Mar* (1348), einen Kodex des Seehandelsrechts, der im gesamten Mittelmeerraum Verbreitung erlangte. Es breitete sich auf alle Ebenen des sozialen Lebens aus, vor allem auch als Sprache der Gelehrten. Davon zeugen Rechtstexte wie die *Costums de Tortosa* (1272) oder Chroniken wie das *Llibre del rei En Pere* (1288) von Bernat Desclot.

Mit dem Mallorquiner Ramon Llull (1232/35?-1316?) war die entscheidende Figur für die Entwicklung der katalanischen Sprache in die Geschichte eingetreten. Zwischen

1272 und 1315 verfaßte er über 250 religiöse, mystische, philosophische und wissenschaftliche Schriften, in denen er statt des Lateinischen die Volkssprache verwendete. Er entlehnte gelehrte Ausdrücke aus dem Lateinischen und kombinierte sie mit Begriffen des Katalanischen. Seiner sprachlichen Schöpfungskraft ist es zu verdanken, daß die Katalanen Ende des 13. Jahrhunderts über ein differenziertes Sprachenmodell verfügten, welches in jedem gesellschaftlichen Bereich einsetzbar war (Marí i Mayans 2003, S. 58). Mit seinen Romanen und mystischen Erzählwerken, z. B. dem *Llibre d'amic e amat,* und den in ihnen enthaltenen »literarischen Kostbarkeiten« (Stegmann 1992, S. 103) begründete Llull auch die Literatursprache. Sein philosophisches Werk, *Ars Magna,* fand bei nachfolgenden Denkergenerationen in ganz Europa große Beachtung, u. a. bei Giordano Bruno und Nikolaus von Kues.

Llulls Werk schätzten auch die katalanischen Humanisten. Der Humanismus gelangte – begünstigt durch die frühen aragonesischen Übersetzungen lateinischer und griechischer Autoren (Plutarch, Thukydides u. a.) aus der Feder des Großmeisters des Johanniterordens, Juan Fernández de Heredia (1310-1396), sowie die intensiven Kontakte nach Italien und Griechenland – um 1380 aus Italien nach Katalonien (Battlori 1977, S. 5 ff.). Schon acht Jahre später lag ein Werk von Boccaccio auf katalanisch vor, *Valter e Griselda* (*Walter und Griseldis*), übersetzt von Bernat Metge (1340/46-1413), zu dieser Zeit Sekretär am Hofe König Johanns (*Joan*) I. Er setzte einen neuen Stil in der katalanischen Prosa durch und gilt als erster bedeutender Humanist der Iberischen Halbinsel. Mit seinem Buch *Lo Somni* (*Der Traum*) (1399) – in das er neben Zitaten aus Werken von u. a. Llull, Ovid, Virgil, Petrarca auch eine komplette Schrift Ciceros (*Somnium Scipionis*) einfügte – schuf er die Basis des katalanischen Humanismus (Casals et al. 1982, S. 54f.).

Der katalanischen Denkart kamen die Werte des Humanismus entgegen. Als Handelsnation auf dem Weg in die Moderne, als Brücke zwischen Islam und Christenheit, zwischen Kastilien und dem Mittelmeer sowie als Nation, der der »Paktismus« eher lag als gewalttätige Lösungen, hatten sie seine wichtigsten Prinzipien wie Toleranz, Würde des Menschen, Gewalt- und Gewissensfreiheit schon verinnerlicht.

Auf dem Gebiet der Prosa erlebte die katalanische Literatur des 15. Jahrhunderts mit der Veröffentlichung zweier Ritterromane ebenfalls einen Höhepunkt. Zwischen 1432 und 1465 erschien der von einem anonymen Autor verfaßte *Curial e Güelfa* und schließlich 1490 in València *Tirant lo Blanc* (*Der Roman vom weißen Ritter*). Sein Realismus und sein Humor, verbunden mit Ritterepisoden und der freizügigen Schilderung erotischer Szenen, veranlaßten später Miguel de Cervantes dazu, den *Tirant* im *Quijote* als »bestes Buch der Welt« zu bezeichnen. Der Autor, Joanot Martorell (1413/15-1468), bezog seinen Stoff aus den mittelalterlichen Chroniken und aus den Schilderungen der Eroberungszüge der *almogàvers* (katalanische Söldnertruppen, die 1303-1324 gegen die Sarazenen kämpften) im Mittelmeerraum. Nach seinem Tod führte wahrscheinlich Martí Joan de Galba das Werk zu Ende, das im Jahre 2005 vom katalanischen Regisseur Vicente Aranda verfilmt wurde.

Katalanische Gotik

Der um 1140 in der Île-de-France entstandene gotische Baustil erreichte Katalonien zu Beginn des 13. Jahrhunderts und behielt seinen Einfluß dort bis ins 16. Jahrhundert. Die Zisterzienser bereiteten mit ihren Klöstern, bei deren Bau schon Spitzformen und Kreuzrippen Verwendung fanden,

den Übergang zwischen der spätromanischen und gotischen Epoche in der Baukunst vor. Zwischen 1150 und 1158 errichteten sie im Hinterland von Tarragona drei große Abteien: Santes Creus, Vallbona und Poblet. Letztere, zugleich Symbol des Sieges über die Mauren, prachtvolle Grabstätte der katalanischen Könige und befestigte Klosterstadt, zählt heute zum Weltkulturerbe. Sie wurden dort gegründet, weil in den von den Arabern zurückeroberten Gebieten (*Catalunya Nova*) großer Bedarf an Seelsorge und landwirtschaftlicher Anleitung durch die Mönche bestand (Borngässer 2000, S. 363). Die eigentliche Geburt der Gotik vollzog sich in Katalonien jedoch erst im 14. Jahrhundert: Es entstand eine eigene Version des importierten Stils, welche die gotische Epoche zu einer der herausragenden der katalanischen Kunstgeschichte machte.

Die Gotik triumphierte vor allem in Barcelona und im zurückeroberten Tarragona. Als eindrucksvollste Schöpfung jener Epoche gilt die Kathedrale, eine Art Gesamtkunstwerk des Mittelalters, Architektur, Skulptur, Malerei und Glaskunst vereinend. Erstmals leitete man die Last über Kreuzrippengewölbe auf Pfeiler ab, so daß die massiven Wände der romanischen Bauten nicht länger nötig waren und durch grazile Konstruktionen mit großen Fenstern ersetzt wurden.

Im Gegensatz zu den im übrigen Europa üppig mit Spitzbögen, Fialen, Ziergiebeln, großen Fenstern und reicher Ornamentik ausgestatteten Kirchen dominierten in Katalonien jedoch klare geometrische Formen, einfache Linienführung und glatte Mauerfronten mit kleinen Fenstern, weswegen die gotischen Kirchen dort recht düster wirken (Carbonell et al. 1977, S. 18). Man errichtete in großen Abständen so wenige Säulen wie möglich und schuf große und freie Räume, wie z. B. in der einschiffigen Kathedrale von Girona (Baubeginn 1310), bis zum Bau des Petersdoms in Rom die breiteste Kirche der Welt, oder in der dreischiffigen Kirche Santa Maria del Mar (Baubeginn 1329) in Barcelona. Bei den dreischiffigen Kirchen sind die Seitenschiffe immer fast ebenso hoch wie das Mittelschiff – 30 Meter in der Kathedrale von Palma –, so hoch wie in keinem anderen Land. Der Innenraum der Kathedrale von Barcelona, La Seu (Baubeginn 1298), ist ein weiteres Beispiel für diese Kombination aus Wuchtigkeit und Einfachheit. Bauelemente, frei von Schmuck und überflüssigen Linien, vor allem aber die weit auseinanderliegenden Stützpfeiler und die 26 Meter hohen Seitenschiffe vermitteln den Eindruck grandioser Weite, den die tatsächlichen Maße allein nicht begründen können (Barcelona-Projektgruppen 1992, S. 36 ff.).

Die eigenständige gotische Architektur Kataloniens setzte sich auch in den weltlichen Bauten fort. Der vom Hofarchitekten Guillem Carbonell 1359 bis 1362 errichtete Saal des Königspalastes von Barcelona (*Saló del Tinell*), ein Hauptwerk der gotischen Profanbaukunst, wurde mit einer über steinernen Schwibbögen errichteten Holzbedachung versehen. 1936 entdeckte man bei Restaurierungen an der Nordwand des Saales ein 5×15 Meter großes Fresko aus dem 14. Jahrhundert, welches die Rückeroberung Mallorcas darstellt (Borngässer 2000, S. 145).

Mit dem Bedeutungszuwachs der mittelalterlichen Städte und dem Aufkommen eines Handelsbürgertums erhöhte sich auch der Bedarf an städtischen Funktionsbauten. Anders als beim Kirchenbau stand hier jedoch die Zweckmäßigkeit im Vordergrund. Im gotischen Viertel (*Barri Gòtic*) von Barcelona wurden so in der Blütephase der katalanischen Gotik, zwischen dem späten 13. und dem späten 14. Jahrhundert, an der Plaça St. Jaume das Ständeparlament (*Palau de la Generalitat*) und das Rathaus, ein 1372 zum Zweck der Sitzungen des Hundertenrats (*Consell de cent*) erweitertes Wohnhaus, gebaut sowie zahlreiche Patrizierhäuser. Es kamen weitere Gemeinschaftsbauten hinzu, z.B. die Schiffswerften (*Drassanes*), die heute das

Schiffahrtsmuseum beherbergen, oder die – für Katalonien typische – Börsenhalle (*Llotja*), für die weitere gut erhaltene Beispiele in Tortosa und Castelló d'Empuries existieren. Die katalanische Gotik wurde auch erfolgreich exportiert. Guillem Sagrera errichtete in diesem Stil in Neapel das *Castel Nuovo* (1279). Weitere Beispiele finden sich auf Sardinien und Sizilien (Stegmann 1992, S. 75).

In der Bildhauerei und der Malerei erschufen die Künstler dieser Epoche, die nun zum ersten Mal in der Geschichte auch persönlich hervortraten, indem sie ihre Arbeiten signierten, weniger originelle Werke, da sie oft importierte Ideen übernahmen, nicht zuletzt weil viele Künstler aus Frankreich, Italien, Flandern oder Deutschland in Katalonien arbeiteten. In der Plastik erfuhr die Retabeln-Kunst einen Höhepunkt mit den Werken des Meisters Bartomeu, von Aloi de Montbrais oder des vielbeschäftigten Jaume Cascalls, der zwischen 1345 und 1377 eine große Anzahl dieser Altaraufsätze anfertigte, wie z. B. den bekannten Ursularetabel in der Kirche St. Llorenç in Lleida. Weitere bemerkenswerte Beispiele für die gotische Plastik bieten das Chorgestühl der Kathedrale von Barcelona von Pere Sanglada oder die Skulptur des St. Jordi, des katalanischen Nationalheiligen, von Pere Joan am *Palau de la Generalitat*.

Die gotische Malerei hing gänzlich von ausländischen Einflüssen ab, zunächst aus Frankreich, dann aus Italien, repräsentiert durch den Künstler Ferrer Bassa und seinen Sohn, die zahlreiche Retabeln, Miniaturen und Gemälde anfertigten. Von der zweiten Hälfte des 14. Jahrhunderts an setzte sich der »Internationale« oder »Weiche Stil« als Mischung aus diesen franco- und italo-gotischen Einflüssen und den Malstilen weiterer Länder durch, vor allem Flanderns, initiiert wiederum hauptsächlich von Ausländern. In diesem Stil malten die Katalanen Lluís Borrassà, der alleine mehr als 45 Retabeln schuf, Bernat Martorell und Jaume Huguet, der berühmteste Maler der Gotik. Letzterer ging zu einer ganz neuen realistischen Darstellung der Personen über, so z. B. bei dem um 1475 entstandenen Retabel *Sant Jordi i la princesa* (*St. Georg und die Prinzessin*) (Triadó 1994, S. 162-166).

Eine besondere Rolle spielte die Glas- und Keramikkunst jener Epoche. Neue Techniken erlaubten die Herstellung von Emailkeramik mit gotischem Blumenschmuck, Hof- und Jagdszenen sowie heraldischen Abbildungen, die nach ganz Europa exportiert wurde. Mit katalanischen Kacheln verzierte Wände finden sich noch heute an verschiedenen Stellen in Europa, so im Vatikan, wo sie von den Päpsten aus dem katalanischen Geschlecht der Borja (italienisch Borgia) in Auftrag gegeben worden waren.

Der Anfang katalanischer Musik: Llibre Vermell

Bereits im Mittelalter hatten Mönche in den Klöstern Sant Cugat del Vallès und Ripoll eine eigene Musikkultur entwickelt, die sich u. a. auch theoretisch mit Musik beschäftigte, so im Traktat *Breviarum de musica* des Mönchs Oliba aus Ripoll. Aber erst das *Llibre Vermell* (Rotes Buch) aus dem Kloster Montserrat, das seinen Namen von einem Einband aus rotem Saffianleder aus dem 19. Jahrhundert trägt, markiert den Beginn der Musik in katalanischer Sprache. Der Tanz *Los set goyts* und die Motette *Imperayritz de la ciutat joyosa* wurden in dieser Sprache überliefert. In der Musikgeschichte, in der die Kategorisierung »gotisch« nicht gebräuchlich ist, markiert das *Llibre vermell* den Übergang von der *ars antiqua* (~1230-~1325) zur *ars nova* (ab 14. Jahrhundert), bei dem sich der Gesang von der noch überwiegenden Einstimmigkeit hin zur konstruierten Mehrstimmigkeit entwickelte, teilweise mit verschiedensprachigen Texten in den einzelnen Stimmen. Im Jahre 1399 kopiert, sind viele der meist theologischen Schriften des *Llibre*

Vermell wesentlich älter. Von den 137 erhaltenen Pergamentseiten überliefern sieben Musik: Aufgezeichnet hat man drei Kanons, zwei polyphone Gesänge und fünf Tänze in katalanischer, lateinischer und okzitanischer Sprache, gedacht zur Unterhaltung der Pilger, die ins Kloster Montserrat kamen. Es handelt sich um die einzigen Überlieferungen sakraler Tänze in Europa. Von der in der Bibliothek des Klosters aufbewahrten Handschrift existiert in der Online-Bibliothek »Biblioteca Virtual Miguel de Cervantes« eine komplett digitalisierte, im Internet einsehbare Version. Die Musik läßt sich auf aktuellen CD-Einspielungen anhören (siehe Bibliographie).

Decadència: Der Niedergang der katalanischen Kultur- und Sprachgemeinschaft (16.-19. Jahrhundert)

Mit der Gotik endete auch die Goldene Epoche der katalanischen Kultur, wenn auch das Königreich València im 15. Jahrhundert noch eine Blütezeit erlebte. Verschiedene politische und gesellschaftliche Ereignisse führten zur Schwächung der Kultur-, vor allem aber der Sprachgemeinschaft: 1348 entvölkerte die erste Pestepidemie große Teile der Region, es folgten weitere Epidemien und verheerende Mißernten; eine schwere Finanzkrise erschütterte 1381 die Wirtschaft. 1412 kam es zu einem Dynastiewechsel zugunsten des Nicht-Katalanen Fernando de Antequera (Ferdinand I.), was der »fruchtbaren Zusammenarbeit zwischen den Königen und der Handelsbourgeoisie Barcelonas ein Ende bereitete« (Vilar 1990, S. 27). Es folgten ein Bürgerkrieg (1462-1472), der ein entvölkertes und verwüstetes Land hinterließ, sowie die Heirat der »Katholischen Könige« (1469), welche ab 1479 die allmähliche Verlagerung des spanischen Machtzentrums nach Madrid zur Folge hatte. Schließlich markierte das Schicksalsjahr 1492 mit dem Fall Granadas, der Vertreibung der Juden – und mit ihnen eines Großteils des Kapitals und des Kulturmäzenatentums – sowie der Entdeckung Amerikas und der darauf folgenden »Verlagerung des Schwerpunktes der Welt« (Braudel 2006, S. 110) einhergehend mit dem Bedeutungsverlust des Mittelmeerhandels, den endgültigen Aufstieg Kastiliens und seines Hafens Sevilla.

Den Zeitraum zwischen den Jahren 1500 und 1800 bezeichnen die Katalanen als *Decadència* (Niedergang). Der Begriff hängt untrennbar mit dem Konzept der *Renaixença* zusammen, das später genauer behandelt wird. Insgesamt gesehen kann von einem Niedergang jedoch keine Rede sein, sondern allenfalls in bezug auf die politische Unabhängigkeit und auf das Katalanische als Schriftsprache, so daß dieses Deutungskonzept von vielen Experten kritisiert wird (Casals et al. 1982, S. 109). Die kulturelle Produktion ging auch unter den schwierigen Rahmenbedingungen jener Zeit weiter. Allerdings konnten sich die Renaissance- und die Barockkunst nur langsam gegen die Gotik durchsetzen und entwickelten – außer in der Keramik – kaum Eigenheiten. So errichtete man z. B. weiterhin gotisch strukturierte Bauten, versah sie aber mit antiken Säulen, Pilastern und Ornamenten.

Bei den meisten herausragenden Werken dieser Epoche handelt es sich um Importware, so zum Beispiel beim Grabmal Raimunds (*Ramon*) III., das der Neapolitaner Giovanni Merliano da Nola schuf. Die katalanischen Maler richteten sich nach Italien (Raffael) und Deutschland (Albrecht Dürer) aus, die Mehrzahl der Ausländer, wie der von 1500 bis 1507 in Katalonien wirkende Flame Ayne Bru, malten ebenfalls im italienischen Stil (Triadó 1994, S. 171). Es fällt in der Renaissance- und Barock-Abteilung des MNAC in Barcelona auf, daß sich dort nur wenige katalanische Künstler finden: Zu erwähnen sind aus dem 18. Jahrhundert Antoni Viladomat, der aufgrund der Vielfältigkeit seiner Bilder und der Originalität seiner Motive zum Vater einer neuen Generation katalanischer Maler wurde, und Francesc Pla, ein beim aufstrebenden Industrieadel zur Gestaltung von Palästen und Villen gefragter Künstler. Eine ganze Reihe von katalanischen Künstlern gelangte im Ausland zu Ruhm und Ehre, so in Neapel einer der wichtigsten Vertreter des Tenebrismus, der Valencianer Josep de Ribera (Stegmann 1992, S. 77).

Obwohl durch die Erweiterung der Stadt von den 1770er Jahren an (z. B. mit dem Bau der *Rambla* 1772) in Barcelona eine rege Bautätigkeit einsetzte, existieren nur wenige nennenswerte architektonische Beispiele aus diesem Zeitraum. Zu erwähnen wären die Renaissance-Fassade des *Palau de la Generalitat* oder aus dem Barock die *Casa de Convalescència* mit den Skulpturen von Lluís Bonifaç und den Wandpaneelen aus Keramik von Llorenç Passoles, die das Leben des heiligen Paulus darstellen.

Was die Sprache betrifft, kann man durchaus von einem Niedergang sprechen. Durch die Verlagerung des Macht- und Entscheidungszentrums nach Madrid und später nach Flandern bzw. Deutschland (durch die Habsburger) wurde Katalonien immer weiter marginalisiert (Marí i Mayans 2003, S. 74). In der königlichen Kanzlei Kataloniens verfaßte man die Dokumente nun auf kastilisch (spanisch), und hohe Ämter waren nur noch zu erreichen, wenn der Kandidat diese Sprache beherrschte. Vor allem der Adel paßte sich schnell an, sowohl durch Heirat als auch durch den dauernden Umgang mit kastilischen Adligen. Ab der zweiten Hälfte des 15. Jahrhunderts näherten sich auch die gebildeten Schichten der Sprache der Herrschenden an. Die Werke vieler katalanischer Renaissance- und Barock-Autoren erschienen auf kastilisch, so Miquel Comaladas einflußreiches Buch *L'Espill de la vida religiosa* (1515), das später auch auf katalanisch veröffentlicht wurde, oder die Verse von Joan Boscà. Aber auch Italienisch (Benet Garret) und Latein (Joan Margarit, Joan Ramon Ferrer) nutzten die Schriftsteller gerne. Letzte Bastionen des Katalanischen blieben die burleske Dichtung und die Theaterstücke von Autoren wie Francesc Fontanella oder Francesc Vicenç Garcia.

Die zweite Generation der Humanisten, die nicht mehr nur die Belange Kataloniens interessierte, schrieb ebenfalls nicht mehr in der Muttersprache, sondern meistens auf lateinisch, welches zeitweise so beliebt war, daß es sogar wieder den Sprung auf die Bühne schaffte. Viele »humanistische« Theaterstücke führte man in dieser Sprache auf. Die Gedanken des Erasmus von Rotterdam oder des Thomas von Kempen fanden in Katalonien Anhänger, wurden jedoch aufgrund ihrer reformatorischen Ideen, ihrer vermeintlichen Gottlosigkeit und ihrer Kritik an der katholischen Kirche intensiv von der Inquisition verfolgt. Sie brachte bedeutende Humanisten bzw. Erasmisten zum Verstummen – so starb Gaspar de Centelles 1564 auf dem Scheiterhaufen – oder trieb sie ins Exil. Den einflußreichsten katalanischen Humanisten, den Valencianer Joan Lluís Vives i Marc (1493-1540), verfolgte man vordergründig wegen seiner jüdischen Herkunft. Der Freund von Erasmus verfaßte im Exil, u. a. in Paris, Oxford und Brügge, bedeutende Schriften wie *De ratione dicendi* (1523) oder *De tradendis disciplinis* (1531). Katalanisch blieb jedoch zeitlebens eine seiner Korrespondenzsprachen (Casals 1982, S. 111 ff.).

Die Kastilisierung der kirchlichen Ämter tat ein weiteres zur Verdrängung der katalanischen Sprache, obwohl die Messen zumindest teilweise noch in der Muttersprache gehalten wurden. »Die katalanische Sprachgemeinschaft [. . .] blieb am Rande der großen wirtschaftlichen Strömungen der Neuzeit«, bemerkt Isidor Marí i Mayans (2003, S. 74) in bezug auf den Bedeutungsverlust des Mittelmeerhandels und den Ausschluß der Katalanen vom Amerikahandel. Daran änderten auch einzelne kulturelle Einschnitte wie die Einführung des Buchdrucks in den 1470er Jahren in Barcelona und València nichts. Eines der ersten in einer romanischen Sprache gedruckten Wörterbücher, das *Liber elegantiarum* (1489) oder das deutsch-katalanische Wörterbuch (1502), erschienen dort. Zum Niedergang der Sprache trug auch der Bevölkerungsrückgang bei: durch die Pest 1599/1600, die Ausweisung der *moriscos* – der zum christlichen Glauben konvertierten Araber – 1609, und schließlich aufgrund des Verlustes eines Teils Kataloniens – Rosselló, Cerdanya – durch den »Pyrenäenfrieden« Philipps (*Felip*) IV. mit Frankreich 1659. Die Prozesse der Inquisition, die seit 1484 in Barcelona tätig war, wirkten sich ebenfalls negativ aus. Sie richteten sich – auf kastilisch durchgeführt – vor allem gegen Mitglieder des Bürgertums. Das gewalttätige Vorgehen gegen diese Bevölkerungsschicht zersetzte eine »tragende Säule der katalanischsprachigen Kultur« (Marí i Mayans 2003, S. 77).

Den Höhepunkt der Zurückdrängung der Sprache stellte nach der Niederlage der Katalanen am 11. September 1714 gegen die französisch-spanischen Truppen das Dekret der *Nueva Planta* von 1716 dar, bedeutete es doch nicht nur den Verlust der Souveränität Kataloniens, sondern bestimmte auch das Kastilische zur alleinigen Amts- und Gerichtssprache sowie zur Sprache der katholischen Kirche. Um so ungewöhnlicher, aber vielleicht als Ausdruck ihres surrealistischen Sinns für Humors zu verstehen, ist es, daß die Katalanen den 11. September zu ihrem Nationalfeiertag (*Diada*) erklärten. Das Verbot als Unterrichtssprache folgte 1768.

Renaixença in der Romantik –
Das Wiederaufleben der katalanischen Kultur
im 19. Jahrhundert

Architektur, Kunst und Literatur

Infolge der politischen Repressionen entstand eine große Kluft zwischen den gebildeten kastilisierten Schichten und der weitgehend nicht alphabetisierten Bevölkerung. Diese benutzte weiterhin das Katalanische und erfreute sich am Volkstheater von Josep Robrenyo, das in diesem Milieu eine große Bedeutung für die Konsolidierung der Sprache erlangte.

Aber schon zu Beginn des 19. Jahrhunderts regte sich unter dem Einfluß der europäischen Romantik und ihrer positiven Bewertung von Volkstraditionen als Zeichen einer kollektiven Identität neues Interesse an der eigenen Kultur und Sprache, wie sich an der verstärkten Produktion von Arbeiten zur katalanischen Geschichte, Sprache, Literatur und Rechtsprechung zeigt. Dem vorausgegangen waren die Stärkung des liberalen Bürgertums durch die französische Besatzung (1808-1814) sowie ein enormer wirtschaftlicher Aufschwung Kataloniens, bedingt einerseits durch die Spezialisierung der Küstenregionen auf Wein- statt Getreideanbau, und eine große Nachfrage – vor allem aus Amerika – nach Wein und Branntwein, die nun befriedigt werden konnte, da 1778 der direkte Handel mit Amerika auch für Katalanen genehmigt worden war. Andererseits hatte sich, begünstigt durch protektionistische Maßnahmen der spanischen Regierung, eine starke Textilindustrie etabliert und einen Industrialisierungsprozeß in Gang gesetzt, der es ermöglichte, daß in Katalonien 1832 die erste Dampfmaschine und 1848 die erste Eisenbahn der Iberischen Halbinsel in Betrieb genommen wurden (Bienefeld Boluda 1995, S. 13 ff.).

Die meist dem Bürgertum entstammenden, reichen und politisch mächtigen Industriebarone interessierten sich zunächst noch wenig für ihre eigene Sprache und Kultur, investierten aber viel Geld in den Bau herrschaftlicher Häuser und Paläste und in deren Dekoration mit Möbeln und Kunstwerken, weswegen der Kunsthistoriker Joan-Ramon Triadó die Kunst jener Zeit größtenteils als »Konsumkunst für die Bourgeoisie« bezeichnet (1994, S. 259), die bis zum letzten Drittel des Jahrhunderts weder in der Plastik noch in der Malerei bedeutende eigenständige Entwicklungen hervorgebracht hat. Ausnahmen bilden der Maler Ramon Martí i Alsina, der mit seinen Landschaftsbildern zum »Vater« der »Schule von Olot« aufstieg, einer Künstlergruppe, deren Landschaftsmalerei zum Markenzeichen ganz Spaniens wurde, sowie der in Europa sehr populäre Marià Fortuny aus Reus, Schöpfer monumentaler Gemälde wie *La Batalla de Tetuán* (*Die Schlacht von Tetuán*) (1862-72) und Vorreiter des Luminismus.

Die reichen Familien finanzierten auch den Bau von Opernhäusern, wie des *Gran Teatre del Liceu* in Barcelona, das der Schriftsteller Josep Pla als »lebendige Vitrine, die auf purem Exhibitionismus fußt«, bezeichnete, von Theatern und anderen Kultur- und Vergnügungsstätten (*Saló dels Camps Elisis*, 1853) und trugen so dazu bei, daß sich eine neue Schicht von Künstlern und Intellektuellen bilden konnte, die sich neben dem erstarkenden liberalen Bürgertum zum Träger der sogenannten *Renaixença* entwickelte.

In der traditionellen Sicht handelt es sich dabei um eine Epoche des Wiederauflebens der katalanischen Kultur und Literatur in der Muttersprache zwischen 1833 und 1877. Heutige Wissenschaftler vermeiden es jedoch, die *Renaixença* als Epoche zu bezeichnen. Sie fassen sie als eine kulturelle Bewegung des Bürgertums mit nationalem Bewußtsein auf (Casals et al. 1982, S. 151), denn auch vor 1833 hatte es ja nicht an »schriftlich fixierten Zeugnissen katalanischer Literatur« (Hösle 1982, S. 8) gefehlt.

Das Jahr 1833 markiert den Beginn der Erneuerungsbewegung, den Patrioten gern daran festmachen, daß die ansonsten spanischsprachige, liberale Zeitschrift *El Vapor* die auf katalanisch verfaßte Ode *La Pàtria* von Bonaventura Carles Aribau veröffentlichte. Der Autor, der keine weiteren nennenswerten Werke schuf, verherrlicht darin seine Sprache und seine Heimat:

> »Auf Katalanisch klangen meine ersten Laute,
> als ich von Mutters Brust die süße Milch trank,
> auf Katalanisch betete ich täglich zum Herrn,
> und katalanische Gesänge träumte ich jede Nacht . . .«
>
> (Hösle 1982).

Joaquim Rubió i Ors gab ab 1839 der katalanischen Lyrik mit seinen Gedichten kräftigen Auftrieb. Allerdings war nicht jedes danach veröffentlichte Gedicht von hoher Qualität, wie Hösle (1982, S. 11) schreibt: »Die Bedeutung der katalanischen Lyrik in der Mitte des 19. Jahrhunderts beruht nicht auf ihrem ästhetischen Niveau, sondern auf ihrer historischen Wirkung, da es sich fast ausnahmslos um den Abklatsch romantischer Formen und Inhalte handelt.« Nach dieser ersten romantischen Welle wandten sich jedoch einige Autoren (z. B. Narcís Oller) dem Realismus und dem Naturalismus zu. Die Suche nach Identität und Individualität lenkte das Augenmerk auch auf die Kultur vergangener Epochen. Die europäische Romantik weckte das Interesse am Mittelalter, an Romanik und Gotik, und begünstigte dadurch die Bewegung der *Renaixença*, die in jener Zeit die Wurzeln ihrer Identität sah. Die »Renaissance« lehnte man – trotz Namensgleichheit – als vom spanischen Zentralstaat beeinflußte Stilepoche ab. Der *Renaixença* gelang es, zwei eigentlich gegensätzliche Strömungen zu bündeln: die literarische, konservative, katholisch bürgerliche, die die Blumenspiele revitalisierte, und die föderalistische, anti-bürgerliche und -klerikale Strömung, die sich über die Presse und das Theater äußerte. Diese Interessenübereinstimmung ließ eine Massenbewegung nationalistischer Prägung entstehen (Vallverdú 1979, S. 140 ff.).

Die romanische Kunst Kataloniens wurde zur Nationalkunst erhoben (Triadó 1994, S. 125): Der Wiederaufbau der Benediktinerabtei Santa Maria de Ripoll (879), die im 11. Jahrhundert zum intellektuellen Zentrum des Landes aufgestiegen und 1835 im Zuge der ersten Säkularisation in Brand gesteckt worden war, entwickelte sich zum Symbol der Diskussion um einen Nationalstil und löste in den 1860er Jahren eine Woge patriotischer Begeisterung aus. In diesem Zusammenhang gründete sich 1876 die *Associació Catalanista d'Excursions Científiques* (»Gesellschaft für wissenschaftliches Wandern«), deren Mitglieder Exkursionen durchführten, u. a. zu den noch wenig bekannten romanischen Denkmälern in den Pyrenäen.

Die Städte dehnten sich unter dem Einfluß der industriellen Revolution aus. 1837 enteignete man in ganz Spanien Kirchenbesitz, um dem Immobilienmarkt auf die Beine zu helfen. In Barcelona profitierten davon u. a. das schon erwähnte Opernhaus *Liceu* (1845-47), das auf den Mauern eines Klosters errichtet wurde, und der faszinierende und heute bei Touristen sehr beliebte Markt *La Boqueria* (1840) an den *Rambles*, den man auf dem Areal zweier Ordensbrüderschaften erbaute.

Überall wurden die mittelalterlichen Stadtmauern eingerissen und neue, am Reißbrett entworfene Stadtteile in Angriff genommen. In Barcelona konzipierte Ildefons Cerdà den Plan des *Eixample* (1859). Diese Stadterweiterung mit ihren breiten Straßen und quadratischen Blocks, *mançanes* (Äpfel) genannt, mit abgeflachten Ecken, um den Kutschen das Abbiegen zu erleichtern, entwickelte sich zum europaweiten Vorbild im Städtebau jener Zeit. Cerdàs ursprüngliche, humanistische Ideen wurden jedoch während der Entstehungszeit des Viertels zwischen 1860 und etwa 1910 von den Spekulanten weitgehend zunichte gemacht, eindrucksvoll beschrieben in Eduardo Mendozas Roman *Die Stadt der Wunder* (1972). Trotzdem bleibt das *Eixample* ein »Paradestück modernistischer Baukunst« (Borngässer 2000, S. 200) mit Hunderten von sehenswerten modernistischen Bürgerpalästen. Als einen der ersten Monumentalbauten des *Eixample* errichtete der Architekt Elies Rogent ab 1863 das Hauptgebäude der Universität von Barcelona im neoromanischen Stil.

Die Blumenspiele

Die Kombination aus Interesse am Mittelalter und wiedererstarkendem Nationalgefühl ließ 1859 auch eine andere Institution wiederauferstehen: Die Blumenspiele (*jocs florals*) hatten als Dichterwettstreit von 1323 bis 1484 existiert und sollten nun zum Symbol der *Renaixença* werden. Antoni de Bofarull, Joaquim Rubió i Ors und Victor Balaguer richteten unter dem Motto »Pàtria, Fides, Amor« (Vaterland, Treue, Liebe) in Barcelona den ersten Wettstreit aus. Wer drei Preise errang, erhielt den Titel des *Mestre en Gai Saber*, den u. a. Balaguer 1861 gewann sowie Àngel Guimerà i Jorge 1877 für seine drei Werke *L'any mil*, *Romiatge* und *El darrer plany d'en Claris*. Die *jocs florals* feierte man jedoch nicht nur als einen Dichterwettstreit, sondern auch als gesellschaftliches Ereignis. Und sie brachten von Jahr zu Jahr höherwertige Lyrik hervor und trugen so zu einer Konsolidierung der Literatursprache bei, wie darüber hinaus die Romane von Narcís Oller oder die Theaterstücke von Frederic Soler belegen. Die Entwicklung führte zu einem »großen Zusammenfließen der gelehrten und volkstümlichen Strömungen innerhalb des literarischen Systems«

(Marí i Mayans 2003, S. 128). Der Priester Jacint Verdaguer, der 1865 und 1866 mehrere Preise gewann, trat häufig als Bauer verkleidet auf. 1877 erhielt er den Sonderpreis der Provinzregierung von Barcelona für sein Gedicht *L'Atlàntida*. Dieses erhob ihn endgültig in den Stand des Nationaldichters Kataloniens, ein Ruf, den er mit seiner *Oda a Barcelona* (1883), dem Epos *Canigó* (1886) und den Versen von *La Pàtria* (1888) noch festigte. In seinen Dichtungen schöpfte er »die Möglichkeiten des Katalanischen als moderne literarische Sprache« voll aus (Terry 1977, S. 165).

Bis 1936 wurden die Spiele jährlich ausgetragen, nach dem Bürgerkrieg entwickelten sie sich zu Exilveranstaltungen rund um die Welt, die bis 1977 u. a. in Mexiko und Tübingen stattfanden. Seit 1978 werden sie wieder in Barcelona veranstaltet, haben seither aber nicht mehr ihre frühere Bedeutung erreicht. Ihre Wirkung blieb nicht auf Katalonien beschränkt: Auch in València, wo 1876 der Historiker Benvingut Oliver die Bezeichnung »Katalanische Länder« für die katalanischsprachige Kulturgemeinschaft vorschlug, und auf den Balearen gewann durch die Spiele die eigene Sprache wieder an Prestige. Und sogar in Köln hielt man zwischen 1899 und 1914 Blumenspiele für aus Rheinland-Westfalen stammende Dichter ab. Ins Leben gerufen wurde sie von dem katalonienbegeisterten Kölner Kaufmann und Übersetzer Johannes Fastenrath, der als Herausgeber der Anthologie »Catalanische Troubadoure der Gegenwart« (1890) in keiner Bibliographie deutschsprachiger Katalanistik fehlt.

Die katalanische Sprache ist noch heute vital, weil sich der romantische Regionalismus mit Industrialisierung und politischen Forderungen verband. Darum teilt sie nicht das Schicksal anderer Kleinsprachen, die auch während der Romantik reaktiviert wurden und heute in »ruraler Abgeschiedenheit« (Matthée 1988, S. 35) ein Schattendasein führen.

Die Diskriminierung des Katalanischen setzte sich trotz seines Aufblühens als Literatursprache fort. Noch 1857 legte man im sogenannten Moyano-Gesetz, welches das öffentliche Schulwesen regelte, Spanisch als alleinige Sprache fest. In València andererseits setzten mit dem Beginn der *Renaixença* Versuche ein, das dortige Katalanisch als eigene Sprache zu etablieren (Radatz 1993b).

Der *Renaixença*-Generation verdanken die Katalanen auch, daß die historische Romanze *Els Segadors*, entstanden um 1640, zu ihrer inoffiziellen Hymne wurde. Sie thematisiert den Krieg der »Schnitter« gegen das habsburgisch-spanische Kaiserhaus (1640–1652) und gewann durch die romantische Rückbesinnung endgültig den Charakter einer »Nationalhymne« (Roviró et al. 2004, S. 26 ff.):

Catalunya, Catalunya, Catalunya rica i plena
puig que el rei nostre senyor declarada ens té la guerra!

Entdeckung der Tradition: Sardana *und* castells

Besucher können in Katalonien, z. B. sonntags vor der Kathedrale in Barcelona, immer wieder ein Phänomen beobachten: Menschen unterschiedlichen Alters fassen sich auf der Straße an den Händen und tanzen zur Musik eines Orchesters einen Reigen, die *Sardana*, den heutigen Nationaltanz. Die im Kreis stehenden Tänzer beginnen eine Schrittfolge, die aus langen und kurzen Takten besteht. Während der kurzen Schritte werden die Hände gesenkt, bei den langen gehoben. Die Tänzer bewegen sich zu den Klängen der *cobla*, eines elfköpfigen Orchesters, das zwölf Instrumente spielt: zwei Trompeten, Posaune, zwei Flügelhörner, Kontrabaß, ein *flabiol* (katalanische Einhandflöte) sowie zwei *tenores* (eine Art englisches Horn) und zwei *tibles* (katalanische Oboe), die sich aus der Schalmei entwickelt haben. Der Flabiolspieler muß mit seiner rechten Hand noch eine kleine Trommel (*tamborí*) schlagen. Während der *Renaixença* erwachte auch das Interesse an der ländlichen Volkskultur. Sagen, Gedichte und Musik wurden wiederentdeckt und gesammelt. Die *Sardana* aus der Cerdanya in den Pyrenäen – eine von vielen etymologischen Theorien führt ihren Namen auf diese Herkunft zurück – brachte der Musiker und Komponist Pep Ventura in ihre heutige Form: Er legte die Zusammensetzung der *cobla* verbindlich fest und schrieb über 400 Stücke. Gemeinsam mit Miquel Parda gab er auch dem Tanz eine festgelegte Choreographie. Bis dahin war die *Sardana* ein Volkstanz unter vielen gewesen, Größe und Instrumentierung der *cobla* unterlagen keinen Regeln.

Einige *cobla*-Orchester reisten aus den Bergen nach Barcelona, um dort mit ihrer Musik Geld zu verdienen, aber sie galten als Bauernorchester, die alles spielten, was die Zuhörer wünschten. Während der *Renaixença* änderte sich der Blickwinkel, und die *Sardana* avancierte bis zum Ende des 19. Jahrhunderts zur nationalen Tradition. Die Städter »reinigten« die Musik von nicht-katalanischen Elementen (Polka etc.) und stellten für *Sardana* und *cobla* weitere Regeln auf. Für deren Einhaltung sorgten die zu Beginn des 20. Jahrhunderts massenhaft gegründeten *Sardana*-Vereinigungen, die bis heute die Veranstaltungen am offiziellen »Tag der *Sardana*« durchführen. Wie bei vielen zu Nationaltraditionen erhobenen Kulturgütern versuchte man auch bei der *Sardana* ihre Wurzeln – die bis heute nicht eindeutig erforscht sind (das bisher älteste bekannte Dokument zum Thema *Sardana* in katalanischer Sprache stammt aus dem Jahr 1577 und liegt im Stadtarchiv von Olot) – in eine weit entfernte Zeit zu legen und so den Mythos zu stärken (Martí i Pérez 1994, S. 42 f.). Denn die *Sardana* ist aus katalanischer Sicht keine Folklore, die auf einer Bühne präsentiert wird, sondern eine wichtige soziale Tradition, die aktive Beteiligung erfordert: »Jeder ist willkommen, in jedem Moment. [...] Das Symbol dieses Tanzes besteht darin, sich in vollkommener Harmonie und Gleichheit die Hände zu reichen. Diese Normen verweisen auf die tiefsten Grundlagen unseres Charakters, denen wir immer treu bleiben sollten«, sagte der weltberühmte Cellist Pau Casals über den Tanz seiner Heimat (zit. n. Subirana 1995, S. 74). Bekannte Orchester wie *La Principal de La Bisbal* spielen über 200 Konzerte pro Jahr. Die heutige Jugend lehnt die *Sardana* wegen ihrer strikten Form und der mit ihr verbundenen eher konservativen Weltanschauung meist ab, auch wenn einige Rockgruppen – *Companyia Elèctrica Dharma, Dijous Paella* – versuchen, *Cobla*-Instrumente und -Rhythmen mit modernen Klängen zu vereinen.

Ein weiteres kulturelles Phänomen Kataloniens stellen die menschlichen Türme (*castells*) dar. Die Ursprünge dieser Tradition reichen ins 17. Jahrhundert zurück, auf verschiedene Tänze in der Region um Tarragona. Im 19. Jahrhundert bildeten sich dann in Valls einzelne Gruppen, *colles* genannt, die anfingen, sich gegenseitig im Aufbau verschiedener Figuren aus Menschen (*castellers*) zu überbieten. Bis heute werden zwischen Juli und November Wettbewerbe veranstaltet. »Ein *castell* ist mehr als eine folkloristische Darbietung, es ist ein Ausdruck von Gemeinschaftssinn«, heißt es in der Satzung des Dachverbandes der etwa 60 gegenwärtig bestehenden Casteller-Gruppen in Katalonien.

Manche Türme bestehen aus Stockwerken aus nur einer Person (*pilans*) oder aus Paaren (*torres*), aber die wirkliche Herausforderung und ein Spektakel stellen die *castells* dar. Sie werden mit Zahlenkombinationen bezeichnet – *tres de vuit* (3:8) oder *cinc de set* (5:7) –, wobei die erste Ziffer die Zahl der »Säulen«, die zweite die der Stockwerke angibt. Ein *castell quatre de set* (4:7) besteht also aus vier Säulen (*pilars*) und sieben Stockwerken (*pisos*). Vier starke Männer bilden die Basis, hinter diesen Männern formiert sich ein kompaktes Menschenknäuel aus Unterstützern (*pinya*), die einerseits die Basis stärken, andererseits das zweite Stockwerk aus weiteren vier Männern abstützen, die auf den Schultern der Basis stehen und sich wie diese gegenseitig die Arme auf die Schultern legen. Außerdem dienen die Unterstützer als »Treppe« für die Akteure der weiteren Stockwerke. Vier Männer im dritten Stockwerk und vier im vierten bilden den Stamm *(tronc)*. Zwei Jugendliche im fünften Stockwerk, auf deren Schultern ein Kind liegt (6.), bilden den sogenannten *pom de dalt*. Ein weiteres – kleines – Kind, *enxaneta* genannt, klettert dann wie ein Äffchen an dem Menschenturm hinauf, stellt sich oben angekommen kurz auf (7.), winkt und klettert den so »gekrönten« Turm wieder hinunter, der sich dann zurückbaut. Die verschiedenen Phasen des Aufbaus eines *castells* werden von einer Melodie begleitet, dem sogenannten *toc de castells*, gespielt auf zwei kleinen Schnabelflöten *(gralla)* und zwei Trommeln (Gimeno 1991, S. 42 f.). Wenn die Türme höher werden – neun Stockwerke gilt als hoher Schwierigkeitsgrad –, bildet sich ein weiterer Unterstützerring *(folre)*. Je höher, desto gefährlicher wird dieser »Sport«. Die bekanntesten *Casteller*-Gruppen sind die *Colla Vella dels Xiquets de Valls* (der man in Valls sogar ein Denkmal gesetzt hat), die *Nens del Vendrell* und die *Castellers de Vilafranca*. Vorführungen von *castells* finden traditionell als ein Hauptakt bei großen Stadtfesten statt. An solch einem Tag treffen normalerweise drei *colles* aufeinander und bauen jeweils drei Türme und zum Schluß einen *pilan*.

Der katalanische Festtagskalender richtet sich im wesentlichen nach den Feiertagen der katholischen Liturgie, weist jedoch auch noch deutliche Reminiszenzen an heidnische Wurzeln auf, so zum Beispiel beim »Totentanz« von Verges zu Ostern oder beim »Patum-Fest«, das zu Fronleichnam in Berga stattfindet. Die *Sardana*, die *castells* und das Festzelt *(envelat)* bilden die drei unverzichtbaren Elemente eines jeden Stadtfestes *(festa major)*, häufig ergänzt um Volkstanzgruppen (*esbarts*), Umzüge der lokalen *gegants*, riesiger Pappmachéfiguren, und *capgrossos*, Menschen mit Schwellköpfen aus Pappe, sowie der mit Feuerwerk umherwerfenden Teufel (*correfocs*).

Neben den aufgeführten Traditionen erlebte auch Kataloniens Schutzheiliger St. Jordi (hl. Georg) während der *Renaixença* eine Wiedergeburt, und zwar als Symbol für die katalanische Freiheitsbewegung: Der Kampf dieses mutigen, wiederauferstandenen Mannes gegen den mächtigen, Blutzoll fordernden Drachen (aus dessen Blut nach seinem Tod eine Rose wuchs) ließ sich leicht auf das gespannte Verhältnis zwischen Katalonien und Spanien übertragen. Seit der *Reconquista* durch die Grafen von Barcelona verehrt und mit seinem roten Kreuz im Stadtwappen verewigt, wurde St. Jordi im 13. Jahrhundert zum Schutzpatron bestimmt. Später erklärte man seinen Namenstag (23. April) zum offiziellen Feiertag. Da an diesem Datum auch Miguel de Cervantes und William Shakespeare starben, bestimmte man ihn 1931 gleichzeitig zum Tag des Buches. Daraus entstand der Brauch, daß die Frauen an diesem Tag eine Rose überreicht bekommen und die Männer ein Buch, ein Brauch, der der UNESCO so gut gefiel, daß sie 1995 diesen Tag zum »Internationalen Tag des Buches« erklärte (Romans 1996, S. 32 f.).

Musikalisches Katalonien:
von Albéniz bis zur Habanera

Im Übergang zum 20. Jahrhundert betraten drei katalanische Musiker und Komponisten die Weltbühnen, von denen zwei aufgrund ihrer Werke im allgemeinen nicht für Katalanen gehalten werden: Isaac Albéniz und Enric Granados, beide Schüler des katalanischen Musiktheoretikers Felip Pedrell, der eine Erneuerung der spanischen Musik aus der Folklore heraus forderte. Isaac Albéniz, 1860 in

Camprodon am Fuß der Pyrenäen geboren, begann sehr früh mit dem Klavierspiel und gab schon im Alter von acht Jahren Konzerte in Barcelona. Nach Studien in Madrid, Brüssel und Leipzig – u. a. bei Franz Liszt – kehrte er 1883 wieder nach Barcelona zurück, spielte dort auch mehrere Konzerte auf der Weltausstellung von 1888, zog 1893 nach Paris und starb 1909 in Frankreich. Er gilt als Begründer des spanischen Nationalstils, da er es verstand, die Rhythmik der andalusischen Volksmusik in seinen Klavierwerken zu verarbeiten. Die Inspiration für seine weltbekannten Stücke – *Suite Española op. 47*, *Suite Iberia* – holte er sich in Andalusien, dort vor allem in Granada (*La Alhambra*). Und da viele seiner Klavierkompositionen schon bald von namhaften Gitarristen wie Francisco Tárrega für ihr Instrument transkribiert wurden, identifizierte man ihn erst recht mit andalusischer Musik. Nur wenige Werke von Albéniz erinnern an seine Heimat, wie z. B. *Catalonia*, das auf populärer katalanischer Musik basiert.

Auch der Pianist Enric Granados (1867-1916) aus Lleida wird als spanischer Musiker angesehen, da viele seiner Kompositionen ebenfalls urspanische Themen behandeln und als Gitarrenwerke Berühmtheit erlangten, wie die temperamentvollen *Danzas españolas* oder die *Goyescas*, inspiriert von den Gemälden Goyas.

Der mit Albéniz befreundete Granados lernte in Paris die wichtigsten zeitgenössischen französischen Komponisten kennen – Fauré, Debussy, Ravel etc. – und blieb doch einem romantischen Stil treu, geprägt von Chopin, Schubert und Grieg. Nach seiner Rückkehr startete er 1889 in Barcelona seine Karriere als Konzertpianist und spielte unter anderen mit dem Cellisten Pau Casals. Die Aufführung seiner Oper *María del Carmen* war 1898 ein großer Erfolg. 1901 gründete er in Barcelona die Granados-Akademie, an der bis heute – sie trägt inzwischen den Namen Marshall-Akademie – Pianisten ausgebildet werden.

International bekannter noch als seine beiden Zeitgenossen ist der Cellist Pau (Pablo) Casals (1876-1973), der seit seinem Debüt als Solist, 1899 mit dem Lamoureux-Orchester in Paris, Erfolge feierte, vor allem mit seinem weltberühmten Kammermusiktrio. Casals gründete und »schenkte« Barcelona ein Orchester seines Namens, das er dirigierte und das 1920-1936 Aushängeschild der Stadt war: »[. . .] wie glücklich müßte ich dann erst sein, wenn ich das größte aller Instrumente, das Orchester, spielen würde«, schrieb er einem Freund (zit. n. Albet 1994, S. 42). 1926 rief er den Arbeiterkonzertverein ins Leben. Nach der Machtergreifung der Faschisten in Deutschland und Italien weigerte er sich, in diesen Ländern aufzutreten, und ging mit Ende des spanischen Bürgerkriegs ins Exil in der südfranzösischen Stadt Prades. Zeit seines Lebens betrachtete er die Musik als Friedensbotschaft (zufälligerweise kann »Pau« im Katalanischen sowohl »Paul« heißen wie auch »Frieden«). Casals schrieb geistliche Musik und Orchesterwerke. Seine wohl bekanntesten Kompositionen sind das Oratorium *El Pessebre* von 1960 und die Hymne der Vereinten Nationen, die er 1971 schuf. Ein anderes Stück, das alte katalanische Volks- und Weihnachtslied *El Cant dels Ocells*, machte er weltweit populär, da er jedes seiner Konzerte, seit er ins Exil gehen mußte, mit diesem Lied begann oder beendete, so auch das Konzert am 13. November 1961 im Weißen Haus vor John F. Kennedy und illustren Gästen.

Um die Jahrhundertwende gewann ein Vokalgenre große Popularität in Katalonien: die Habanera (*havanera*). Mit einer Welle aus dem verlorenen Krieg gegen die USA um Kuba (1898) heimkehrender Soldaten und – meist reicher – Auswanderer begann der Aufschwung einer Musik, die schon länger im Volk praktiziert wurde. Die erste katalanischsprachige *havanera* soll aus dem Jahre 1868 stammen. An der Costa Brava verwandelten sich die von Seeleuten mitgebrachten kubanischen Stücke in Lieder der Fischer und Korkenmacher, meist gesungen von einem Männertrio mit Gitarre und Akkordeon in den Tavernen der Küstendörfer. Seit 1967 existiert in Palafrugell die »Cantada d'Havaneres de Calella«, das inzwischen bekannteste *Havaneres*-Festival, bei dem jedes Jahr die besten der rund 100 Gruppen in Katalonien einem stetig wachsenden Publikum präsentiert werden. Die *havaneres* stellen heute einen eigenständigen Ausdruck katalanischer Kultur dar. Genau wie ein weiterer aus Kuba importierter Musikstil, die *rumba*, die seit den 1940er Jahren über den Umweg der *rumba flamenca*, gespielt von Zigeunern in Barcelona, zur Entstehung der *rumba catalana* beitrug. Ihr vermachte die *rumba* den Rhythmus und die fröhlichen Themen, während Melodie und Gitarrenspiel aus dem *Flamenco* kommen. Die *rumba catalana* bildet die Grundlage der Musik heutiger Barcelona-Mestiza-Gruppen wie *Ojos de Brujo*.

Künstlerischer Aufbruch in ein neues Jahrhundert
(1880-1936)

Die Weltausstellung 1888 in Barcelona, von der heute noch das in Ziegelbauweise errichtete und mit polychromer Keramik verzierte *Castell dels Tres Dragons* und der in gleicher Technik gebaute Triumphbogen zeugen, diente als Symbol einer Entwicklung, die schon einige Jahre früher eingesetzt hatte. Eine zweite Industrialisierungswelle führte zu wirtschaftlichem Wachstum, das sowohl der Stadt als auch der Kunst einen enormen Schub gab. Die Katalanen begrüßten begeistert die neuesten europäischen Kunstströmungen, aber auch technische Erfindungen. Schon ein Jahr nach der ersten öffentlichen Filmvorführung der Brüder Lumière in Paris (1895) zeigten diese in einem Fotostudio an den *Rambles* eine Auswahl ihrer Kurzfilme. Fructuós Gelabert i Badiella drehte daraufhin im August 1897 die ersten vier katalanischen Kurzfilme (González-López 1986, S. 19 ff.).

Katalonien berührte die Krise des spanischen Staates, ausgelöst durch das koloniale Desaster von 1898, wenig. Im Gegenteil: Die zurückkehrenden »Indianos« (katalanische Auswanderer nach Kuba) brachten frisches Kapital und neue Ideen mit, und das barcelonesische Bürgertum orientierte sich inzwischen ohnehin stärker an den fortschrittlichen Metropolen Europas als am konservativen Zentralspanien, von dem sie nichts mehr erwarteten: »Kastiliens Führungsmission ist zu Ende«, hieß es in einem Text von Joan Maragall, einem der führenden Literaten und Vordenker jener Zeit des Umbruchs. In seiner *Oda a Espanya* brachte er diese Ansicht noch deutlicher zum Ausdruck:

»Wo bist du Spanien? Ich sehe dich nirgends.

Hörst du nicht meine Donnerstimme?
Verstehst du diese Sprache nicht, die in Gefahren sich an
dich wendet?
Hast du verlernt, die eigenen Kinder zu verstehen?
Spanien, leb wohl!«

(zit. n. Hösle/ Pous 1970, S. 33)

Politisch traten die Katalanen nun selbstbewußter auf: So gründete sich 1901 die »Regionalliga«, die bei den Gemeindewahlen sofort ins barcelonesische Parlament einzog. Die fortdauernde Gängelung bzw. Unterdrückung durch Madrid führte schließlich 1914 zur Gründung der *Mancomunitat* (Provinzverband). Die nationale Frage blieb jedoch weitgehend eine Frage des Bürgertums und der Intellektuellen, »denn das Klassenbewußtsein der militanten und überwiegend anarchistischen Arbeiterklasse stand dem Nationalismus skeptisch gegenüber«, so der Historiker Eric Hobsbawm (1991, S. 165). Die Arbeiter ließen sich auch nicht in den Bann des katalanischen Nationalismus ziehen, weil es sich bei ihnen häufig um zugereiste Spanier handelte.

Normierung der katalanischen Sprache

Im Zuge der beginnenden Institutionalisierung des Katalanismus gewann auch das Katalanische seine Bedeutung als »normale« Sprache zurück. Das, sowie die Gründung der ersten katalanischsprachigen Schule in Barcelona (1898) trotz des weiterhin bestehenden Verbots des Katalanischen als Unterrichtssprache, erforderte eine Regelung der Orthographie und Grammatik. 1906 fand in Barcelona der »Erste Internationale Kongreß der Katalanischen Sprache« statt, organisiert vom Geistlichen Antoni M. Alcover, mit mehr als 3 000 Teilnehmern, darunter auch der deutsche Sprachwissenschaftler Bernhard Schädel, der die Schaffung einer Sprachakademie forderte: ein zentraler Moment zur Rückgewinnung der Sprache. Das Jahr 1906 wird nicht nur wegen des Kongresses von den katalanischen Intellektuellen als ein Schlüsseljahr angesehen, es erschienen auch wichtige Bücher wie *Glosari* von Eugeni d'Ors, *Enllà* von Joan Maragall und vor allem die Schrift *La Nacionalitat Catalana* von Enric Prat de la Riba, dem späteren Präsidenten der *Mancomunitat*, der darin den Begriff der Nation im romantisch-konservativen Sinne als Einheit von Sprache, Literatur, Kunst, Recht und Brauchtum definierte (Murgades 2006, S. 24 ff.). Der Literaturwissenschaftler Arthur Terry bezeichnet dieses Jahr als »die Wasserscheide in der Geschichte der modernen katalanischen Literatur« (1972, S. 97).

Am 1907 gegründeten »Institut für Katalanische Studien« (IEC) erarbeitete die philologische Sektion ein Normierungswerk. 1913 erschienen die »Normen zur Rechtschreibung«, 1917 das entsprechende Wörterbuch und 1918 schließlich die Grammatik, die hauptsächlich das Werk von Pompeu Fabra i Poch war. Er veröffentlichte schließlich 1932 auch das »Allgemeine Wörterbuch der katalanischen Sprache«. Fabras Normen wurden – leicht modifiziert – 1932 auch in València und auf den Balearen übernommen.

Allerdings unterbrach die Militärdiktatur Primo de Riveras, der den politischen und kulturellen Katalanismus erneut verfolgte, zwischen 1923 und 1930 diese positive Entwicklung. Der öffentliche Gebrauch der Sprache wurde unter Strafe gestellt, und sogar das Tanzen der *Sardana* war verboten. Andererseits gab es auch Solidaritätsbekundungen von spanischer Seite. 119 Intellektuelle unterschrieben ein »Manifest zur Verteidigung der katalanischen Sprache« (1924), und in der Nationalbibliothek von Madrid zeigte man 1927 eine Ausstellung mit 6000 katalanischsprachigen Büchern (Marí i Mayans 2003, S. 143).

Während der II. Spanischen Republik trat 1932 ein Autonomiestatut für Katalonien in Kraft, das das Katalanische zur offiziellen Sprache neben dem Spanischen erklärte. Und an der 1933 gegründeten »Autonomen Universität Barcelona« avancierte Katalanisch neben Spanisch zur Unterrichtssprache. Schnell stieg die Zahl der katalanischsprachigen Publikationen an, 1936 waren es schon 850 Buchtitel. Ebenso normalisierte sich der Gebrauch der Sprache in der Presse und den »neuen« Medien. Die erste Rundfunkanstalt Spaniens – *Ràdio Barcelona* – strahlte ihr Programm größtenteils in der Heimatsprache aus.

Modernisme

Das neue politische Selbstbewußtsein schlug sich auch in der Kultur nieder. Der *Modernisme* (~1880-1911) vereinte alle Sparten der Kunst, der Architektur und des Kunsthandwerks in einer Formensprache, die katalanisch und europäisch zugleich sein sollte. »Vielleicht besteht die größte historische Qualität des modernistischen Phänomens in seinem Willen, die Kunst in die Totalität des sozialen Lebens einzubetten, angefangen bei der Architektur bis zu den kleinsten Gegenständen des täglichen Lebens«, so der Kunsthistoriker Alexandre Cirici Pellicer (zit. n. Hösle 1982, S. 23).

Erste Tendenzen zu einem Bruch mit dem regionalen Traditionalismus und der provinziellen Enge der *Renaixença* hin zur Entwicklung einer modernen Nationalkultur fanden sich – unter dem Eindruck der britischen Arts-and-Crafts-Bewegung stehend – schon zu Beginn der 1880er Jahre in den Beiträgen der Zeitschrift *L'Avenç*. Von 1892 an, dem Jahr, in dem die »Grundlagen von Manresa«, die Gründungserklärung des politischen Katalanismus, verabschiedet wurde, veranstaltete der Maler und Schriftsteller Santiago Rusiñol literarisch-musikalische Feste im Badeort Sitges, die einen »modernistischen« Anspruch vertraten und bei denen es hoch herging, denn die meisten Modernisten lehnten die bürgerlichen Lebensformen ihrer Financiers ab. Schließlich gelangten schon kurz nach ihrem Erscheinen in Deutschland (1896) die Zeitschriften *Simplicissimus* und *Die Jugend* nach Katalonien und trafen den Geist der Zeit. Der in ihnen propagierte Jugendstil avancierte zum Muster des nun auf seinen Höhepunkt zusteuernden *Modernisme* mit seinem Organ, der zwischen 1900 und 1906 erscheinenden Wochenzeitung *Joventut*. Die Vertreter des *Modernisme* suchten nach neuen, dekorativen Gestaltungsmöglichkeiten, ohne dabei die Funktionalität der Gegenstände und Gebäude aus den Augen zu verlieren. Dabei bezog man die alltäglichen Dinge mit ein. Vom äußeren Bauwerk bis zur dekorativen Innenausstattung wurde alles durchgestaltet. Dieses allumfassende Prinzip des *Modernisme* hatte auch Santiago Rusiñol verinnerlicht, der sowohl als Maler wie als – neben Joan Maragall – tonangebender Literat und Autor weithin beachteter Theaterstücke hervortrat. Zum ersten Mal machte sich auch eine Frau in der Literatur einen Namen, wenn auch unter männlichem Pseudonym. Víctor Català, eigentlich Caterina Albert i Paradís aus L'Escala, gilt mit ihrem Roman *Solitud* als bedeutendste Vertreterin des katalanischen *Ruralisme*.

Ein wichtiger Treffpunkt der Anhänger des *Modernisme* war das Lokal *Els Quatre Gats* im Erdgeschoß der *Casa Martí* in Barcelona, finanziert vom Maler und Grafiker Ramon Casas. Dort trafen sich zwischen 1897 und seiner Schließung 1903 (wiedereröffnet 1978) Maler, Bildhauer und Literaten verschiedener Generationen, hielten – wie z. B. Miquel Utrillo – Vorlesungen und veranstalteten Ausstellungen. Der junge Pablo Picasso, der von 1895 bis 1900 bzw. 1904 in Barcelona lebte, stellte dort die Bilder seiner »blauen Epoche« aus, welche die Ausgestoßenen der Gesellschaft zeigen und heute zum Teil im Picasso-Museum im Aguilar-Palast in Barcelona zu bewundern sind.

Ramon Casas gehörte wie sein Freund Santiago Rusiñol zur ersten Generation modernistischer Maler, die, während ihrer Parisaufenthalte beeinflußt durch den französischen Impressionismus, nach dekorativen Motiven aus der Natur suchten. Seine Plakate und Postkarten verhalfen dem *Modernisme* zu großer Bekanntheit. Im *Els Quatre Gats* reichten sie ihre Erfahrungen an die jüngere Generation weiter: Maler wie Isidre Nonell, Ricard Canals und Joaquim Mir wählten für ihre Landschaftsbilder zunächst häufig gelbe Farbtöne, später dann dunkle Farben und bildeten die gesellschaftliche Realität ab (Randgruppen, Elendsviertel etc.). Andere Maler, wie Joan Brull oder Josep Pascó, neigten dem Symbolismus zu, ihre Bilder zeigten idyllische Motive in hellen Farben. Nach 1906, in der Übergangsphase zum *Noucentisme*, gaben die meisten Maler die dunklen Farben und sozialen Motive zugunsten hellerer und freundlicherer Bilder auf. Reisen nach Paris waren für die jungen Künstler eine Pflicht, und es bildete sich dort eine katalanische »Kolonie«. Hermegildo Anglada Camarasa verbrachte dort mehr Zeit als in Barcelona. Sein Stil wurde am stärksten von Degas, Toulouse-Lautrec und später auch von Klimt beeinflußt.

Auch die Bildhauer Enric Clarasó, Miquel Blay, Josep Llimona und Lambert Escaler gehörten zur Gruppe der Modernisten. Künstler wie Escaler schufen neben ihren (teuren) Einzelstücken kleine Skulpturen im Bibelot-Stil, Vasen, Medaillons, Büsten oder Kaminaufsätze und boten sie als Massenware zu erschwinglichen Preisen in Katalogen an (MNAC 2005, S. 258). Während in der Jugendstil-Kunst anderer Länder meist Luxusgegenstände für reiche Käufer geschaffen wurden, war der *Modernisme* Ausdruck einer alle Schichten der Gesellschaft umfassenden Bewegung (Stegmann 1992, S. 79). Das seit 1839 bestehende Juweliershaus Masriera entwickelte nicht nur ein spezielles Email, welches unter dem Namen »Barcelona-Email« Berühmtheit erlangte, sondern präsentierte am 21. Dezember 1901 eine Kollektion aus Libellen, Schmetterlingen, Blumen und Feen, die das Haus über Nacht zum Topjuwelier Barcelonas machte. Dieser Schmuck wird noch heute in Handarbeit im Hause Masriera gefertigt (Sagherian 1999). Der Möbelschreiner Joan Busquets u. a. schufen unzählige der Natur nachempfundene, kurvenförmige Schränke, Ablagen, Sekretäre etc. für die modernistischen Paläste, in enger Zusammenarbeit mit den berühmtesten Architekten, die sich auch häufig selbst als Designer der Inneneinrichtungen ihrer Bauwerke betätigten, wie Möbel und Tapeten von Antoni Gaudí eindrucksvoll zeigen.

»Barcelona ist ein Gemisch von sublimen und grotesk häßlichen Dingen«, schrieb der deutsche Kunsthistoriker Julius Meier-Graefe im Jahre 1909. Mit Blick auf das Nebeneinander der verschiedenen Stilformen zu Beginn des 20. Jahrhunderts ist diese Ansicht nachvollziehbar, in unseren Tagen wäre sie wohl nicht mehr mehrheitsfähig. Der *Modernisme* fällt mit dem Ende der schon erwähnten Stadterweiterung zusammen, so daß Barcelona heute eine der Städte mit den meisten Jugendstilgebäuden weltweit ist. Mit dem *Palau Güell* von Antoni Gaudí und dem schon erwähnten *Castell dels Tres Dragons* von Lluís Domènech i Montaner waren Mitte der 1880er Jahre die ersten modernistischen Bauten entstanden. Schon bei ihnen ist der Wunsch erkennbar, die Rückbesinnung auf die erfolgreiche Epoche Kataloniens im Mittelalter mit dem Anspruch zu kombinieren, modern zu bauen und zu leben. Gotische oder romanische Stilformen koexistieren mit neuen Materialien wie Stahl oder Glas. »In dieser Bewegung [der katalanischen Architektur um 1900] handelte jeder nach eigenem Gutdünken, arbeitete nach seiner Phantasie. [. . .] Das Wertvollste aber, was wir vielleicht aus all dem und im Vergleich zu allen anderen geschaffen haben, das ist eine moderne Kunst, die [. . .] die Anforderungen unserer Zeit mit

dem rationalen Geist unserer alten Kunst erfüllt«, schrieb
der Architekt Josep Puig i Cadafalch 1904 (zit. n. Barcelona-Projektgruppen 1992, S. 29).

Das Nebeneinander von Neugotik, Jugendstil und dem
freien Umgang mit exotischen Formen bestimmte die Bau-
weise der drei wichtigsten, bereits genannten, Architekten
jener Zeit: Lluís Domènech i Montaner, Politiker, Unternehmer und Architekt, war der Pionier des Eisenskelett-
und Ziegelbaus. Das Verlagshaus Montaner, die heutige
Fundació Tàpies, ist ebenso sein Werk wie das *Hospital de
la Sta. Creu i de St. Pau*. Das Gesamtkunstwerk des *Modernisme* schuf er jedoch mit dem von buntem Glas und schillernder Keramik nur so strotzenden *Palau de la Música Catalana* (1908), über den der Schriftsteller Sergi Pàmies in
seinem »Großen Roman über Barcelona« schreibt: »Wer
sich ihm nähert, bleibt stehen [. . .] und hat plötzlich das
unwiderstehliche Bedürfnis, eine Melodie zu trällern«. Do-
mènechs Schüler Josep Puig i Cadafalch, Architekt, Kunsthistoriker und ebenfalls Politiker (von 1917 bis 1923 Präsident der *Mancomunitat*) erforschte die mittelalterliche
katalanische Baukunst ebenso wie die Architektur Nordeuropas und kreierte daraus eine Synthese. Antoni Gaudí
schließlich orientierte sich an der Natur und schuf mit Häu-
sern wie der *Casa Milà* eher Bauskulpturen als Gebäude.
Die immer noch im Bau befindliche, »letzte gotische« Kathedrale *Sagrada Família* verkörpert die Krönung der
Schaffenskunst des tiefgläubigen Architekten.

Ein gutes Beispiel für das Nebeneinander der verschiedenen Stile stellt die sogenannte *mançana de la discòrdia*
(Zankapfel) in Barcelona dar, ein Häuserblock (*mançana*)
zwischen den Straßen Aragò und Consell de Cent. Dort stehen drei aufsehenerregende Häuser nahe beieinander: die
Casa Lleó Morera (1902-1906), erbaut von Lluís Domé-
nech i Montaner im Stile eines venezianischen Palastes mit
neogotischen Fensterreihen, die *Casa Amatller* (1898-

1900), umgestaltet von Josep Puig i Cadafalch, mit einem Dach nach Art der norddeutschen Bürgerhäuser, einer katalanischen Keramikverkleidung und isabellinischen Tür- und Fensterrahmen, und schließlich die *Casa Batlló* (1904-1907), umgebaut von Antoni Gaudí. Die Fassade des letzteren mit ihren elefantenartigen Stützen, ovalen Fensteröffnungen mit knochenartigen Säulen, den weit vorstehenden Balkonen mit schmiedeeisernen Geländern des Gaudí-Mitarbeiters Josep Maria Jujol sowie das wellenförmige Dach mit Türmchen lassen Gaudís Gebäude besonders hervorstechen (Borngässer 2000, S. 212 ff.). In vielen Gebäuden jener Zeit findet sich eine architektonische Besonderheit der Region: der »Katalanische Bogen«, eine bei Deckenkonstruktionen oder Freitreppen eingesetzte Technik, bei der Ziegel in drei Schichten mit schnell trocknendem Gips selbsttragend im Bogen gemauert werden.

Die Möglichkeit, über Architektur gleichzeitig die eigene Identität auszudrücken, die Sehnsucht nach Modernität zu befriedigen sowie auf diskrete Art und Weise seinen Reichtum zu zeigen, erklärt das damals weitverbreitete Mäzenatentum in der Großbürgerschicht, das zum Beispiel Eusebi Güell mit Gaudí verband (z. B. Güell-Kolonie, *Parc Güell*). Der *Modernisme* blieb auch in der Architektur eine Sache des Bürgertums. Die internationalistische Kultur der linken Intellektuellen und Arbeiter befürwortete die Architektur des modernen Rationalismus, die aber erst während der Zweiten Spanischen Republik zum Zuge kam (Mesecke 1996).

Noucentisme

Die Institutionalisierung der katalanischen Kultur ab etwa 1906 markiert auch den Übergang vom *Modernisme* – der noch bis etwa 1911 überdauerte – zum *Noucentisme* (von *nou cent*, hier in der doppelten Bedeutung von neues Jahrhundert und 19. Jahrhundert). Dieses Konzept setzte in Literatur, Kunst und Architektur dem romantischen Chaos die klassische Ordnung entgegen, die Klarheit, die Harmonie, das Maß und die Rationalität; der mittelalterlichen Welt und der Sentimentalität der *Renaixença* die Welt der Antike und den Intellekt. Horst Hina vertritt jedoch die Ansicht, daß hier die kulturelle Utopie der Modernisten lediglich weitergeführt wurde, allerdings »klassizistisch verengt« (1978, S. 248). Und auch Tomàs Llorens hält den *Noucentisme* lediglich für eine *desacceleració* (Verlangsamung) des *Modernisme* (1978, S. 187).

Mit seinen Artikeln in der Zeitschrift *La Veu de Catalunya* begründete der Schriftsteller Eugeni d'Ors die neue Richtung, gab ihr den Namen und füllte sie mit Inhalt: Die Wiedergeburt Kataloniens, sein Aufbruch ins 20. Jahrhundert, konnte nur aus seiner eigenen Vergangenheit heraus stattfinden. D'Ors' neoklassizistischer Ansatz im Sinne einer differenzierten Reflexion der Klassik ließ die Ideale der griechischen Antike wiederaufleben und gewann schnell Anhänger, denn das Bürgertum befand sich nach der Festigung der katalanischen Kultur nun auf einer Ebene mit der spanischen Aristokratie und hatte ein neues Ziel. Man wollte, daß die eigene Kultur ebenfalls auf internationaler Ebene anerkannt wurde und wandte sich einer universellen Architektur und Kunst zu. Beflügelt wurden die Industriellen dabei von einem erneuten wirtschaftlichen Aufschwung, ausgelöst von dem im restlichen Europa tobenden Ersten Weltkrieg.

Zu Beginn existierten weder eine noucentistische Schule noch ein solcher Stil. Eugeni d'Ors schließlich wies der »kulturellen Unruhe« im Land eine Richtung (Barcelona-Projektgruppen 1992, S. 62). Die Anhänger seiner Ideen hatten auch einen Treffpunkt: die Kellerkneipe der Galerie Laietanes, die Xavier Nogués mit humorvollen Wandmalereien schmückte. Zu d'Ors' Ideen paßten sehr gut die gräzisierenden Skulpturen von Josep Clarà i Casanovas oder Manolo Hugué, die großflächigen Bilder von Joaquín Torres García und Joaquim Sunyer oder die Oper *Empòrium* von Enric Morera, in der die griechische Kolonie Empúries zum »mediterranen Gegenpol von Wagners Bayreuth« (Hösle 1982, S. 45) stilisiert wurde, so wie auch die Gedichte von Josep Carner in seinem Buch *Els fruits saborosos* (1906) oder von Carles Riba. Internationale Anerkennung für den neuen Stil erhielten auch die barcelonesischen Juweliere. Ramon Sunyer wurde 1925 auf der *Exposition des Arts Décoratifs* in Paris für seine Kollektion ausgezeichnet.

In der Architektur – und als Ausnahme auch in der Malerei von Josep Maria Sert, der den Sitzungssaal des Völkerbundes in Genf dekorierte – herrschte nun der Monumentalismus vor, auch wenn einzelne weiterhin modernistisch bauten oder wie Josep Goday, der in seinen Schulgebäuden Elemente von katalanischen Bauernhäusern benutzte, eine ganz eigene Richtung einschlugen.

Ein anschauliches Beispiel für die monumentale Architektur bot die am 19. Mai 1929 eröffnete Weltausstellung auf dem Montjuïc, von der sich die Konservativen – ebenso wie vom *Noucentisme* – einen Modernisierungseffekt erhofften, der zur Beruhigung der bürgerkriegsähnlichen Zustände auf Barcelonas Straßen beitragen sollte. Die ursprünglichen Pläne von Puig i Cadafalch waren nach der Machtergreifung Primo de Riveras 1923 verworfen worden. Die Zentralregierung nahm nun – gerne geduldet vom katalanischen Bürgertum – stärkeren Einfluß auf die Planungen, auch durch hohe Subventionen. Die vier schon errichteten Säulen von Puig i Cadafalch, die Katalonien verkörpern sollten, ließ man abreißen, das zentrale Gebäude – umgetauft von *Gran Palau* in *Palacio Nacional* – wurde als Prachtbau im neoklassizistischen Stil gebaut. Die vielen Paläste und Pavillons wurden alle von unterschiedlichen Architekten errichtet, ein Sammelsurium von Stilen. Von nationaler Architektur konnte nicht mehr die Rede sein, vor allem nicht in dem von der Regierung durchgesetzten »Spanischen Dorf«, das Baustile aus vielen Provinzen Spaniens präsentierte. Die Weltausstellung von 1929 bildete den Schlußpunkt einer reaktionären Politik, die die Zeichen und Bedürfnisse der Zeit nicht erkannt hatte. Die rationalistische Architektur der II. Republik beendete den *Noucentisme*, in der Kunst wurde er überlagert von der Avantgarde und ihrem Kosmopolitismus.

Avantgarde/ Surrealismus

Die avantgardistische Literatur Kataloniens, inspiriert von den italienischen Futuristen und der Pariser Avantgarde, ist vor allem mit zwei Namen verbunden, mit den Dichtern Joan Salvat-Papasseit und Josep Vicenç Foix. Ersterer gab seit 1917 die Zeitschrift *Un enemic del poble* heraus und veröffentlichte zwei Jahre später den Gedichtband *Poemes en ondes hertzianes*, geprägt von den typographischen Experimenten Guillaume Apollinaires. J. V. Foix gilt als der ausdrucksstärkste Dichter der Avantgarde. Trotz seiner konservativen Ansichten und seiner offenen Feindschaft zu den Anarchisten war er hoch respektiert und führte 1934 die katalanische Delegation der PEN-Konferenz in Dubrovnik an (Rosenthal 1991, S. 36). Seine Prosatexte *Gertrudis* (1927) und KRTU (1932) sowie seine Sonettsammlung *Sol, i de dol* (1936) demonstrieren seine Bewunderung für die surrealistischen Ideen, stärker jedoch noch seine Vorliebe für die Dichtung des Mittelalters. Foix bemühte sich um eine Synthese der beiden Formen. Mit seinen Werken *Les irreals omegues* (1948) und *On he deixat les claus . . .* (1953) setzte Foix seine Tätigkeit unter der

Franco-Diktatur fort, denn die surrealistische Verschlüsselung bot ihm die Möglichkeit, sich der Aufmerksamkeit der Zensur zu entziehen (Hösle 1982, S. 65).

Zwischen 1910 und 1914 trafen sich in den grenznahen französischen Orten Ceret und Collioure zwei Gruppen von vornehmlich französischen Künstlern, nicht zuletzt um ihre Werke von der dortigen Landschaft inspirieren zu lassen. Zu ihnen gesellten sich auch die katalanischen Bildhauer Manolo Hugué, Pau Gargallo und der Maler Ramon Pitxot, der sich dem Kubismus zuwandte. Eine große Zahl dieser Künstler hatte Kontakt zum Kunsthändler Josep Dalmau in Barcelona, der durch seine 1906 aufgenommene Ausstellungstätigkeit für die weitere Entwicklung der katalanischen Kunst eine Schlüsselrolle einnahm. Er zeigte die Pariser Avantgarde und organisierte schon 1912 eine Kubismus-Ausstellung (Suàrez 1978, S. 201). 1918 stellte er Joan Miró zum ersten Mal aus und führte ihn drei Jahre später in Paris ein, wo er die surrealistischen Dichter kennenlernte und deren Manifest (1924) mit unterschrieb. Ihre kreative Methode, sich dem »Automatismus der Seele ohne Kontrolle durch den Verstand« zu überlassen, wandte er auf seine Malerei an (Stegmann 1992, S. 85). 1937 malte er im Auftrag der republikanischen Regierung das Bild *Els segadors*. Es folgte eine intensive Schaffensperiode mit Werken aus Holz, Garn, Bronze oder Keramik: Davon zeugen u. a. die Keramik-Wandmosaike am Flughafen Barcelona oder im Pariser UNESCO-Gebäude, für die ihm 1959 von Präsident Eisenhower der »Große Preis der Guggenheim Foundation« überreicht wurde. In der 1976 eröffneten *Fundació Miró* auf dem Montjuïc finden sich – in einem weißen Häuserwürfel des katalanischen Architekten Josep Lluís Sert – zahlreiche Kunstwerke aus allen Schaffensphasen Mirós.

1925 stellte Josep Dalmau dem Publikum einen weiteren jungen Maler in einer Einzelausstellung vor, der sich zum weltweit bekanntesten Katalanen und zum populärsten

Surrealisten wandeln wird: Salvador Dalí aus Figueres. Er malte die Abgründe des Unterbewußten, Motive, die der Psychoanalyse Freuds, den er bewunderte und 1938 in London besuchte, entsprungen sein könnten. Allerdings haben Dalís Traumwelten oft reale Bezüge: die Landschaft seiner Heimat Alt Empordà, insbesondere die von Wind und Meer zerklüfteten, wilden Felsen des Cap de Creus. Dalí wußte: Der Fallwind »Tramuntana« prägt nicht nur die Gegend, sondern auch den Gemütszustand ihrer Bewohner. Die Menschen im Alt Empordà – sich selbst eingeschlossen – nannte er »Präzisionsirre« (Genzmer 2004, S. 115). Nicht zufällig existiert im Katalanischen die Vokabel *entramuntanat* – durchgeknallt. Aber Dalí, der gerne den Satz wiederholte: »Jeden Morgen, wenn ich erwache, erlebe ich die allergrößte Freude: nämlich Salvador Dalí zu sein. . .« (zit. n. Descharnes 2003, S. 11), war nicht nur Maler, sondern auch ein ruhm- und geldsüchtiger Selbstvermarkter, der dem Kreis der Surrealisten um André Breton 1929 nur aus Karrieregründen beigetreten war, wie er in seiner autobiographischen Schrift »Das geheime Leben des Salvador Dalí« schreibt, fünf Jahre nachdem man ihn 1936 aufgrund politischer und ideologischer Streitigkeiten aus der Gruppe ausgeschlossen hatte. Er, der einzige »wirkliche Surrealist«, drehte surrealistische Filme mit Luis Buñuel – »Ein andalusischer Hund« 1928 und »Das goldene Zeitalter« 1930 – und schrieb auch surrealistische Gedichte. Viele seiner Werke finden sich heute in den drei Sehenswürdigkeiten des sogenannten »Dalí-Dreiecks«. Dazu gehören das 1974 auf den Resten des ehemaligen Stadttheaters errichtete »Theater-Museum Dalí« in Figueres, gleichzeitig die Grabstätte des Malers, sein aus mehreren alten Fischerhäusern zusammengewachsenes Anwesen in Port Lligat, vollgestopft mit Kitschobjekten, die ihm als Inspiration dienten, und die für seine Frau Gala eingerichtete Burg in Púbol im Baix Empordà.

Auch einige junge Architekten stellten 1929 in der Galerie Dalmau aus: Die Gruppe um Josep Lluís Sert nannte sich ab 1930 GATCPAC (*Grup d'artistes i tècnics catalans per el progrés de l'arquitectura contemporània*) und folgte dem Geist des Rationalismus. Sie entwickelten in Zusammenarbeit mit Le Corbusier den Plan Macià zur städtebaulichen Neugestaltung Barcelonas und veröffentlichten die richtungsweisende Zeitschrift *A.C.*

Die Musik blieb von der Aufbruchstimmung nicht unberührt: Robert Gerhard aus Valls, ein Schüler von Enric Granados, studierte später bei Arnold Schönberg in Berlin und komponierte nach seiner Rückkehr als erster in Spanien Zwölftonmusik. Der Komponist mit Schweizer Wurzeln gilt als Begründer der modernen katalanischen Musik. Viele seiner Kompositionen – neben Liedern auch Opern und Sinfonien – sind geprägt von einer Mischung aus katalanischer Volksmusik und Zwölftontechnik. Mit Beginn des Bürgerkrieges emigrierte er nach Frankreich und später nach Großbritannien und kehrte nicht mehr nach Katalonien zurück.

Sein Kollege Frederic Mompou hingegen komponierte seine Lieder und Klavierstücke unter dem Einfluß der französischen Impressionisten. Insbesondere Erik Satie diente als Vorbild für die leicht dissonierenden Klänge seiner Klavierminiaturen. Xavier Montsalvatge mischte in seinen Werken – z. B. in den *Cançons negres* – katalanische und karibische Motive.

Zwischen Unterdrückung und
passivem Widerstand
(1940-1974)

Literatur im Untergrund

»Schon immer war die Sprache die Begleiterin des Imperiums« (zit. n. Marí i Mayans 2003, S. 78): nach diesem berühmt gewordenen Diktum Antonio de Nebrijas handelten Franco und seine Schergen. Sie hatten die Zerstörung der regionalen Kulturen zum Ziel, vor allem in Katalonien, denn dort war die politische und kulturelle Autonomie am weitesten fortgeschritten. Viele Intellektuelle und Künstler richtete man auch noch nach dem Bürgerkrieg ohne Gerichtsverfahren hin, hunderttausende Menschen gingen ins Exil, vornehmlich nach Frankreich oder Lateinamerika. Selbst die katalanische Rechte, die anfangs Francos Politik gebilligt oder sogar unterstützt hatte, war davon betroffen. Das Katalanische wurde ins Private verbannt oder in den Bereich der Folklore, Amtssprache war ausschließlich Spanisch. Unterricht auf katalanisch und das Lehren der Sprache verbot man; Presse, Werbung bis hin zum Telegrammtext, alles mußte – bei Strafandrohung – auf spanisch verfaßt sein. Sogar der Gebrauch katalanischer Vornamen wurde untersagt. Sie mußten in die spanische Form geändert werden. Eine ganze Generation von Katalanen wuchs heran, die nur Spanisch schreiben konnte (Katalanisch lesen lernte sie zum Teil durch die Eltern). Eine Politik des »kulturellen Genozids« (Giner 2004, S. 43) wurde verfolgt, für die sich bisher noch keine der nachfolgenden demokratischen Regierungen auch nur symbolisch entschuldigt hat (Koppelberg 1991, S. 423).

Außerhalb Spaniens entstand sehr schnell eine Exilliteratur mit Zeitschriften u. a. in Argentinien und Mexiko. In Katalonien ergaben sich jedoch erst durch internationalen Druck auf das Regime kleine Freiräume für die eigene Kultur, die aber weitgehend nur kleineren städtischen Zirkeln zugänglich blieb. 1946 wurden zwölf Buchtitel auf katalanisch veröffentlicht (1936 waren es 850 gewesen) und erste Theateraufführungen erlaubt. Salvador Espriu erhob nach zehn Jahren des Schweigens wieder seine Stimme und veröffentlichte in diesem Jahr den ersten bedeutenden Nachkriegs-Gedichtband, *Cementeri de Sinera*, dem weitere Veröffentlichungen folgten. Der Dichter und Künstler Joan Brossa gründete 1948 die neoavantgardistische Gruppe *Dau-al-set*, der u. a. die Maler Antoni Tàpies und Modest Cuixart angehörten. Sie unterhielten Verbindungen zu den europäischen Surrealisten und den Dadaisten und wandten sich gegen die formale Kunst und ihre Vertreter. Ihre mit dem Gruppennamen benannte Zeitschrift erschien ohne legale Zulassung, wurde aber toleriert und stellte das wichtigste Organ der katalanischen Intellektuellen zwischen 1948 und 1952 dar. Brossa entwickelte sich zum »Meister der modernen Avantgarde« (Stegmann 1992, S. 110), der in seinen Gedichten und oftmals visuellen »Textobjekten« Wirklichkeit und Illusion mischte. Joan Oliver hingegen schrieb unter dem Pseudonym Pere Quart als engagierter Beobachter der politischen Verhältnisse seine Werke in einem nüchternen, fast beißenden Realismus und polemisierte gegen den Surrealismus und alles Unterbewußte.

Auch wenn es möglich war, in der Muttersprache zu schreiben, wurde durch die Zensur der »Graben zwischen dem katalanischen Buch und seinem Adressaten immer tiefer« (Hösle 1982, S. 67). Wer nicht im Flüsterton des Untergrunds dahinvegetieren oder ständigen Konflikten mit der Zensur ausgesetzt sein wollte, entschied sich für das Spanische, so wie Juan Marsé, der trotzdem das Barcelona der Nachkriegszeit zu seinem literarischen Universum auserkor und mit dem Roman »Letzte Tage mit Teresa« (1966) seinen Durchbruch erlebte. Andere schrieben weiterhin auf Katalanisch, wie die lange im Exil lebende Mercè Rodoreda, die 1962 den berühmten Roman »Auf der Plaça del Diamant« veröffentlichte, oder der Schriftsteller und Journalist Josep Pla, einer der produktivsten Autoren, dessen realistische Beschreibungen seiner Heimat und ihrer Menschen noch heute viel gelesen werden. Gabriel Ferrater schließlich überwand als einer der ersten die Klagen über die Vergangenheit. Diese wenigen Beispiele zeigen, daß die katalanische Literatur auch unter den erschwerten Bedingungen der Diktatur ein hohes Niveau halten und sich »als eine der aufregendsten in Europa« (Rosenthal 1991, S. 81) etablieren konnte.

Antoni Tàpies entwickelte sich neben Dalí und Miró zum dritten, international bekannten katalanischen Künstler. Aus den Wurzeln des Surrealismus ließ er eine völlig neue Kunst entstehen. Er beschäftigte sich mit den mystischen Philosophen des Mittelalters – u. a. mit Ramon Llull – und ostasiatischer Philosophie und entwickelte daraus einen Kodex aus Todes- und Verdammungszeichen, die er in seine Mauer- und Materialbilder kratzte, die neben Ölfarbe aus Sand und anderen Materialien bestanden. Oft verbirgt sich in seinen Werken ein hohes Maß an »Katalanität«, wie z. B. im Umschlagbild dieses Buches zu sehen. 1984 gründete er die *Fundació Tàpies*, die heute in der Straße Aragò in Barcelona residiert und viele seiner Werke ausstellt.

Die Kunst des Möglichen

Ab den fünfziger Jahren loteten die Intellektuellen ihre Freiräume aus, die auch wuchsen, weil sich Spanien ausländischen Investitionen, Militärs und dem Tourismus, dessen Hauptziel die katalanischen Küsten waren, öffnen mußte.

Es entstand »die Kunst des Möglichen« (*possibilisme*): 1952 produzierte man den ersten Kinofilm auf katalanisch, 1957 die erste nichtfolkloristische Platte. Jazzclubs durften eröffnet werden, und Barcelona wurde zum Zentrum dieser Musikrichtung auf der Iberischen Halbinsel. Der Pianist Tete Montoliu stieg zum ersten katalanischen »Star« des Jazz auf (Pujol Baulenas 2005, S. 295 ff.).

Das im Jahre 880 gegründete und 1811 von einem Brand stark in Mitleidenschaft gezogene Kloster von Montserrat nahm in diesem Prozeß eine besondere Rolle ein. Es unterstand nicht den von Franco ernannten Bischöfen, sondern direkt Rom und genoß somit eine gewisse Extraterritorialität. Zwischen 1945 und 1947 wurde es restauriert und ausgebaut. Die darauf folgende, feierliche Thronerhebung der *Mare de Déu de Montserrat* (*La Moreneta*), die Papst Leo XIII. zur Schutzpatronin Kataloniens ernannt hatte, wandelte sich unter Teilnahme von hunderttausenden Menschen zu einer ersten Kundgebung katalanischen Nationalgefühls und das Kloster zu einem Ort des Widerstands. Die seit 1959 mit Unterstützung des Klosters herausgegebene, katalanischsprachige Kulturzeitschrift *Serra d'Or* entwickelte sich zum wichtigsten Organ der Intellektuellen, die sich häufig auch im Kloster trafen. Denn trotz des neuen, »milderen« Pressegesetzes von 1966 existierte keine Tageszeitung in der Landessprache, und auch Radio und Fernsehen sendeten nur einige Stunden im Monat auf katalanisch. Außerdem waren ausländische Presseprodukte kaum erhältlich.

Ab 1961 nahm das Bewußtsein für die eigene Kultur wieder zu. Außerschulische Katalanischkurse wurden organisiert und ein Lehrstuhl für Katalanische Sprache und Literatur an der Universität Barcelona eingerichtet, 1970 sogar ein »Fest der Dichtkunst« abgehalten. Und unter dem Eindruck der Studentenbewegungen rückten Katalonien und seine unterdrückte Kultur auch wieder ins Blickfeld Europas.

Musik und Sport im Widerstand:
Nova Cançó *und* Barça

In diesem Klima kleiner Fortschritte begann eine Gruppe Musiker katalanische Lieder zu schreiben, ohne zu ahnen, daß sie schon bald als richtungweisend im Kampf für eine neue Volkskultur gelten sollte. Die Bewegung der *Nova Cançó* (»Neues Lied«) entwickelte sich zum »öffentlichkeitswirksamen Sprachrohr« (Stegmann 1979, S. 125) der katalanischen Kultur und zu einem wichtigen Instrument zur Popularisierung der Sprache. Als geplante Aktion begonnen, in welcher der Dichter Lluís Serrahima und verschiedene Musiker Elemente aus dem französischen Chanson, dem Jazz und dem italienischen Lied kombinierten und mit katalanischen Texten versahen, verselbständigte sich die Unternehmung schnell, und es entstand eine kulturelle Bewegung national-volkstümlichen Widerstandes. Nach dem ersten Konzert unter dem Namen *Nova Cançó* 1961 gründete sich bald *Els setze jutges* (Die 16 Richter), ein loser Zusammenschluß von bald 16 Sängern, darunter Francesc Pi de la Serra, Maria del Mar Bonet, Lluís Llach und der aufgrund seiner Hinwendung zum spanischen Gesang später verstoßene Joan Manuel Serrat, dessen Album *Cançó de matinada* sich 1967 über 100 000mal verkaufte. Der Valencianer Raimon (Pelegero Sanchis), der nie offiziell zu den »16 Richtern« gehörte, machte mit seinen Liedern die Bewegung bekannt. Seine erste Platte verkaufte sich 1963 40 000mal, zu einem Zeitpunkt, als es in Spanien noch wenige Plattenspieler gab. Seine Konzerte wurden zu Akten nationaler Selbstvergewisserung. Die Zensur reagierte kaum, bis man ihn 1968 mit einem zweijährigen Auftrittsverbot belegte. Nicht alle Sänger der *Nova Cançó* waren Protestsänger: »Die *Nova Cançó* war nicht nur ein Synonym des Antifranquismus und des Freiheitskampfes, es kam vor allem zu einer Rückbesinnung auf die Sprache, die ja in der Öffentlichkeit verboten war. Als ich *Al Vent* textete, konnte ich meine eigene Sprache nicht schreiben. Diese Rückbesinnung hatten alle Sänger gemeinsam, aber nicht unbedingt mehr. Viele spielten nur reine Unterhaltungsmusik oder Liebeslieder« (Raimon 2003). Und das tun einige der Sänger bis heute.

Der Erfolg der Lieder – zwischen 1962 und 1968 erschienen etwa 350 Platten – lag nicht nur im Gebrauch der Sprache begründet, sondern auch in ihren Texten, die keine Schranke zwischen Alltag und Kunst errichteten und für alle Volksschichten unmittelbar verständlich waren, auch wenn sie nach und nach verklausulierter wurden, um die Zensur zu täuschen. Viele Liedermacher verwendeten auch Texte katalanischer Dichter aus vergangenen Jahrhunderten und belebten sie so wieder. Der berühmteste von allen, Lluís Llach, mußte von 1970 bis 1974 ins Exil gehen. Seine Texte zensierte man besonders hart, und ihm wurde häufig das Singen verboten: Dann sang einfach das Publikum die Texte zu seinem Klavierspiel: »Sie dachten, wenn sie meine Texte zensierten, zerstörten sie meine Arbeit. Aber da der Faschismus tiefgründig dumm ist, erreichten sie das Gegenteil. Sie machten aus mir, vor allem aber aus Liedern wie *L'estaca* [Der Pfahl], einen Mythos und ein Symbol für den Widerstand« (Llach 2006).

> Siset, siehst du denn nicht den Pfahl,
> an den wir alle gebunden sind?
> Wenn wir uns nicht losmachen können,
> werden wir nie frei herumgehen!
> Wenn wir alle ziehen, wird er fallen.
>
> (Stegmann 1979, S. 87)

Eine weitere, wirkungsvolle Institution für das kollektive Bewußtsein der Katalanen war und ist der Fußballclub »F. C. Barcelona« (kurz: *Barça*), gegründet 1899 vom Schweizer Hans Gamper und vom Schriftsteller Manuel Vázquez Montalbán als »die heroische Streitkraft eines Landes ohne

Staat und Armee« betitelt (zit. n. Worthmann 2006, S. 69). Wenn *Tot el Camp* (»Das ganze Feld«) – die Hymne des Clubs – erklingt, hat nicht nur der Verein gewonnen und z. B. den »Erbfeind« Real Madrid besiegt, sondern ganz Katalonien: »Barça és més que un club« (Barça ist mehr als ein Verein) lautet ein berühmter Satz. Rund 140 000 Mitglieder und 1,5 Millionen feiernder Fans bei Titelgewinnen unterstreichen ihn eindrucksvoll. Im legendären Stadion (*Camp Nou*) durfte Katalanisch gesprochen werden, und von den sechziger Jahren an waren dort neben den blauroten Fahnen des Vereins immer mehr gelbrote *senyeres* (katalanische Fahnen) zu sehen. Für viele seiner Anhänger ist der Club ein Symbol des katalanischen Widerstands gegen das Francoregime und dessen Aushängeschild Real Madrid. Manuel Vázquez Montalbán kommentierte 1974 einen hohen Sieg *Barças* über die »Königlichen«: »1:0 für Barcelona, 2:0 für Katalonien, 3:0 für Sant Jordi, 4:0 für die Demokratie, 5:0 gegen Madrid. An jenem Tag, so empfanden es Millionen im Land, setzte der Niedergang der faschistischen Diktatur ein.« (Vázquez Montalbán 1992, S. 87) Wie sehr Fußball und Politik miteinander verquickt sind, zeigte sich im Oktober 2006 bei einer Fußballpartie Katalanen gegen Basken im *Camp Nou*: Beide Regionen untermauerten mit diesem eigens für diesen Zweck ausgerichteten Spiel ihren Anspruch auf eine eigene Nationalmannschaft (*El País*, 09.10.2006).

Auf dem Weg nach Europa
(1975-2005)

Rückkehr ans Licht:
Normalisierung der Sprachsituation in Medien,
Literatur, Theater und Musik

Im November 1975 starb Franco, und fast alle Katalanen atmeten auf. Der Prozeß der politischen *transición* (»Übergang«) in Spanien setzte ein, auch wenn die Zensur den Diktator noch um einige Zeit überlebte. Lluís Llach gab Anfang 1976 drei Konzerte im Sportpalast in Barcelona, die zu Manifestationen der »Katalanität« wurden: »Die Leute schrieen *llibertat*, immer noch bedroht, aber nicht mehr so wie vor dem Tod Francos. Und sie schwenkten die *senyeres*«, beschreibt er die Stimmung (Llach 2006).

Das Selbstvertrauen der katalanischen Sprachgemeinschaft war nach der 36jährigen Herrschaft Francos nachhaltig beschädigt, daran änderten auch Maßnahmen wie die Gründung der *Associació Internacional de Llengua i Literatura Catalanes* (»Internationale Gesellschaft der katalanischen Sprache und Literatur«) 1973 erst einmal nichts. Zwischen 1976 und 1977 organisierte man in allen katalanischsprachigen Regionen einen »Kongreß der katalanischen Kultur« mit Tausenden von Teilnehmern und legte Leitlinien zur Rückgewinnung der eigenen Kultur fest. Im Zuge dieser »Normalisierung« kam 1976 wieder eine katalanischsprachige Tageszeitung auf den Markt, *Avui*, gleichzeitig begann *Ràdio 4* zu senden, und es wurden die ersten eigenen Filme – u. a. »La ciutat cremada« (»Die verbrannte Stadt«) von Antoni Ribas – gezeigt. 1977 lag die Zahl der katalanischsprachigen Neuerscheinungen bei Büchern mit 1 015 Titeln zum ersten Mal wieder über Vorkriegsniveau, und die Einschreibung katalanischer Namen ins Personenstandsregister war wieder erlaubt.

Am 11. September 1977 zogen rund 1,5 Millionen Menschen über den *Passeig de Gràcia* zur *Plaça de Catalunya* in Barcelona, feierten die ersten freien Wahlen und gedachten des 11. September 1714. Ihre Forderungen nach größerer Autonomie für ihre Region sowie Anerkennung ihrer Sprache und Kultur fanden zum Teil Gehör. Per königliches Dekret wurde 1978 Katalanisch wieder als Schulfach zugelassen.

Im Autonomiestatut von 1979 schließlich wurden Kultur und Erziehungswesen in die Hand der *Generalitat* gegeben, ebenso erhielt sie die Möglichkeit, eigene katalanischsprachige Medien zu gründen. Bezüglich der Sprache hieß es in Artikel 3: »Die eigene Sprache Kataloniens ist das Katalanische«, und weiter, »sie ist die offizielle Sprache Kataloniens, so wie das Spanische offizielle Sprache des gesamten spanischen Staates ist.« Auch Bestimmungen zum Schutz des Aranesischen, der Sprache der kleinen okzitanischen Minderheit in Katalonien (im Vall d'Aran sprechen es etwa 6 000 Menschen), fanden sich dort. Konkrete Vorschriften zum Gebrauch der Sprache im Bildungswesen, der öffentlichen Verwaltung und in der Öffentlichkeit enthält schließlich das Gesetz zur »Normalisierung« der Sprache von 1983, weitgehend noch ohne Sanktionen und Quotenregelungen. Die »Normalisierung« setzt sich zusammen aus einer Kombination von Normierung (Kontrolle) und Ausbreitung (im Bewußtsein) der Sprache, ist also kein rein linguistischer Vorgang (Vallverdú 1979, S. 139). Im gleichen Jahr ging der katalanischsprachige Sender TV 3 erstmalig auf Sendung und hat sich mit Sportübertragungen und Seifenopern inzwischen seinen Platz in der Medienlandschaft erobert; sechs Jahre später folgte ihm der Kulturkanal Canal 33. So wurde ein Gegengewicht zum spanischsprachigen Fernsehen geschaffen. 1990 wurde allerdings in Spanien das Privatfernsehen zugelassen: Die drei Kanäle *Antena 3*, *Tele 5* und *Canal Plus* senden ausschließlich auf spanisch und verschoben so die Zuschaueranteile wieder zuungunsten des Katalanischen.

Die Sprachpolitik der *Generalitat* war erfolgreich: Im Jahr 2001 verstanden 94 % der in Katalonien lebenden Bevölkerung die Sprache, 75 % sprachen sie und 74 % konnten sie lesen. Knapp 50 % konnten sie schreiben (Institut d'Estadística de Catalunya 2001). 1986 konnten sie nur 90 % der Menschen verstehen, 64 % sprechen, 60 % lesen und 31 % schreiben (Marí i Mayans 2003, S. 198). Allerdings stellt sich angesichts der massiven Zuwanderung von Bürgern aus anderen spanischen Regionen, einst verächtlich »Bastarde« (*xarnegos*), heute politisch korrekt »die anderen Katalanen« genannt, die Frage des Sprachgebrauchs immer aufs neue. Und darum befürwortet die Mehrheit der Katalanen Maßnahmen zugunsten ihrer Sprache, vor allem zur Förderung ihres sozialen Gebrauchs. Das Sprachgesetz von 1998 wollte die volle Anerkennung und Gleichstellung der Muttersprache in allen Lebensbereichen, vor allem in der Kulturindustrie, der Justiz, den (Neuen) Medien und der Wirtschaft (Produktetiketten), vorantreiben und so ermöglichen, »vollständig auf katalanisch zu leben« (*volem viure plenament en català*!), wie ein Slogan lautet. So sind z. B. Bars und Restaurants verpflichtet, eine Karte auf katalanisch anzubieten, kommerzielle Außenbeschriftungen und auch die Verkaufsgespräche müssen auf katalanisch erfolgen. Bei Nichteinhaltung drohen (Geld)Strafen.

Parallel zur Sprache normalisierte sich auch der Literaturbetrieb. Manuel de Pedrolo landete mit seinem Science-fiction-Roman »Mecanoscrit del segon origen« einen Bestseller der katalanischen Gegenwartsliteratur (über eine Million Auflage). Eine neue Generation von Schriftstellern – u. a. Maria Barbal, Josep Maria Fonalleras, Quim

Monzó, Sergi Pàmies – prägte die Literatur in den achtziger Jahren. Sie erregten Aufsehen durch »temporeiche, häufig lakonische, manchmal drastische, kurze Erzählungen«, wie der deutsche Romanist Roger Friedlein bemerkt (1998, S. 8). Vor allem Quim Monzó, ein Meister der humorvollen und gleichzeitig melancholischen Kurzgeschichte (»Die Aktentasche«), und Sergi Pàmies (»Der große Roman über Barcelona«) schreiben Großstadtprosa, in der Barcelona oft eine Rolle spielt. Die Stadt ist auch häufig Protagonistin in den Romanen der auf spanisch schreibenden Autoren Eduardo Mendoza und Manuel Vázquez Montalbán, die die katalanische (Schrift)Sprache nicht in der Schule lernen konnten. Mendoza und Montalbán haben allerdings später auch Theaterstücke auf katalanisch geschrieben (Heinemann 1998, S. 40 ff.). Vázquez Montalbáns Hauptfigur, der Privatdetektiv Pepe Carvalho, erlangte internationale Berühmtheit, nicht zuletzt wegen seiner Vorliebe für gutes Essen. Ganz nebenbei hat Manuel Vázquez Montalbán mit seinem Buch »Die Kunst des Essens in Katalonien« (1977) in der Phase der Wiederentdeckung der eigenen Kultur zur Renaissance der traditionellen Küche beigetragen. Gleichzeitig feierten Lyriker wie Miquel Martí i Pol, Pere Gimferrer, Enric Casasses oder Albert Roig erste Erfolge.

Ebenso gewann das Theater nach und nach Terrain zurück: Nachdem Vorbilder wie die Gruppen *Els joglars* (1962) und *Els comediants* (1972), die auch volkstümliche Elemente wie die Großkopf-Figuren (*capgrossos*) in ihre Stücke integrierten, die Theatertradition wiederbelebt hatten, begannen Autoren wie Narcís Comadira oder Sergi Belbel mit dem Wiederaufbau der katalanischsprachigen Dramatik, ein Bemühen, das auch im Interesse der politischen Institutionen und ihrer Sprachpolitik lag, die diese Entwicklung finanziell unterstützten. Auf breiter Front wurde das Theater zum Bestandteil des erstarkten Selbstbewußtseins und gewann wieder an Stellenwert im gesellschaftlichen Leben Kataloniens, vor allem Barcelonas. Allerdings fiel so mancher Autor und Regisseur, der seit den sechziger Jahren Theater im Widerstand gegen das Franco-Regime zu machen gewagt hatte, in Katalonien (wie in Spanien allgemein) während der *transición* der *operación olvido* anheim. Hastig zog man einen Schlußstrich unter die Nachkriegsgeschichte, so daß zugleich mit der Erinnerung an die Zeit der Diktatur oft auch die Erinnerung an kulturelle oppositionelle Aktivitäten aus dem Gedächtnis verschwunden schien (Ebmeyer 1999, S. 33).

1979 gründete sich die Kompanie *La Fura dels Baus*, die mit ihrem wenig auf Text basierenden »Extremtheater« ab Mitte der achtziger Jahre sehr erfolgreich war: Ihre Aufführungen finden in der Regel in einem nicht abgegrenzten Raum statt, um den direkten Kontakt zum Publikum herzustellen. Begleitet von rhythmischer Musik und mit ohrenbetäubendem Lärm rasen die Darsteller oft in oder auf verrückten Metallkonstruktionen und feuerspuckenden Höllenmaschinen durch die Halle, ein Spektakel, das an die traditionellen *correfoc*-Umzüge erinnert. Auf diese Art bestritten sie auch ihre Auftritte während der Eröffnungsfeier der Olympischen Spiele 1992 und bei der täglichen Parade auf der EXPO 2000 in Hannover. 1999 inszenierte die Truppe »La damnation de Faust« von Hector Berlioz für die Salzburger Festspiele.

Was in den sechziger Jahren auf spanisch mit barcelonesischen Rockgruppen wie *Los Sirex* begonnen und sich ab 1969 bei der zweiten Generation der *Nova-Cançó*-Sänger – Jaume Sisa, Pau Riba, *Grup de Folk* u. a. – in einem von US-Liedermachern wie Bob Dylan beeinflußten Folk angedeutet hatte, wurde nun auf katalanisch fortgesetzt. In den achtziger und neunziger Jahren begleitete die Katalanen der *rock en català*, der die Muttersprache auch in der Jugend verankerte. Gruppen wie *Companyia Elèctrica Dharma*, deren Musik *sardana rock* getauft wurde, weil sie Instrumente der *cobla* verwendeten, machten den Anfang, aber erst *Sangtraït* aus La Jonquera, *Sopa de Cabra* aus Girona, *Sau* aus Osona und *Els Pets* aus Tarragona brachten ab 1986 den Durchbruch (Viñas 2006, S. 35 ff.). Der Erfolg dieser Musik lag eindeutig in der Sprache begründet (was nicht ihre musikalischen Qualitäten in Frage stellt), die Lluís Gavaldà, Chef der *Els Pets*, auch bewußt gegenüber den bilingualen Gruppen aus Barcelona, die wie *Loquillo y los Troglod.itas* oder *El Último de la Fila* nationale Erfolge feierten, mit seinen Texten stärken wollte, allerdings ohne sich vor einen parteipolitischen Karren spannen zu lassen (van Liew 1993, S. 247). Eine Politisierung ließ sich dennoch nicht vermeiden, und so gipfelte der *rock en català* im Sommer 1991 in einem gemeinsamen, von der *Generalitat* finanzierten Konzert der vier Bands im *Palau Sant Jordi* in Barcelona. Seither hat sich die Szene stark ausdifferenziert. Die Radiosender, die inzwischen eine Quote katalanisch-sprachiger Titel erfüllen müssen, spielen aktuelle Bands wie *Lax'N'Busto, Whiskyn's* oder *Gossos.* Einige Sänger der *Nova Cançó* blieben präsent. Lluís Llach gab 1985 im Stadion *Camp Nou* das am besten besuchte Konzert eines einzelnen Interpreten in Europa. Es kamen über 110000 Zuhörer.

Katalonien präsentiert sich der Welt:
von Olympia (1992) bis zum
Forum der Kulturen (2004)

Parallel zum EG-Beitritt Spaniens erhielt Barcelona 1986 den Zuschlag zur Ausrichtung der XXV. Olympischen Sommerspiele. Städteplaner und Architekten wie Josep A. Coderch, das Team Bohigas-Martorell-Mackay, Ricard Bofill u. a. gestalteten die Stadt in einer Mischung aus Monumentalstil und regionalen Traditionen um. Neue Verkehrswege entstanden, Park- und Erholungsflächen wurden angelegt, vor allem aber die Bauten der Spiele über die Stadt verteilt. Auf dem Montjuïc modernisierte man das Stadion von 1929, und der Japaner Arata Isozaki errichtete den *Palau Sant Jordi*. Im Vall d'Hebron entstanden das Velodrom und verschiedene Sporthallen. Sir Norman Foster baute den neuen Telekommunikationsturm. Die wichtigste Veränderung für das Gesamtbild der Stadt rührte vom Bau des Olympischen Dorfes her. Durch die Neustrukturierung der Küstenzone erhielt Barcelona seinen Zugang zum Meer zurück, der seit dem 19. Jahrhundert durch eine Eisenbahnlinie, Straßen und Industrieanlagen versperrt gewesen war. Ein neuer Yachthafen komplettierte das Bild. Diese »Revitalisierung der Waterfront« (Wehrhahn 2003, S. 28) stellt heute eine Touristenattraktion ersten Ranges dar.

Einhergehend mit den architektonischen Maßnahmen baute man das kulturelle Angebot aus, u. a. durch die seit 1988 stattfindende »Kulturolympiade«. Andrea Mesecke schreibt: »Die Zeitrechnung der Bewohner von Barcelona wird heute in zwei Epochen aufgeteilt, in die Zeit vor der Olympiade und danach. Dieses Ereignis hat die katalanische Stadt nicht nur architektonisch verschönert [. . .], sondern auch mit dem festen Glauben an eine goldene Zukunft und eine weltweite Popularität zurückgelassen« (Mesecke 1996). Meseckes Charakterisierung entspricht ziemlich genau dem Eindruck, den ein Reisender heute gewinnt, der die Stadt länger als für eine Sightseeingtour besucht. Der Modernisierungsgeist blieb auch nach dem Ende der Spiele wach, und Barcelona entwickelte sich auf mehreren Gebieten zu einer der attraktivsten Städte Europas.

Das *Fòrum Universal de les Cultures*, das man über viereinhalb Monate lang im Jahr 2004 in Barcelona veranstaltete, war eine katalanische Idee. Neben Ausstellungen zu den drei zentralen Themen Frieden, Nachhaltigkeit und kulturelle Vielfalt bestimmten Kongresse und Konzerte das Programm. Die Stadt schuf sich selbst eine internationale Großveranstaltung, um im Gespräch zu bleiben und um ein weiteres städtebauliches Projekt zu vollenden: die Neugestaltung des Viertels La Verneda am Ende der Diagonal. Dort stehen jetzt ein neues Kongreßzentrum und ein spektakuläres dreieckiges Gebäude in Blau, das als Ausstellungsraum dient. Barcelona vereinigt auf sich nach wie vor einen Großteil der kulturellen Infrastruktur und bleibt in der Kultur tonangebend und repräsentativ für Katalonien (Graells 1991, S. 178).

Design und Küche für ein neues Jahrtausend

1995 öffnete im Stadtviertel Raval das von Richard Meier entworfene *Museu d'Art Contemporani de Barcelona* (MACBA) seine Pforten. Dieser strahlend weiße Block in einem renovierungsbedürftigen Viertel repräsentiert Barcelonas Anspruch, eine Hauptstadt des Designs zu sein ebenso wie das Logo der *Barcelona Design Week* »D=B«. Und tatsächlich haben sich in den neunziger Jahren viele junge Mode-, Schmuck- und Industriedesigner dort niedergelassen und die Szene der schon etablierten Künstler vergrößert. Im Bereich der Mode machten sich Custo Dalmau, Antonio Miró und Josep Abril einen Namen, während Nani Marquina weltweit erfolgreich ihre Teppichkollektionen vorführt und verkauft. Javier Mariscal, Comiczeichner (u. a. zeichnete er »Cobi«, das Maskottchen der XXV. Olympischen Sommerspiele) und Möbeldesigner, und Oscar Tusquets, Architekt und ebenfalls Möbeldesigner, der die Cava-Kellerei »Chandon« gestaltete, wie auch das neue Innenleben des *Palau de la Música*, gehören zu den international anerkannten katalanischen Designern. Der junge Martí Guixé sowie die beiden Altmeister André Ricard und

Miquel Milà verkörpern Barcelonas Ruf als Zentrum des Industriedesigns.

»Design« spielt auch in einem ganz anderen Bereich eine Rolle, in dem Katalonien inzwischen weltweit führend ist: in der »Autorenküche« (*cuina d'autor*), ein Begriff, geprägt von Drei-Sterne-Koch Ferran Adrià, der als erster Koch überhaupt eingeladen war, seine »Kunst« auf der Documenta in Kassel zu präsentieren. Der Chef des Restaurants *El Bulli* in Roses wurde weltbekannt durch seinen experimentellen Umgang mit Lebensmitteln, der sogenannten Molekulargastronomie.

Schon Casanova lobte bei seinem Aufenthalt in Barcelona (1768) die katalanische Küche, die mit einer der ältesten Rezeptsammlungen Europas, dem *Llibre de Sent Sovi* (1324), nachweislich die Kochkunst weit über die eigenen Grenzen hinaus beeinflußt hat. Regionale Spezialitäten wie die »Meeres-Gebirgsküche« (*mar i muntanya*) mit Gerichten wie »Huhn mit Garnelen« (*pollastre amb escamarlans*) oder das berühmte Tomatenbrot mit Öl (*pa amb tomàquet*), aber auch der katalanische Schaumwein (*cava*), inspirierten die neue Generation von Köchen – Santi Santamaria, Joan Roca, Carme Ruscalleda u. a. – zu kreativen Meisterleistungen. Es ist kein Zufall, daß der Guide Michelin im Jahr 2005 in Katalonien 36 Sterne vergeben hat.

Ausblick

»Ist das Katalanische vom Aussterben bedroht?« fragte der Artikel der Romanistin Carme Junyent, in dem sie konstatiert, daß die Sprache schon am Anfang des Prozesses stehe, der zu ihrem Aussterben führe. Allerdings könne dies noch gestoppt werden, wenn alle Beteiligten bereit seien, sich neuen Perspektiven zu öffnen (Junyent 2000, S. 10). Ihrer Meinung nach liegt, neben der institutionellen Förderung, die Chance vor allem darin, generell den Wert sprachlicher Vielfalt zu vermitteln. Denn wer den Vorteil erkennt, den das Beherrschen vieler Sprachen bietet, der wird auch eine »Minderheitensprache«, vor allem wenn es seine Muttersprache ist, mit mehr Eifer verwenden. Denn heute liegt die Gefahr für das Katalanische mehr im tatsächlichen Sprechverhalten innerhalb der Diglossiesituation als in der Sprachkompetenz. Ein großer Teil der Bevölkerung kann die Sprache verstehen und lesen, benutzt sie aber zu selten. Das tatsächliche Sprechverhalten stellt etwas anderes dar als die Haltung der Sprecher einer Sprache gegenüber und auch als ihre Sprachkompetenz. Katalanisch steht unter anhaltendem Druck der Staatssprache, u. a. auch, weil die seit Beginn der neunziger Jahre existierenden privaten Fernsehkanäle nicht oder nur selten in Katalanisch senden und weil nur wenige Kinofilme synchronisiert werden. Das Stiefkind des Normalisierungsprozesses bleibt weiterhin die Justiz, und auch in der Armee- und Polizeiverwaltung verläuft er nur schleppend.

Andererseits ist Spanisch aus dem Straßenbild der Städte und Dörfer weitgehend verschwunden und hat in den Schulen inzwischen den Rang einer Fremdsprache. Jedes Jahr erscheinen rund 7 000 Buchtitel in katalanischer Sprache. Albert Sanchez Piñols Roman »Im Rausch der Stille« (2002)

verkaufte sich über 100 000mal allein in Katalonien. Der katalanisch schreibende Brite Matthew Tree wird umjubelt, ebenso der Flamencosänger Miguel Poveda, der als Einwandererkind mit Spanisch und Katalanisch groß geworden ist. Er hat im Jahr 2005 ein Album mit spanischer Musik zu Texten katalanischer Dichter herausgebracht. Und auch im Hiphop ist die Sprache mit dem Sänger *Crim* angekommen. Selbst die Pornoindustrie beginnt sich zu »normalisieren«, seit der Regisseur Conrad Son Filme auf katalanisch produziert.

Überreaktionen zum Schutz der Sprache sind aus historischer Sicht nachvollziehbar, aber sie können auch dazu führen, daß das eigentliche Anliegen nicht mehr wahrgenommen wird. Wenn z.B. nur aufgrund der Sprache die Produktion von schlechten Büchern subventioniert wurde, die heute zu tausenden in Lagerhallen vergammeln, dann ist das dem Ziel der Regionalregierung, die Sprachsituation zu normalisieren, nicht zuträglich. Und kleinkarierte Diskussionen wie jene im Vorfeld der Einladung zur Buchmesse 2007 – auch unter dem Druck anstehender Regionalwahlen – schaden eher, als daß sie die Lust am Erlernen der Sprache steigern. Außerdem vermitteln sie im Ausland ein eindimensionales Bild der Sprachpolitik Kataloniens und zwingen so Ausländer, die in diese Auseinandersetzungen eigentlich nicht involviert sein sollten, zu kontroversen Stellungnahmen. Die Diskussionen zeigen aber vor allem, daß die katalanische Sprache noch nicht wieder im Zustand normaler Alltagsbenutzung und -verbreitung angekommen ist.

Sollten jedoch gesellschaftliche Gruppen oder sogar die Bevölkerungsmehrheit der derzeit noch staatenlosen Nation die Errichtung eines eigenen Nationalstaates anstreben, so kann es sinnvoll sein, Literatur in der eigenen Sprache ebenso wie diese selbst für außerliterarische Zwecke zu instrumentalisieren (Schönberger 2006, S. 100). Legte man die Meinung der Hardliner als Maßstab an, die jedwedes Kulturgut nach dessen Nutzwert im Kampf um die nationale Sache bewerten, dürften ein Schriftsteller wie Josep Pla, der einen Teil seines Werkes auf spanisch verfaßt hat, oder Komponisten wie Albèniz und Granados, die sich vor allem mit spanischer Musik beschäftigten, Opernsänger wie Montserrat Caballé und Josep Carreras, die äußerst selten in ihrer Muttersprache singen, oder Wissenschaftler wie der international anerkannte Physiker Manuel Cardona, der fast nur auf englisch publiziert, nicht der katalanischen Kultur zugerechnet werden. Alle diese Namen werden aber immer wieder gerne für »Katalonien« in Anspruch genommen. Warum aber werden Bestseller-Autoren wie Juan Goytisolo oder Carlos Ruiz Zafón nicht neben ihren katalanisch schreibenden Kollegen, die durchaus die repräsentative Mehrheit stellen sollen, mit Stolz präsentiert, anstatt darüber zu diskutieren, ob sie zu einer Buchmesse mitfahren dürfen? Zafóns Buch »Der Schatten des Windes« hat sich immerhin weltweit über sieben Millionen Mal verkauft und damit auch Werbung für Barcelona und Katalonien gemacht, wo die Handlung spielt. Den spanisch schreibenden Autoren unterstellt die Politik »Anti-Katalanität«; Sprache und Kultur werden in diesem Konzept gleichgestellt. Das entspricht nicht der Wirklichkeit, denn die Idee einer »katalanischen Kultur« bleibt ohne ihre in anderen Sprachen schreibenden Autoren unvollständig (Heinemann 1998, S. 43). Sie haben eine Beziehung zu beiden oder sogar mehr Kulturen und sollten so präsentiert werden, natürlich auch von spanischer Seite, die auch allzu gerne vergißt, daß die spanische Realität eine mehrsprachige ist: Als Spanien 1991 Gastland der Frankfurter Buchmesse war, wurden die anderen drei offiziellen Sprachen (Baskisch, Galicisch, Katalanisch) nicht nennenswert an der Präsentation der Kultur und Literatur beteiligt.

1979 stellten einige katalanische Professoren in einem

Manifest die Frage, ob es möglich sei, daß die Sprache und damit auch die Kultur einer Nation ohne Staat bestehen und sich entwickeln können. Die Entwicklung zeigt, daß es ohne vollkommene politische Souveränität ein schwieriger Weg ist.

Andere Bereiche der katalanischen Kultur entwickeln sich im Gegensatz zur Sprache problemlos. Seit dem Jahr 2005 besitzt die katalanische Kultur sogar die erste, eine regionale Sprache und Kultur repräsentierende *Top-Level-Domain* (TLD) im *World Wide Web*: .cat. Die TLD steigert das Prestige der eigenen Sprache und Kultur nach außen sowie das Selbstwertgefühl der Katalanen. Sie symbolisiert die konsequente Fortführung der Rückeroberung des medialen Raums durch die Muttersprache (Eßer 2006, S. 8). Und auch die Kulturförderprogramme der *Generalitat* im In- und Ausland sowie die Kulturbüros in ausländischen Städten (u. a. Berlin und Paris) steigern ihr Ansehen. International anerkannte Festivals, wie z. B. für traditionelle und populäre Musik *Tradicionàrius*, für elektronische Musik *Sónar*, beide in Barcelona, oder das Clownfestival in Cornellà in Erinnerung an den berühmten katalanischen Clown Charlie Rivel, unterstreichen ihre Vitalität. Die Musikszene hat mit Gruppen wie *Cheb Balowski, 08001* oder *Ojos de Brujo,* die sich aus Einheimischen und Musikern aus aller Welt zusammensetzen, unter dem Begriff »Barcelona-Mestiza« zu Beginn des neuen Jahrtausends europaweit für Aufsehen gesorgt. Die Zukunft der katalanischen Kultur – wie auch die vieler anderer kleiner Kulturen – liegt wahrscheinlich in diesem Konzept der *mestizaje,* also der Verschmelzung verschiedener kultureller Denk- und Ausdrucksformen zu etwas Neuem. Joan Miró muß das geahnt haben, als er sagte: »Wir sind internationale Katalanen« (zit. n. Rosenthal 1991, S. 151).

Abkürzungsverzeichnis

ACR	Acció Catalana Republicana
BOC	Bloc Obrer i Camperol
CC	Cristians Catalans
CDC	Convergència Democràtica de Catalunya
CEDA	Confederación Española de Derechas Autóno- mas
CiU	Convergència i Unió
CNR	Centre Nacionalista Republicà
CNT	Confederación Nacional del Trabajo
ERC	Esquerra Republicana de Catalunya
ETA	Euskadi Ta Askatasuna
FAI	Federación Anarquista Ibérica
FCB	Federación Comunista Catalano-Balear
FRE	Federación Regional Española
IC	Iniciativa per Catalunya
LOAPA	Ley Orgánica para la Armonización del Proceso Autonómico
PCE	Partido Comunista de España
POUM	Partido Obrero de Unificación Marxista
PRR	Partido Republicano Radical
PSC	Partit dels Socialistes de Catalunya
PSOE	Partido Socialista Obrero Español
PSUC	Partit Socialista Unificat de Catalunya
SEU	Sindicato Estudiantil Universitario
UDC	Unió Democràtica de Catalunya
UDR	Unió de Rabassaires
UFNR	Unió Federal Nacionalista Republicana
UGT	Unión General de Trabajadores

Auswahlbibliographie

Zu Teil I

Alba, Víctor, *Catalonia, a profile*, New York 1965.

Albareda, Joaquin, *Catalunya en un conflicte europeu. Felip V i la pèrdua de las llibertats catalanes (1700-1714)*, Barcelona 2001.

Albareda, Joaquim (Hg.), *Del patriotisme al catalanisme. Societat i política (segles XVI-XIX)*. Vic 2001.

Bada, Joan, *La inquisició a Catalunya (segles XIII-XIX)*, Barcelona 1992.

Balcells, Albert, *Breve historia del nacionalismo catalán*, Madrid 2004.

Balcells, Albert, *El arraigo del anarquismo en Cataluña. Textos de 1926 a 1932*, Barcelona 1973.

Balcells, Albert (Hg.), *Historia de Cataluña*, Madrid 2006.

Belenguer, Ernest, *Ferran el Catòlic*, Barcelona 1999.

Belenguer, Ernest, *La Corona de Aragón en la Monarquía Hispánica. Del apogeo del siglo XV a la crisis del XVII*, Barcelona 2001.

Bernecker, Walther L., *Sozialgeschichte Spaniens im 19. und 20. Jahrhundert*, Frankfurt am Main 1991.

Bernecker, Walther L., *Anarchismus und Bürgerkrieg. Zur Geschichte der Sozialen Revolution in Spanien 1936-1939*, Nettersheim 2006.

Bricall, Josep Maria, *Politica Econòmica de la Generalitat 1936-1939. Evolució i formes de la producció industrial*, Barcelona 1970.

Brunn, Gerhard, »Regionalismus und sozialer Wandel: Das Beispiel Katalonien«, in: *Nationalismus und sozialer Wandel*, hg. v. Otto Dann, Hamburg 1978, S. 157-185.

Brunn, Gerhard, »Die Organisationen der katalanischen Bewegung 1859-1959«, in: *Nationale Bewegung und soziale Organisation*, hg. v. Theodor Schieder / Otto Dann, Bd. 1, München 1978 a, S. 281-571.

Catalunya i la Guerra Civil (1936-1939). Cicle de conferències fet al CIC de Terrassa, curs 1986-1987, Barcelona 1988.

Cateura, Pablo, *Mallorca en el segle XIII*, Mallorca 1997.

Colomer i Calsina, Josep Maria, *Els estudiants de Barcelona sota el franquisme*, 2 Bde., Barcelona 1978.

Cucurull, Fèlix, *Catalunya republicana i autònoma, 1931-1936*, Barcelona 1984.

Cucurull, Fèlix, *Panoràmica del nacionalisme català*, 6 Bde., Paris 1975.

Culla i Clara, Joan B., *El catalanisme de Esquerra*, Barcelona 1977.

Elliott, John H., *The Revolt of the Catalans. A Study in the Decline of Spain (1598-1640)*, Cambridge 1984.

Elliott, John H., *1640. La Monarquía hispánica en crisis*, Barcelona 1992.

García Cárcel, Ricardo, *Historia de Cataluña. Siglos XVI-XVII. La trayectoria histórica*, Barcelona 1985.

Giner, Salvador, *Social Structure of Catalonia*, Sheffield 1980.

González Casanova, José, A., *Federalismo y autonomía. Cataluña y el Estado español 1868-1938*, Barcelona 1979.

Guinot, Enric, *Els fundadors del Regne de València*, Valencia 1999.

Hansen, Edward C., *Rural Catalonia under the Franco regime*, London 1977.

Heine, Hartmut, *Geschichte Spaniens in der frühen Neuzeit 1400-1800*, München 1984.

Herbers, Klaus, *Geschichte Spaniens im Mittelalter. Vom Westgotenreich bis zum Ende des 15. Jahrhunderts*, Stuttgart 2006.

Hillgarth, Jocelyn N., *El problema d'un imperi mediterrani català, 1229-1327*, Palma de Mallorca 1984.

Hina, Horst, *Kastilien und Katalonien in der Kulturdiskussion 1714-1939*, Tübingen 1978.

Kamen, Henry, *The War of Succession in Spain 1700-15*, London 1969.

Lacomba Avellán, Juan Antonio, *La crisis española de 1917*, Madrid 1970.

Llorens i Vila, Josep, *El federalisme català*, Barcelona 1993.

Llorens i Vila, Josep, *La Unió Catalanista i els orígens del catalanisme polític. Dels orígens a la presidència del Dr. Martí i Julià, 1891-1903*, Barcelona 1992.

Lluch, Ernest, *Las Españas vencidas del siglo XVIII. Claroscuros de la Ilustración*, Barcelona 1999.

Ludevid Anglada, Manuel, *El movimento obrero en Cataluña bajo el franquismo*, Barcelona 1977.

Marí i Mayans, Isidor, *Die Katalanischen Länder. Geschichte und Gegenwart einer europäischen Kultur*, Berlin 2003.

Matthée, Ulrich, *Katalanische Frage und spanische Autonomien*, Paderborn 1988.

Mercader i Riba, Joan, *Felipe V i Catalunya*, Barcelona 1968.

Molas, Isidre, *Lliga Catalana*, Barcelona 1972.

Muniesa i Brito, Bernat, *La burguesía catalana ante la IIª República española 1931-1936*, 2 Bde., Barcelona 1985/86.

Nagel, Klaus-Jürgen, *Arbeiterschaft und nationale Frage in Katalonien zwischen 1898 und 1923*, Saarbrücken 1991.

Payne, Stanley G., »Catalan and Basque Nationalism«, in: *Journal of Contemporary History 6*, Nr. 1, 1971, S. 15-51.

Pérez, Joseph, *Historia de España*, Barcelona 1999.

Raguer, Hilari, *La Unió Democrática de Catalunya i el seu temps (1931-1939)*, Barcelona 1976.

Sabaté, Flocel, *L'expansió territorial de Catalunya (segles IX-XII): conquesta o repoblació?*, Lleida 1996.

Salrach, Josep Maria, *El procés de formació nacional de Catalunya (segles VIII – IX)*, Barcelona 1978.

Setton, Kenneth M., *Catalan Domination of Athens 1311-1388*, London 1975.

Schneidman, J. Lee, *The Rise of the Aragonese-Catalan Empire: 1200-1350*, 2 Bde., New York 1970.

Sevilla, Rafael (Hg. u. a.), *Katalonien – Tradition und Moderne*, Bad Honnef 2004.

Sobrequés i Callicó, Jaume, *El pactisme en Catalunya. Una praxi política en la història del pais*, Barcelona 1982.

Soldevila, Ferrán (Hg.), *Història dels Catalans*, Bd. 2, Barcelona 1961.

Solé i Sabeté, Josep M. / Villarroya i Font, Joan, *La repressió a la reraguarda de Catalunya (1936-1939)*, 2 Bde., Barcelona 1990.

Termes, Josep, *Història del catalanisme fins el 1923*, Barcelona 2001.

Ullman, Joan C., *The Tragic Week. A Study of Anticlericalism in Spain 1875-1912*, Cambridge 1968.

Vicens Vives, Jaime, *Geschichte Spaniens*, Stuttgart 1969.

Vilar, Pierre, *La Catalogne dans l'Espagne Moderne*, 3 Bde., Paris 1963.

Vilar, Sergio, *Cataluña en España*, Barcelona 1968.

Vones, Ludwig, *Geschichte der Iberischen Halbinsel im Mittelalter (711-1480). Reiche-Kronen-Regionen*, Sigmaringen 1993.

Waldmann, Peter, »Katalonien und Baskenland: Historische Entwicklung der nationalistischen Bewegungen und Formen des Widerstands in der Franco-Zeit«, in: *Sozialer Wandel und Herrschaft im Spanien Francos*, hg. v. Peter Waldmann, Paderborn 1984, S. 155-192.

Zu Teil II

Katalonien in der *transición*

Aguilar, Salvador / Berrio, Jordi / Borja, Jordi u. a., *Visió de Catalunya. El canvi i la reconstrucció nacional desde la perspectiva sociològica*, Barcelona 1987.

Kraus, Peter A., *Nationalismus und Demokratie. Politik im spanischen Staat der Autonomen Gemeinschaften*, Wiesbaden 1996.

Die politische Kräftekonstellation zu Beginn der Demokratisierung

Colomer, Josep Maria, *Espanyolisme i Catalanisme. La idea de nació en el pensament polític català (1939-1979)*, Barcelona 1984.

Hernández, Francesc, *La identidad nacional en Cataluña*, Barcelona 1983.

Johnston, Hank, *Tales of Nationalism: Catalonia, 1939-1979*, New Brunswick 1991.

Linz, Juan J., »De la crisis de un Estado unitario al Estado de las Autonomías«, in: *La España de las autonomías*, hg. von Fernández Rodríguez, Fernando, Madrid 1985, S. 527-672.

Katalanische Frage und Verfassungspakte

Esteban, Jorge de, »El proceso constituyente español, 1977-1978«, in: *La transición democrática española*, hg. von Tezanos, José Félix / Cotarelo, Ramón / Blas, Andrés de, Madrid 1989, S. 275-315.

González Casanova, J. A., »El proceso de integración de Cataluña en la política del Estado español«, in: *Revista del Centro de Estudios Constitucionales*, Nr. 5, 1990, S. 79-101.

Solé Tura, Jordi, *Nacionalidades y nacionalismos en España*, Madrid 1985.

Die Wiederherstellung der Autonomie

Balcells, Albert, »Cataluña: la marcha hacia el autogobierno«, in: *historia 16*, Nr. 200, 1992, S. 62-70.

Linz, Juan J., »Spanish Democracy and the Estado de las Autonomías«, in: *Forging Unity out of Diversity*, hg. von Goldwin, Robert A. / Kaufman, Art / Schambra, William A., Washington, D. C. 1989, S. 260-303.

Miguélez, Fausto / Solé, Carlota, *Classes socials i poder polític a Catalunya*, Barcelona 1987.

Pi-Sunyer, Oriol, *The Stalled Transformation: Six Years of the Autonomy Process in Catalonia*, Amherst, Mass. 1986.

Die politische Entwicklung im autonomen Katalonien

Caminal Badia, Miquel / Matas Dalmases, Jordi (Hg.), *El sistema polític de Catalunya*, Barcelona 1998.

Sànchez, Jordi (Hg.), *Informe per a la Catalunya del 2000*, Barcelona 1999.

[http://www.gencat.net/governacio-ap/eleccions/index.htm]; Website der *Generalitat* mit den Ergebnissen der seit 1977 in Katalonien abgehaltenen Wahlen und Referenden.

Die Ära Pujol

Lorés, Jaume, *La transició a Catalunya (1977-1984). El pujolisme i els altres*, Barcelona 1985.

Marcet, Joan, *Convergència Democràtica de Catalunya. El partit i el moviment polític*, Barcelona 1984.

Martínez, Rafael / Pallarés, Francesc / Vallès, Antoni, »Els partits: principals aspectes de la vida interna«, in: *Informe per a la Catalunya del 2000*, hg. von Sànchez, Jordi, Barcelona 1999, S. 369-396.

Pujol, Jordi, *Construir Catalunya*, Barcelona 1979.

Pujol, Jordi, *La personalidad diferenciada de Cataluña*, Barcelona 1991.

Pujol, Jordi, Interview in: *El Temps*, 14.5.1990.

Pujol, Jordi, Interview in: *El Observador*, 1.9.1991.

Vidal-Folch, Xavier, »Cataluña: el nacionalismo polivalente«, in: *Claves de Razón Práctica* 1991. 18, S. 16-30.

»Nationaler Wiederaufbau« als Tauziehen mit der Zentralgewalt

Armet, Lluís, u. a., *Federalisme i Estat de les Autonomies*, Barcelona 1988.

Figueroa Laraudogoitia, Alberto / Mancisidor Artaraz, Eduardo (Hg.), *Poder político y Comunidades Autónomas*, Vitoria-Gasteiz 1991.

Ministerio para las Administraciones Públicas (Hg.), *Conflictividad entre el Estado y las Comunidades Autónomas* (Boletín Informativo), Madrid 1991.

Viver i Pi-Sunyer, Carles, »Conflictos de competencias entre el Estado y la Generalidad de Cataluña«, in: *Autonomies*, Nr. 12, 1990, S. 43-49.

Kataloniens »Außenpolitik«

Caminal Badia, Miquel, »Catalunya, Espanya i Europa«, in: *El sistema polític de Catalunya*, hg. von ders. / Matas Dalmases, Jordi, Barcelona 1998, S. 405-427.

Garcia Segura, Caterina, »La presència exterior de la Generalitat«, in: *Informe per a la Catalunya del 2000*, hg. von Sànchez, Jordi, Barcelona 1999, S. 405-412.

Jáuregui, Gurutz, *Los nacionalismos minoritarios y la Unión Europea*, Barcelona 1997.

Milian i Massana, Antoni, *La igualtat de les llengües a les institucions de la Unió Europea, mite o realitat?*, Bellaterra 2003.

Puhle, Hans-Jürgen, *Staaten, Nationen und Regionen in Europa*, Wien 1995.

Pujol, Jordi, *Pensar Europa*, Barcelona 1993.

Von Pujol zu Maragall

Caminal, Miquel, *Nacionalisme i partits nacionals a Catalunya*, Barcelona 1998.

Gomà, Ricard / Subirats, Joan (Hg.), *Govern i polítiques públiques a Catalunya (1980-2000), I, Autonomia i benestar*, Barcelona 2001.

– (Hg.): *Govern i polítiques públiques a Catalunya (1980-2000), II, Coneixement, sostenibilitat i territori*, Barcelona 2001.

Guibernau, Montserrat, »Catalonia after 20 Years of Autonomy«, in: *Stateless Nations in the 21st Century: Scotland, Catalonia and Quebec (Scottish Affairs Special Issue)*, hg. von MacInnes, John / McCrone, David, Edinburgh 2001, S. 137-150.

Katalanische Identität und politische Kultur

Giner, Salvador (Hg.), *La societat catalana*, Barcelona 1998.

Vicens i Vives, Jaume, *Notícia de Catalunya*, Barcelona 1984.

Die gesellschaftliche Einbettung des Katalanismus

Bassas Onieva, Antoni, *Kleine Geschichte von Barça*, Barcelona 2005.

Candel, Francesc, *Els altres catalans*, Barcelona [13]1978.

Castells, Manuel, »Fútbol, globalización, identidad«, in: *La Vanguardia*, 06.05.2006.

Centro de Investigaciones Sociológicas (CIS), *Boletín 31*. Enero-abril 2003. Instituciones y autonomías, Madrid 2003 bzw. [http://www.cis.es/cis/opencms/Archivos/Boletines/31/BDO_31_Autonomias.html#sentimientos]; Daten zur Verteilung von kollektiven Identitätsmustern in Katalonien und anderen Autonomen Gemeinschaften.

Giner, Salvador, *The Social Structure of Catalonia*, Sheffield [2]1984.

Monné, Enric / Selga, Lluïsa, *Història de la Crida a la Solidaritat*, Barcelona 1991.

Òmnium Cultural (Hg.), *Òmnium Cultural 1961-1986*, o. O. 1986.

Sabartés, Jaume F., *F. C. Barcelona. Zwischen Sport und Politik*, Berlin 1987.

Sànchez, Jordi, »Identitats col·lectives i cultura cívica dels catalans«, in: *La societat catalana*, hg. von Giner, Salvador, Barcelona 1998, S. 1067-1080.

Sarasa, Sebastià, »Associacionisme, moviments socials i participació cívica«, in: *La societat catalana*, hg. von Giner, Salvador, Barcelona 1998, S. 985-1002.

Katalanismus und Sprachpolitik

Alós, Ernest, »Informe. Més enllà del bilingüisme«, in: *El Periódico de Catalunya*, 31.1.2006.

Argelaguet i Argemí, Jordi, *Partits, llengua i escola. Anàlisi de la política lingüística de la Generalitat de Catalunya en l'ensenyament obligatori (1990-1995)*, Barcelona 1999.

Artigal, Josep M. (Hg.), *Els programes d'immersió lingüística als territoris de llengua catalana*, Barcelona 1983.

Branchadell, Albert, *L'aventura del català*, Barcelona 2006, S. 161-163; Angaben zu der Zahl von *catalanocompetents* in den katalanischsprachigen Gebieten.

Institut d'Estadística de Catalunya, *Cens lingüístic 2001. Principals resultats*, Barcelona 2003 bzw. [http://www6.gencat.net/llengcat/socio/coneix.htm]; Ergebnisse des Sprachenzensus in Katalonien.

Marí, Isidor, »La llengua«, in: *Informe per a la Catalunya del 2000*, hg. von Sànchez, Jordi, Barcelona 1999, S. 719-729.

N. N., »Maragall dice que en Catalunya se respeta el castellano y atribuye las críticas a la ignorancia«, in: *La Vanguardia*, 20.1.2006.

Pérez Fernández, José Manuel (Hg.), *Estudios sobre el estatuto jurídico de las lenguas en España*, Barcelona 2006.

Prat de la Riba, Enric, *La nacionalitat catalana*, Barcelona 1978 [1906].

Pujol, Jordi, Interview in: *El Mundo*, 18.4.1994.

Siguan, Miquel, *España plurilingüe*, Madrid 1992.

Strubell i Trueta, Miquel, *Llengua i població a Catalunya*, Barcelona ²1982.

Tobarra, S., »Enseñar con lenguas cooficiales. Una sola red con inmersión en catalán«, in: *El País*, 6.2.2006.

Vázquez Montalbán, Manuel, »Die große Angst vor den Katalanen«, in: *Le Monde diplomatique* (deutsche Ausgabe), 16.08.1996.

Die Frage der *Països Catalans*

Cucó, Alfons, *Roig i blau: la transició democràtica valenciana*, València 2002.

Fuster, Joan, *Breviari cívic*, Barcelona 1996.

Mira, Joan F., *Sobre la nació dels valencians*, València 1997.

Ninyoles, Rafael L., *El País Valencià a l'Eix Mediterrani*, València 1992.

Ribó, Rafael, *Sobre el fet nacional. Catalunya, Països Catalans, Estat Espanyol*, Barcelona 1977.

Die neue Einwanderung

Arco, Serafí del, »La contratación de inmigrantes para trabajo temporal crece más del 33 % en Cataluña«, in *El País*, 14.11.2006.

Balanzà, Albert, »L'esborrany de l'Estatut preveu la convocatòria de referèndums. El document de l'Institut d'Estudis Autonómics recomana utilitzar la via de l'article 150.2 i demana competències exclusives en inmigració«, in: *Avui*, 24.2.2005.

Biosca, Carol, »Un de cada deu alumnes dels centres públics és immigrant«, in: *Avui*, 19.4.2004.

Carbonell, Francesc / Quintana, Albert: *Inmigració i igualtat d' oportunitats a l'ensenyament obligatori*, Barcelona 2003.

Fundació, Jaume Bofill (Hg.), *La inmigració a debat: Diversitat i participació*, Barcelona 2004.

Herrera Gómez, Manuel / Trinidad Requena, Antonio / Soriano Miras, Rosa María, »Ciudadanía, política social e inmigración: el caso de las Comunidades Autónomas españolas«, in: *Sistema*, 190-191, 2006, S. 105-140.

Larios, Maria Jesús / Nadal, Mònica (Hg.), *L'estat de la inmigració a Catalunya. Anuari 2005*, 2 Bde., Barcelona 2006.

N. N., »Voto inmigrante«, in: *El País*, 22.8.2006.

N. N., »Puigcercós reclama que Cataluña decida cuántos inmigrantes extranjeros puede absorber«, in: *El País*, 24.8.2006.

Noguer, Miguel, »CiU, PSC y ERC compiten en dureza sobre la inmigración«, in: *El País*, 29.9.2006.

Pau, Sònia, »S'alenteix el creixement de la població estrangera a Barcelona«, in: *Avui*, 18.2.2004.

Pérez, Claudi, »Cataluña mantiene su peso económico en España gracias a los nuevos inmigrantes«, in: *El País*, 6.2.2006.

Serafí Bernat, Joan / Gimeno, Celestí (Hg.), *Migración e interculturalidad. De lo global a lo local*, Castelló de la Plana 2006.

Villalonga, Roser, »El futuro estatut prevé que la Generalitat pueda fijar los cupos de inmigrantes«, in: *La Vanguardia*, 24.2.2005.

Modell Katalonien?

Sòria, Josep Maria, »Viaje por la España del negro sobre blanco. Visiones de la prensa escrita acerca del pacto de la Moncloa sobre el Estatut«, *La Vanguardia*, 24.01.2006.

Der Katalanismus und das »plurale Spanien«

Aizpolea, Luis R., »Zapatero afronta el reto de la España plural«, *El País* (Ausgabe Katalonien), 30.1.2006.

Arbós, Xavier / Puigsec, Antoni, *Franco i l'espanyolisme*, Barcelona 1980.

Bilbeny, Norbert / Pes, Àngel (Hg.), *El nou catalanisme*, Barcelona 2001.

Casas, Ferrán, »Espantats però menys«, in: *Avui*, 6.6.2006.

Maragall, Pasqual, Interviews in *La Vanguardia*, 6.12.2004 und 14.5.2006, *Diario de Sevilla* 12.3.2006 und *El País* 19.11.2006.

»Maragall: camino a la soberanía mínima«, in: *El País* (Ausgabe Katalonien), 01.10. 2003.

»El efecto Maragall«, in: *La Vanguardia*, 06.12.2004.

Núñez Seixas, Xosé Manoel, »Patriotas y demócratas: sobre el discurso nacionalista español después de Franco«, in: *Gerónimo de Uztariz*, 20, 2004, S. 45-98.

Riquer i Permanyer, Borja de, *Identitats contemporànies: Catalunya i Espanya*, Vic 2000.

Rubert de Ventós, Xavier, *Catalunya: de la identitat a la independència*, Barcelona 1999.

Vázquez Montalbán, Manuel, *La aznaridad*, Barcelona 2003.

Das neue Autonomiestatut

Bou, Lluís, 15teilige Artikelserie zu den Veränderungen des neuen Status gegenüber dem Statut von 1979 erschienen in: *Avui*, 2.-16.6.2006.

Nagel, Klaus-Jürgen, »Autonomiestatute und/oder/statt Föderalismus? Zur Reform des spanischen ›Staats der Autonomien‹«, in: *Jahrbuch des Föderalismus 2006*, hg. von Europäisches Zentrum für Föderalismus-Forschung Tübingen, Baden-Baden 2006, S. 395-408.

Pérez, Claudi, »Breviario de la nueva financiación autonómica«, in: *El País* (Ausgabe Katalonien), 31.01.2006.

Ridao, Joan, *Així es va fer l'Estatut*, Barcelona ²2006.
Trillas, Ariadna, »Cataluña es la autonomía que ha recibido menor inversión ›per cápita‹ en 14 años«, in: *El País* (Ausgabe Katalonien), 28.8.2006.
Viver Pi-Sunyer, Carles, »L'Estatut del 2006« in: *L'Avenç*, 318, 2006, S. 30-37.
[http://www.gencat.net/generalitat/cat/estatut/index.htm]; das *Estatut d'autonomia de Catalunya 2006* ist hier zu finden.

Die politische Zukunft Kataloniens

Bassets, Lluís / Branchadell, Albert / Fradera, Josep Maria u. a., *La rectificació*, Barcelona 2006.
Colomer, Josep M., *Grans imperis, petites nacions*, Barcelona 2006.
Requejo, Ferran, *Federalisme plurinacional i Estat de les Autonomies*, Barcelona 2003.
Requejo, Ferran (Hg.), *Pluralisme nacional i legitimat democràtica*, Barcelona 1999.
Rosiñol, Xavi, »Maragall proclama que l'Estatut acosta Catalunya a ser un Estat«, in: *Avui*, 10.8.2006.

Zu Teil III

Albet, Montserrat, »Die Stimme Pau Casals«, in: *Catalònia* 1994. 4, S. 42-43.
Altarriba, Laia, *Cada dia és festa. Les 50 millors celebracions populars de Catalunya*, Barcelona 2002.
Barcelona-Projektgruppen der TU Berlin, Universitäten Kiel und Marburg (Hg.), *Barcelona. Tradition und Moderne. Studien zur künstlerischen Inszenierung einer Metropole*, Marburg 1992.
Battlori, Miquel, *Der katalanisch-aragonische Humanismus vom 14. bis 16. Jahrhundert*, Basel 1977.
Bienefeld Boluda, Carlos F., *Wettbewerbsfähigkeit und Internationalisierungseffekte am Beispiel katalanischer Industrieunternehmungen*, Göttingen 1995.
Borngässer, Barbara, »Die mittelalterliche Kunst des Pyrenäenraums und die Selbstfindung Kataloniens«, in: *Zeitschrift für Katalanistik* 2004. 17, S. 7-27.

Borngässer, Barbara, *Katalonien. Kunst, Landschaft, Architektur*, Köln 2000.

Braudel, Fernand / Duby, Georges / Aymard, Maurice, *Die Welt des Mittelmeers*, Frankfurt am Main 2006 [1986].

Carbonell, Eduard / Cirici, Alexandre / Gumí, Jordi, *Grans Monuments Romànics i Gòtics*. Barcelona 1977.

Casals, Glòria / Llanas, Manuel / Pinyol i Torrens, Ramon / Soldevila, Llorenç, *Literatura catalana amb textos comentats*, Barcelona 1982.

Cirici, Alexandre, »Art«, in: *Què és Catalunya*, hg. v. Lluís Casassas et al., Barcelona 1980, S. 109-136.

Deffontaines, Pierre, *La Méditerranée catalane*, Paris 1975.

Descharnes, Robert / Néret, Gilles, *Dalí. Die Gemälde*, Köln 2003 [1993].

Ebmeyer, Michael, »Narcís Comadiras L'hora dels adéus: Ein katalanisches Identitätsproblem im zeitgenössischen Theater«, in: *Zeitschrift für Katalanistik* 1999. 12, S. 31-48.

Eßer, Torsten, »Som una TLD. Katalanen erlangen virtuelle Unabhängigkeit«, in: *Matices* 2006. 49, S. 5-8.

Friedlein, Roger / Richter, Barbara (Hg.), *Die Spezialität des Hauses. Neue katalanische Literatur*, München 1998.

Genzmer, Herbert, *Dalís Katalonien*, Frankfurt am Main 2004.

Gimeno, Isabel, *Festes i Tradicions de Catalunya*, Barcelona 1991.

Giner, Salvador, »Katalonien: die Tradition der Moderne«, in: *Katalonien. Tradition und Moderne*, hg. V. Rafael Sevilla / Marc Domingo Gygax / Jordi Jané Lligé, Bad Honnef 2004, S. 28-44.

González-López, Palmira, *Història del Cinema a Catalunya. L'època del cinema mut, 1896-1931*, Barcelona 1986.

Graells, Guillem-Jordi, »Auf den Spuren von Tanz und Theater«, in: *Barcelona diagonal. Ein Stadt-Lesebuch*, hg. v. Marta Giralt Rué, Berlin 1991, S. 178-187.

Heinemann, Ute, »Schriftsteller in Barcelona. Schreiben zwischen zwei Sprachen«, in: *Tranvía* 1998. 49, S. 40-43.

Hina, Horst, *Kastilien und Katalonien in der Kulturdiskussion 1714-1939*, Tübingen 1978.

Hobsbawm, Eric, *Nationen und Nationalismus*, Frankfurt am Main 1991.

Hösle, Johannes, *Die katalanische Literatur von der Renaixença bis zur Gegenwart*, Tübingen 1982.

338

Hösle, Johannes / Pous, Antoni (Hg.), *Katalanische Lyrik im zwanzigsten Jahrhundert. Eine Anthologie*, Mainz 1970.

Institut d'Estadística de Catalunya, *Anuari estadístic de Catalunya*, Barcelona 2006.

Institut d'Estadística de Catalunya, *Cens lingüístic*, Barcelona 2001.

Junyent, Carme M., »Ist das Katalanische vom Aussterben bedroht?«, in: *Tranvía* 2000. 56, S. 9-15.

Koppelberg, Stephan, »Galegisch, Euskara und Katalanisch. Sprachen und Sprachpolitik im spanischen Staat«, in: *Spanien heute*, hg. v. Walther L. Bernecker und Josef Oehrlein, Frankfurt am Main 1991, S. 387-426.

Katalanisches Kulturbüro (Hg.), *Katalanische Ortsnamen*. Frankfurt am Main 1992, S. 160 ff.

Llach, Lluís, Interview, September 2006.

Llorens, Tomàs, »La Modernitat moderada«, in: *Katalanische Kunst des 20. Jahrhunderts*, hg. v. Staatliche Kunsthalle Berlin, Berlin 1978, S. 178-198.

Marí i Mayans, Isidor, »Die katalanische Sprache in Katalonien heute«, in: *Katalonien. Tradition und Moderne*, hg. v. Rafael Sevilla / Marc Domingo Gygax / Jordi Jané Lligé, Bad Honnef 2004, S. 224-240.

Marí i Mayans, Isidor, *Die Katalanischen Länder. Geschichte und Gegenwart einer europäischen Kultur*, Berlin 2003.

Martí i Pérez, Josep, »The Sardana as a Socio-Cultural Phenomenon in Contemporary Catalonia«, in: *Yearbook for Traditional Music* 1994. 26, S. 39-46.

Matthée, Ulrich, *Katalanische Frage und spanische Autonomien*, Paderborn 1988.

Meier-Graefe, Julius, *Spanische Reise*, Berlin 1909.

Mesecke, Andrea, *Öffentliche Bauten in Katalonien zwischen 1888 und 1929*, Vortrag auf der Bad Wiesseer Tagung des Collegium Carolinum e. V. (Bauen für die Nation), November 1996 (http://www.acmym.de/am/).

MNAC (Museu Nacional d'Art de Catalunyna), *Guia*, Barcelona 2005.

Murgades, Josep, »Llengua i Literatura en el Tombant de 1906«, in: *L'Avenç* 2006. 309, S. 24-27.

Pujol Baulenas, Jordi, *Jazz en Barcelona. 1920-1965*, Barcelona 2005.

Pujol, Jordi, Interview, Mai 2006.

Radatz, Hans-Ingo, *Ausiàs March: Gedichte*, Frankfurt am Main 1993a.

Radatz, Hans-Ingo, »›Katalanisch‹ oder ›Valencianisch‹?: zum sprachlichen Sezessionismus im Land València«, in: *Zeitschrift für Katalanistik* 1993b. 6, S. 97-120.

Raimon, Interview, April 2003.

Romans, Carla, »Sant Jordi, Schutzheiliger und Symbol Kataloniens«, in: *Catalònia* 1996. 10, S. 32-33.

Rosenthal, David H, *Postwar Catalan Poetry*, Lewisburg 1991.

Roviró, Xavier / Aiats, Jaume / Girbau, Valentí / Roviró, Ignasi, *Cançons Populars de la Història de Catalunya*, Barcelona 2004.

Sagherian, Susan, »Schmuckszene Barcelona«, in: *Goldschmiede Zeitung* 1999. 11 (www.conceptdesign.ch).

Schönberger, Axel, »Zur Frage der ›Katalanität‹ literarischer Texte«, in: *Zeitschrift für Katalanistik* 2006. 19, S. 91–102.

Sevilla, Rafael / Domingo Gygax, Marc / Jané Lligé, Jordi (Hg.), *Katalonien. Tradition und Moderne*, Bad Honnef 2004.

Staatliche Kunsthalle Berlin (Hg.), *Katalanische Kunst des 20. Jahrhunderts*, Berlin 1978.

Stegmann, Tilbert D., *Diguem no – Sagen wir nein! Lieder aus Katalonien*, Berlin 1979.

Stegmann, Til / Stegmann, Inge, *Katalonien und die Katalanischen Länder*, Stuttgart 1992.

Suàrez, Alícia, »L'avantguarda com a dissentiment«, in: *Katalanische Kunst des 20. Jahrhunderts*, hg. v. Staatliche Kunsthalle Berlin, Berlin 1978, S. 199-204.

Subirana, Lluís, *Ciutats Pubilles de la Sardana 1960 – 1995*, Tarragona 1995.

Terry, Arthur, *A Literary History of Spain. Catalan Literature*, London 1972.

Terry, Arthur / Rafel, Joaquim, *Introducción a la lengua y la literatura catalanas*, Barcelona 1977.

Triadó, Joan-Ramon, *Arte en Cataluña*, Madrid 1994.

Vallverdú, Francesc, »Die Normalisierung des heutigen Katalanischen«, in: *Sprachen im Konflikt. Theorie und Praxis der katala-*

nischen Soziolinguisten. Eine Textauswahl, hg. v. Georg Kremnitz, Tübingen 1979, S. 139-147.

van Liew, Maria, »The scent of Catalan rock: Els Pets' ideology and the rock and roll industry«, in: *Popular Music* 1993. 12, 3, S. 245-261.

Vázquez Montalbán, Manuel, »Willkommen im Klub«, in: *Merian*, 1992. 3, S. 87-88.

Vilar, Pierre, *Spanien. Das Land und seine Geschichte von den Anfängen bis zur Gegenwart*, Berlin 1990 [1947].

Viñas, Carles, *Rock per la independència. La reivindicació nacionalista al rock català*, Barcelona 2006.

Wehrhahn, Rainer, »Postmetropolis in Spanien? Neue Entwicklungen in Madrid und Barcelona«, in: *Geographische Rundschau* 2003. 55, 5, S. 22-28.

Worthmann, Merten, *Gebrauchsanweisung für Barcelona*, München 2006.

CD-Auswahl:

Companyia Elèctrica Dharma: *Llibre Vermell*. Discmedi 2002

Crim: *Canturrap*. Discmedi 2005

Diverse: *Aquelles Cançons de la Cançó*. Discmedi 2004 [2 CD]

Diverse: *Barcelona Raval Sessions I*. Satélite K 2003 [2 CD]

Diverse: *Jazz en Barcelona 1920-1965*. Fresh Sound 2005 [3 CD]

Els Pets: *Vine a la Festa*. Discmedi 1995

Joan Manuel Serrat: *Ara que Tinc Vint Anys*. BMG 2000 (1965)

Lluís Llach: *Barcelona, gener de 1976*. Fonomusic 1991

Lluís Llach: *Poetes*. BMG 2004

Maria del Mar Bonet: *Amic, Amat*. Picap 2004

Miquel Poveda: *Desglaç*. Discmedi 2005

Montserrat Caballé: *The Ultimate Collection*. RCA 1999

Pau Casals: *The Casals Collection*. Classica D'oro 2002 [7 CD]

Raimon: *Nova Integral Edició 2000*. Picap 2000 [1-10]

Sarband: *Llibre Vermell de Montserrat*. Jaro 1993

Sopa de Cabra: *Bona nit, malparits!*. K. Industria Cultural 2002

Terra Endins: *50 Havaneres*. artp 2004

Tete Montoliu: *Jazz en España*. RTVE Música 2005 [2 CD]

Zu den Autoren

Torsten Eßer, geb. 1966, Autor und freier Journalist, lebt und arbeitet in Köln und St. Pere Pescador (Katalonien). Publikation von Büchern sowie Beiträgen in Zeitschriften, Radio und Fernsehen, hauptsächlich zur Kultur und Politik Spaniens und Lateinamerikas. Neuere Veröffentlichungen: (Hrsg., zus. mit T.D. Stegmann): *Kataloniens Rückkehr nach Europa 1976-2006*, Berlin 2007; *Katalanisch kochen. Gerichte und ihre Geschichte*, Göttingen 2007; (Hrsg., zus. mit Patrick Frölicher): ›*Alles in meinem Dasein ist Musik...*‹ *Kubanische Musik von Rumba bis Techno*, Frankfurt am Main 2004.

Walther L. Bernecker, geb. 1947, Dr. phil., Professor, 1988-1992 Lehrstuhl für Neuere Geschichte an der Universität Bern, seit 1992 Lehrstuhl für Auslandswissenschaft an der Universität Erlangen-Nürnberg. Neuere Veröffentlichungen (u. a.): *Spaniens Geschichte seit dem Bürgerkrieg*. München 1997; *Krieg in Spanien 1936-1939*. Darmstadt 2005, span. Ausg. Madrid 1996; (Mit-Hrsg.) *Spanien heute*. Frankfurt am Main 2004; (zus. mit H. Pietschmann) *Geschichte Spaniens seit dem Mittelalter*. Stuttgart 2005; *Spanien-Handbuch. Geschichte und Gegenwart*. Tübingen 2006; (zus. mit S. Brinkmann) *Kampf der Erinnerungen*. Nettersheim 2006.

Peter A. Kraus, geb. 1960, Dr. phil., Professor, lebt und arbeitet entlang der Achse Helsinki-Berlin-Barcelona; seit 2006 *Chair of Ethnic Relations* am *Centre for Research on Ethnic Relations and Nationalism* (CEREN) der Universität Helsinki, vorher Privatdozent für Politikwissenschaft an der Humboldt-Universität zu Berlin. Veröffentlichungen: *Nationalismus und Demokratie. Politik im spanischen Staat der Autonomen Gemeinschaften*, Wiesbaden 2006; *Europäische Öffentlichkeit und Sprachpolitik*, Frankfurt am Main 2004; zahlreiche Veröffentlichungen in internationalen Fachzeitschriften und wissenschaftlichen Sammelbänden zu kulturellem Pluralismus, Nationalismus und Demokratie im europäischen Kontext.

Inhalt

suhrkamp taschenbücher
Eine Auswahl

Isabel Allende
- Das Geisterhaus. Übersetzt von Anneliese Botond.
  st 1676. 500 Seiten
- Porträt in Sepia. Übersetzt von Lieselotte Kolanoske.
  st 3487. 512 Seiten

Ingeborg Bachmann. Malina. Roman. st 641. 368 Seiten

Jurek Becker
- Jakob der Lügner. Roman. st 774. 283 Seiten
- Amanda herzlos. Roman. st 2295. 384 Seiten

Louis Begley
- Lügen in Zeiten des Krieges. Roman. Übersetzt von Christa
  Krüger. st 2546. 223 Seiten
- Schmidt. Roman. Übersetzt von Christa Krüger
  st 3000. 320 Seiten
- Schmidts Bewährung. Roman. Übersetzt von Christa
  Krüger. st 3436. 314 Seiten

Thomas Bernhard. Ein Lesebuch. Herausgegeben von
Raimund Fellinger. st 3165. 112 Seiten

Peter Bichsel
- Kindergeschichten. st 2642. 84 Seiten
- Cherubin Hammer und Cherubin Hammer.
  st 3165. 112 Seiten

Truman Capote. Die Grasharfe. Roman. Übersetzt von
Annemarie Seidel und Friedrich Podszus. st 3135. 208 Seiten

NF 266/1/1.03

Paul Celan. Gesammelte Werke in sieben Bänden. Sieben Bände in Kassette. st 3202–st 3208. 3380 Seiten

Marguerite Duras. Der Liebhaber. Übersetzt von Ilma Rakusa. st 1629. 194 Seiten

Hans Magnus Enzensberger. Der Fliegende Robert. Gedichte, Szenen, Essays. st 1962. 350 Seiten

Max Frisch
- Homo faber. Ein Bericht. st 354. 203 Seiten
- Stiller. Roman. st 105. 438 Seiten

Norbert Gstrein. Der Kommerzialrat. Bericht. st 2718. 148 Seiten

Marie Hermanson. Muschelstrand. Roman. Übersetzt von Regine Elsässer. st 3390. 304 Seiten

Peter Handke. Mein Jahr in der Niemandsbucht. Ein Märchen aus den neuen Zeiten. st 3084. 632 Seiten

Hermann Hesse.
- Das Glasperlenspiel. Versuch einer Lebensbeschreibung des Magister Ludi Josef Knecht samt Knechts hinterlassenen Schriften. st 2572. 616 Seiten
- Siddhartha. Eine indische Dichtung. st 182. 136 Seiten

Ludwig Hohl. Die Notizen oder Von der unvoreiligen Versöhnung. st 1000. 832 Seiten

Yasushi Inoue. Das Jagdgewehr. Übersetzt von Oskar Benl. st 2909. 98 Seiten

Uwe Johnson. Jahrestage. Aus dem Leben der Gesine Cresspahl. Einbändige Ausgabe. st 3220. 1728 Seiten

James Joyce. Ulysses. Roman. Übersetzt von Hans Wollschläger. st 2551. 988 Seiten

Franz Kafka. Der Prozeß. Roman. st 2837. 282 Seiten

Bodo Kirchhoff. Infanta. Roman. st 1872. 502 Seiten

Andreas Maier. Wäldchestag. Roman. st 3381. 315 Seiten

Magnus Mills. Die Herren der Zäune. Roman. Übersetzt von Katharina Böhmer. st 3383. 216 Seiten

Cees Nooteboom. Allerseelen. Roman. Übersetzt von Helga van Beuningen. st 3163. 440 Seiten

Juan Carlos Onetti. Das kurze Leben. Roman. Übersetzt von Curt Meyer-Clason. Mit einem Nachwort von Durs Grünbein. st 3017. 380 Seiten

Marcel Proust. In Swanns Welt. Auf der Suche nach der verlorenen Zeit. Übersetzt von Eva Rechel-Mertens. st 2671. 564 Seiten

Hans-Ulrich Treichel. Der Verlorene. Erzählung. st 3061. 175 Seiten

Mario Vargas Llosa. Tante Julia und der Kunstschreiber. Roman. Übersetzt von Heidrun Adler. st 1520. 392 Seiten

Martin Walser. Ein fliehendes Pferd. Novelle. st 600. 151 Seiten

Ernst Weiß. Der arme Verschwender. st 3004. 450 Seiten

NF 266/3/1.03